Het land der katharen

Eerste druk maart 2004
Tweede, herziene druk mei 2006
Derde, herziene druk maart 2009
Vierde druk mei 2012

© Ankie Nolen
anolen@cathares.org
www.ankienolen.nl
www.cathares.org/anolen
© 2012 Uitgeverij Aspekt bv
Amersfoortsestraat 27
3769 AD Soesterberg
info@uitgeverijaspekt.nl
www.uitgeverijaspekt.nl
Ontwerp omslag: Anipa Baitakova
Foto's: © Ankie Nolen
Foto achterzijde: Ankie Nolen
Reconstructies: © Michel Collet
Gedichten: Jan Visser, *De Katharen komen*, © 1981 Bosch & Keuning nv, Baarn
Binnenwerk: Paul Timmerman
ISBN: 978-94-6153-168-1
NUR: 680

Alle rechten voorbehouden. Niets van deze uitgave mag worden verveelvoudigd, opgeslagen in een geautomatiseerd gegevensbestand of openbaar gemaakt, in enige vorm of op enige wijze, hetzij elektronisch, mechanisch, door fotokopieën, opnamen of enig andere manier, zonder voorafgaande toestemming van de uitgever.

Voor zover het maken van kopieën uit deze uitgave is toegestaan op grond van artikel 16b Auteurswet 1912 jo het Besluit van 20 juni 1994, St.b. 351, zoals gewijzigd bij het Besluit van 23 augustus 1985, St.b. 471, en artikel 17 Auteurswet 1912, dient men de daarvoor wettelijk verschuldigde vergoedingen te voldoen aan de Stichting Reprorecht (Postbus 3060, 2130 KB Hoofddorp). Voor het overnemen van gedeelte(n) uit deze uitgave in bloemlezingen, readers en andere compilatiewerken (artikel 16 Auteurswet 1912) dient men zich tot de uitgever te wenden.

Ankie Nolen

Het land der katharen

Een historische reisgids

Uitgeverij Aspekt

Voor Ernst en Harry

Voorwoord

Toen ik in 1995 op de terugweg van vakantie naar Soest via de Ariège en de Corbières voor het eerst de ruïnes zag van Montségur en Peyrepertuse, was ik daarvan zo onder de indruk dat ik besloot mijn volgende vakantie in het gebied door te brengen. Wanneer en door wie waren de kastelen gebouwd, wat had zich daar afgespeeld? Vragen die ik mij bij de voorbereiding stelde en waarop ik een antwoord wilde vinden. Le Pays Cathare, de katharenkastelen: veel informatie was er in Nederland niet over te vinden. Wat ik uit schaarse reisgidsen verzamelde, werd aangevuld door internet. Destijds was het aanbod op het web nog lang niet zo uitgebreid als nu, maar ik stuitte al snel op de Franse website cathares.org, die de basis werd voor deze reisgids. Inmiddels is ook www.katharen.be, een Nederlandstalige website, uitgegroeid tot een zeer aan te bevelen kennisbron. Naarmate ik meer over hen te weten kwam, groeide mijn belangstelling voor de katharen en hun geschiedenis: diepgelovige christenen, die door de rooms-katholieke kerk letterlijk te vuur en te zwaard werden bestreden en die door de effectieve methoden van de inquisitie in het begin van de 14e eeuw waren uitgeroeid.

Bij ieder volgend verblijf raakte ik meer gefascineerd door het gebied en de plaatsen waar de katharen sporen hebben achtergelaten. En hoewel het aanbod ter plaatse uiteraard groot is, bleken er geen reisboeken te bestaan die locaties uit het gehele gebied beschreven. De brochures die bij de grote kastelen worden uitgereikt, geven alleen informatie over de eigen geschiedenis, waardoor het moeilijk is de samenhang te zien met andere plaatsen en gebeurtenissen. Dit is de reisgids waarnaar ik destijds tevergeefs heb gezocht en die ik daarom zelf heb geschreven. Hierin vindt u niet de adressen waar u vooral moet gaan eten of zeker niet moet overnachten, daarvoor zijn genoeg andere gidsen beschikbaar. Ik heb me beperkt tot het geven van historische informatie. Van de bijna 130 locaties die ik in de zomer van 2003 ter afronding heb bezocht, zijn er nog geen 60 overgebleven. Over de locaties die de gids niet haalden, omdat de informatie die ik erover had verzameld niet klopte en er niets of bijna niets was te vinden, is een apart boek te schrijven. Een goed voorbeeld is het kasteel van Davejean, waarvan nog een 9 meter hoge toren te zien zou zijn. Op de aangewezen plaats staat echter al jaren een woonhuis en de eigenaar was net zo verbaasd als ik toen ik hem, met een toch gerenommeerde Franse reisgids in de hand, vroeg waar het kasteel was gebleven…

Veel plaatsen kwam ik op het spoor in de boeken van Michel Roquebert, die in zijn vijfdelige *L'Epopée Cathare* zeer gedetailleerd de geschiedenis van de katharen heeft beschreven. Soms is er uit hun tijd niet veel over, maar ik heb bijvoorbeeld Avignonet en Lavaur toch opgenomen, omdat zich daar ingrijpende gebeurtenissen hebben afgespeeld. Hoewel een aantal locaties buiten het eigenlijke Pays Cathare valt, heb ik ze vanwege hun historische betekenis toch opgenomen. In Beaucaire in de Provence staat het kasteel waar de dynastie van de graven van Saint-Gilles en Toulouse een van haar belangrijkste residenties had, Raymond VII is er geboren. Saint-Gilles-du-Gard is de plaats waar de pauselijke legaat Pierre de Castelnau is vermoord, hetgeen de aanleiding was voor de oproep tot de kruistocht tegen de katharen. In Burlats, in het departement Tarn, staat het paviljoen van gravin Adélaïde van Toulouse, moeder van Raymond-Roger Trencavel, burggraaf van Carcassonne. Deze werd er geboren en bracht er zijn eerste levensjaren door. Hij stierf in 1209 in een kerker van zijn eigen kasteel te Carcassonne.

Ondanks dat er steeds meer wordt ingespeeld op de toeristische belangstelling voor Le Pays Cathare, is het zelfs in het hoogseizoen nog steeds mogelijk om ook bekende kastelen als Montségur, Quéribus en Peyrepertuse zonder grote mensenmassa's te bezoeken. Voor deze kastelen moet tijdens de officiële openingstijden entreegeld worden betaald, maar ze zijn ook buiten deze uren toegankelijk. Mijn mooiste herinneringen bewaar ik aan de vroege ochtend- of late avonduren die ik helemaal alleen heb doorgebracht op Cabaret en Puilaurens. Een zonsopgang op Montségur was een heel bijzondere ervaring.

Omdat het niet altijd eenvoudig is de locaties te vinden, heb ik achter de plaatsnamen de namen van de departementen en, waar van toepassing, de streek vermeld. Bij de routeaanduidingen zijn de centraal gelegen plaatsen Carcassonne en Quillan als uitgangspunten genomen. Niet om daadwerkelijk van daaruit te vertrekken, maar als oriëntatiepunt op de kaart. Vooral in de bergachtige Corbières blijken er vele kleine wegen naar de vermelde locaties te leiden en juist de borden waarop onverwacht bekende namen staan vermeld, zijn zeer de moeite waard om te volgen. Wat op de kaart een stukje van 10 km is tussen twee plaatsen, kan een weg blijken te zijn met haarspeldbochten en adembenemende vergezichten. Het zou jammer zijn als u, door een voorgeschreven route te volgen, de mogelijkheden om het gebied op deze manier zelf te ontdekken zou missen. Een gedetailleerde kaart van het gebied is hiervoor onontbeerlijk, zoals bijvoorbeeld de toeristische wegenatlas van Michelin, die door de ringband in de auto gemakkelijk hanteerbaar is.

Behalve dat in Frankrijk routeaanduidingen vaak slecht zijn of geheel ontbreken, zijn ook de vermelde openingstijden niet altijd even betrouwbaar. De abdijen bijvoorbeeld waren soms zonder opgave van redenen gesloten, ik heb heel wat uren gereden om vervolgens voor een gesloten deur te staan. De aangegeven tijden zijn dan ook onder voorbehoud!

Door het onderzoek voor het schrijven van deze reisgids heb ik Le Pays Cathare in de loop der jaren goed leren kennen, het is mij zeer dierbaar geworden. Ik hoop dat deze beschrijving van de geschiedenis van de katharen en de plaatsen waar zij leefden, een bijdrage zal leveren tot een onvergetelijk verblijf!

Soest, februari 2004

Het is voor mij heel bijzonder om in het Pays Cathare deze reisgids in de boekwinkels te zien staan tussen de vele boeken die er de bronnen voor waren. Toen de eerste druk in 2004 verscheen, had ik niet durven hopen dat er in Nederland en België zoveel interesse zou bestaan voor het onderwerp dat mij zo na aan het hart ligt. Het is dit jaar 800 jaar geleden, dat de kruistocht tegen de katharen begon en daar zal veel aandacht aan worden besteed. De herinnering aan deze bijzondere mensen leeft en ik ben dankbaar dat ik daar een bijdrage aan heb mogen leveren.

Saint-Martin-Lys, maart 2009

Inhoud

Deel I – De geschiedenis	17
Inleiding	18
Het strijdtoneel	18
De wapens: kruistocht en inquisitie	19
Wat als…	20
Historische achtergronden	21
De ondergang van het Romeinse Rijk	21
De Visigoten	21
De Ostrogoten	22
De Longobarden	23
De Franken	23
De kerk van Rome	24
Van vervolgde sekte tot staatsgodsdienst	24
De paus vult het machtsvacuüm	25
Breuk met het oosten	26
Machtswellust en geestelijk verval	27
Opkomst van de feodale maatschappij	29
Het leenstelsel	29
Einde van het feodale tijdperk	31
De Karolingen	31
Een nieuwe dynastie	31
De Karolingische Renaissance	32
Het Verdelingsverdrag van Verdun	34
De Occitaanse adel	35
De graven van Toulouse	36
De graven van Barcelona, koningen van Aragón	37

Oorsprong en ontwikkeling van het katharisme 39
   Bronnen 39
   'Katharen' 41
  Goed en kwaad 42
   Mazdeïsme of zoroasterisme 42
   Manicheïsme 42
   Bogomilisme 43
   Gnosticisme 44
  De kathaarse leer 45
   God van het Licht versus God van de Duisternis 45
   Het consolament 47
   Twee stromingen: gematigd en absoluut dualisme 48
   Meer overeenkomsten dan verschillen 49
  De kathaarse kerk 50
   Organisatie 50
   De rol van de vrouw 52
   Onwankelbaar geloof 53

De voorboden van de kruistocht 55
  De eerste brandstapels 55
   Ketterse bewegingen breiden zich uit 56
   De waldenzen 57
  De situatie in de Languedoc 58
   Het Dispuut van Lombers 59
   Geïnfecteerd door een besmettelijke pest 59
  Het eerste gewapende optreden 60

De Kruistocht 63
  Een nieuwe paus 63
  Legaten naar de Languedoc 64
   Dominicus 65
   Excommunicatie van Raymond VI 67
  De kruistocht onafwendbaar 68
   Moord in Saint-Gilles 68
   Doelwit: het graafschap Toulouse 69
  Opmars naar het zuiden 72

Een nieuw doelwit: Trencavel	72
Het bloedbad van Béziers	73
De val van Carcassonne	74
Een vergeefs beroep op Aragón	77
Minerve: 140 katharen op de brandstapel	78
De laatste verzetshaarden: Termes en Lastours	78
Erkenning van Simon de Montfort	80
Lavaur: de grootste brandstapel	81
Het eerste beleg van Toulouse	81
Simon de Montfort heer en meester	82
Een nieuwe vijand: Peter II van Aragón	83
De Slag bij Muret	86
Simon de Montfort, de grote overwinnaar	88
De Franse kroonprins op pelgrimstocht	90
Simon de Montfort, graaf van Toulouse	91
De herovering van Occitanië	92
Toulouse: dood van Simon de Montfort	93
Een nieuwe generatie	95
De koninklijke kruistocht	97
Het Verdrag van Parijs	100
HET EINDE	103
De pauselijke inquisitie	104
De opstand van Raymond II Trencavel	105
Avignonet – de moord op de inquisiteurs	105
De val van Montségur	107
De schat van de katharen	108
Het verzet gebroken	109
Quéribus, het laatste bolwerk	110
Het Verdrag van Corbeil	110
De laatste katharen	111
NOTEN DEEL I	113

DEEL II – DE LOCATIES ... 115

HET LAND DER KATHAREN ... 117
De Languedoc, het land en de taal van de troubadours ... 117
Le Pays Cathare ... 119
Les Routes du Pays Cathare ... 122
- *Le Sentier Cathare* ... 122
- *Le Chemin des Bonhommes* ... 123
- *De Katharen-Baskenroute* ... 124
- *SNP Natuurreizen: Chemin des Cathares – Camí dels Bons Homes* ... 124
- *Door het Land van de Zuiveren en de Ketters* ... 124
- *Op de vlucht voor de inquisitie* ... 125

Voyage virtuel en Terres Cathares: www.cathares.org ... 126
www.katharen.be ... 127

DE LOCATIES ... 128
De katharenkastelen ... 128
Aguilar ... 130
Albi ... 134
Alet-les-Bains ... 139
Arques ... 143
Auriac ... 147
Avignonet ... 149
Beaucaire ... 151
Béziers ... 155
Bézu, Le ... 159
Bouan ... 161
Burlats ... 164
Camon ... 167
Capendu ... 168
Carcassonne ... 169
Castelnau-de-Lévis ... 183
Cordes-sur-Ciel ... 184
Coustaussa ... 187
Durban-Corbières ... 189
Durfort ... 190

Fanjeaux	192
Fenouillet	197
Foix	201
Fontfroide	206
Hautpoul	209
Lagarde	211
Lagrasse	214
Lastours Cabaret	217
Lavaur	226
Lordat	229
Miglos	232
Minerve	235
Miramont	240
Mirepoix	242
Montaillou	244
Montgey	249
Montmaur	251
Montréal-de-Sos	252
Montségur	255
Narbonne	262
Nouvelles	265
Padern	266
Peyrepertuse	269
Pomarède, La	273
Puilaurens	275
Puivert	279
Quéribus	283
Quérigut	289
Quillan	290
Roquefixade	293
Saint-Gilles-du-Gard	295
Saint-Hilaire	297
Saissac	299
Termes	302
Toulouse	307
Usson	313

Villerouge-Termenès	316
NOTEN DEEL II	319
CHRONOLOGIE	320
GLOSSARIUM	323
EEN WOORD VAN DANK	326
LITERATUUR	328
PERSONENREGISTER	331
LOCATIEREGISTER	339

Deel I

De geschiedenis

Montségur - symbool van het kathaarse verzet

INLEIDING

Hécatombe[1]

De verborgen leer
schept een rein klimaat
van cultuur en religie:
de kruistocht woedt.

In occitanië timmeren
satanskinderen
een ruïne van sleutelhangers
aan de weg –
een kruistocht woedt lang na.

Jan Visser

Het strijdtoneel
De kruistocht tegen de katharen, ook wel de Albigenzer Kruistocht[2] genoemd, speelde zich af in de 13e eeuw in het toenmalige Occitanië, het uiterste zuiden van Frankrijk. De katharen zetten zich af tegen de rooms-katholieke kerk, die haar geestelijke taak steeds meer verzaakte in haar streven naar macht en rijkdom. Ook invloedrijke katholieke edelen als de koning van Aragón, de graaf van Toulouse en de burggraaf van Carcassonne raakten bij het conflict betrokken. Niet alleen weigerden zij de katharen in hun gebieden te vervolgen, maar deze werden ook openlijk door hen beschermd. Waar het geloof een tweedeling had kunnen veroorzaken, was de gemeenschappelijke strijd tegen de invasie uit het noorden een sterk bindende factor.

De Occitaanse heren onderkenden te laat, dat de religieuze campagne van de paus overging in een veroveringsoorlog onder leiding van de koning van Frankrijk, hun opperleenheer. De annexatie van het zuiden begon met de inname van Béziers in

1209 en werd voltooid in 1271, toen het graafschap Toulouse verviel aan de Franse kroon, de grote winnaar van de strijd. Occitanië verloor haar zelfstandigheid, eigen cultuur en leidende positie in het Middellandse Zeegebied.

De wapens: kruistocht en inquisitie
Paus Innocentius III zag het katharisme als zo'n grote bedreiging voor de katholieke kerk, dat hij opriep tot een kruistocht om de snel groeiende religie uit te bannen. Waar kruistochten oorspronkelijk tot doel hadden Jeruzalem in het Heilige Land te heroveren op de 'ongelovigen', was de Albigenzer Kruistocht gericht tegen christenen in Europa. De paus rechtvaardigde het inzetten van deze zware maatregel met de uitspraak dat de katharen "erger waren dan de Saracenen." Innocentius legde de verantwoordelijkheid voor de kruistocht in handen van zijn legaat Arnaud Amaury, abt van het klooster van Cîteaux, en benoemde Simon de Montfort, een edelman uit het Île de France, tot opperbevelhebber van het kruisleger. De Montfort had zich tijdens de Vierde Kruistocht onderscheiden door zijn weigering deel te nemen aan de belegering en plundering van christelijke steden zoals Constantinopel. Dergelijke scrupules zou hij in de Languedoc niet hebben. Hij liet zich door niets en niemand tegenhouden tijdens zijn veroveringstocht, legde oproepen van de paus om de kruistocht te beëindigen naast zich neer en werd zelfs geëxcommuniceerd door de aartsbisschop van Narbonne toen hij met deze in conflict kwam over de heerschappij over de stad.

De kruistocht had niet het gewenste effect, integendeel. Toen graaf Raymond VII van Toulouse in 1229 het verdrag sloot waarmee er een einde kwam aan de strijd, was het katharisme zo gegroeid dat er zelfs een vijfde bisdom werd gesticht. De kerk werd ook van binnenuit bedreigd, veel katholieken veroordeelden het wrede optreden van de kruisridders en de confiscatie van bezittingen van vrome geloofsgenoten. Deze hadden niets anders misdaan dan mensen die in hun ogen een voorbeeldig leven leidden en waarmee zij waren opgegroeid – vaak familieleden – te beschermen. Onder de geestelijkheid waren niet alleen priesters te vinden die weigerden op te treden tegen de ketters, velen waren zelf kathaar. Rome zette daarom in 1233 een nieuw wapen in, de pauselijke inquisitie. De gehele bevolking stond onder verdenking van ketterij, alle vrouwen ouder dan 12 en alle mannen ouder dan 14 jaar werden ondervraagd door religieuze rechtbanken, die speciaal hiervoor in het leven waren geroepen. Om te worden vervolgd en veroordeeld was het al voldoende om een mening uit te spreken die afweek van het door de Roomse kerk vastgestelde geloof. Angst voor verraad en onderling wantrouwen ontwrichtten de samenleving.

Edelen die de katharen hadden beschermd, werden in de ban gedaan en hun verbeurdverklaarde bezittingen kwamen in handen van Noord-Franse edelen. Op deze wijze slaagde de kerk erin haar religieuze en politieke invloed terug te winnen, zij het tegen een onvoorstelbaar hoge prijs. Niet voor niets heeft paus Johannes Paulus II, toen hij ter gelegenheid van het Jubeljaar 2000 openlijk vergiffenis vroeg voor de fouten en zonden die de kerk in de loop van haar geschiedenis heeft begaan, expliciet ook de kruistocht tegen de katharen genoemd.

Wat als...
Men kan zich afvragen wat de loop van de geschiedenis zou zijn geweest als Raymond VI van Toulouse zich anders had opgesteld: als hij de katharen niet alleen had gedoogd en beschermd, maar met een eensgezinde Occitaanse adel de confrontatie met het kruisleger was aangegaan. Mogelijk zou het katharisme een erkende godsdienst zijn geworden, was de Occitaanse cultuur niet verdwenen en had de Franse kroon haar gebied niet tot aan de Pyreneeën kunnen uitbreiden.

Historische achtergronden

Waarom stichtten de Germaanse Franken en Visigoten uit het hoge noorden koninkrijken in het zuiden van Frankrijk, hoe kwamen graven en hertogen aan hun titels en bezittingen, waarop was de alomvattende invloed van de rooms-katholieke kerk op de middeleeuwse samenleving gebaseerd? Om vragen als deze te beantwoorden en inzicht te krijgen in de historische achtergrond van de Languedoc in de 13e eeuw, eerst een terugblik op het einde van het Romeinse Rijk, waarmee de basis werd gelegd voor het middeleeuwse Europa.

De ondergang van het Romeinse Rijk

De Visigoten
In de 4e en 5e eeuw trokken barbaarse[3] Germaanse stammen massaal het Romeinse Rijk binnen. Er was lang niet altijd sprake van vijandige invasies, maar vaker van volksverhuizingen die werden veroorzaakt door hongersnood vanwege overbevolking. Veel van deze stammen kregen toestemming zich binnen de grenzen van het rijk te vestigen om dit te verdedigen tegen nieuwe invasies uit het noorden. Tegen het einde van de 4e eeuw bestond meer dan de helft van het Romeinse leger uit Germanen, die tot hoge rangen konden opklimmen.
De Goten trokken uit Scandinavië naar het zuiden van Rusland en vielen daar in twee groepen uiteen. De Ostrogoten stichtten een koninkrijk ten noordoosten en de Visigoten ten noordwesten van de Zwarte Zee. De migratie van de Hunnen uit Mongolië had verstrekkende gevolgen. Zij onderwierpen de Ostrogoten, waarna de Visigoten op de vlucht sloegen en rond 375 de Donau overstaken. Omdat zij door de Romeinen slecht werden behandeld en uitgebuit, kwamen zij in 378 in opstand. Bij Adrianopolis in Thracië bleek het Romeinse leger niet opgewassen tegen de Visigotische cavalerie en leed een zware nederlaag. Keizer Valens, die de legioenen aanvoerde, sneuvelde. Zijn opvolger Theodosius I de Grote sloot vrede door de Visigoten de status van foederati (bondgenoten) te geven en gebieden toe te wijzen in Thracië en Macedonië. Zij namen dienst in het Romeinse leger, maar toen

hun soldij niet werd uitgekeerd, trokken zij in 401 onder aanvoering van hun koning Alarik I Italië binnen. Keizer Honorius weigerde hen te betalen en het kwam opnieuw tot een veldslag. De Germaans-Romeinse veldheer Stilicho versloeg Alarik weliswaar in 403 bij Verona, maar slaagde er niet in hem terug te dringen over de noordgrens. Hij trok in 406 legioenen terug van de Rijnlinie om de opnieuw oprukkende Visigoten terug te slaan, met als noodlottig gevolg dat de Vandalen, de Sueven en de Bourgondiërs via de verzwakte noordgrens Gallië konden binnentrekken. De Romeinen zouden er nooit meer in slagen het gebied te heroveren.

Na de dood van Stilicho lag voor de Visigoten de weg naar Rome open, dat in 410 werd geplunderd. Omdat het hen er niet om te doen was Italië te veroveren, trokken zij naar het zuiden om over te steken naar Noord-Afrika, de graanschuur van de oudheid. Echter, Alarik verdronk onderweg in de rivier de Busento bij Cosenza en de vloot verging tijdens een storm. Zijn opvolger Ataulf besloot daarom naar het zuiden van Gallië te trekken om zich daar te vestigen. Hij was getrouwd met de halfzuster van Honorius, Galla Placidia, die door Alarik als gijzelaarster uit Rome was meegenomen. In ruil voor haar vrijlating kregen de Visigoten in 418 een grote hoeveelheid graan en het recht zich in Aquitanië te vestigen. Toulouse was de hoofdstad van hun rijk Septimanië, dat bestond uit de Roussillon, de Languedoc en de Camargue. Na de nederlaag tegen de Franken bij Vouillé in 507, waar Alarik II sneuvelde, werden zij verder naar het zuiden gedreven. Alleen het gebied rond Narbonne bleef in hun bezit. Toen de Arabieren vanuit Spanje het zuiden van Frankrijk veroverden, betekende dat het einde van het Visigotische rijk. De laatste koning Roderik sneuvelde in 711 bij Jerez de la Frontera.

De Ostrogoten
Net als de Visigoten hadden de voor de Hunnen gevluchte Ostrogoten de status van bondgenoten gekregen om andere Germaanse stammen buiten de grenzen te houden. De Oost-Romeinse keizer Zeno stuurde hen naar Italië om de Germaans-Romeinse huurlingenleider Odoacer te verdrijven. Deze had in 476 de laatste West-Romeinse keizer Romulus Augustulus afgezet en zich uitgeroepen tot koning van de Germanen in Italië. Odoacer werd verslagen en opgevolgd door de Ostrogotische koning Theodorik de Grote, wiens 33-jarige regeringsperiode een tijd van vrede en voorspoed was. Hij regeerde volgens het Romeinse bestuurssysteem, met erkenning van de autoriteit van de Oost-Romeinse keizer Anastasius: *res publi-*

cae, unicum imperium, twee staten, één rijk. In plaats van verdere veroveringsoorlogen te voeren, sloot hij strategische allianties door huwelijken. Theodorik trouwde met de zuster van de Frankische koning Clovis en huwelijkte zijn dochters uit aan de Visigotische koning Alarik II en de Bourgondische koning Sigismund. Zijn nicht trouwde met de Vandaalse koning Thrasamund. Deze huwelijkspolitiek mislukte echter, toen Clovis ten strijde trok tegen de Visigoten om Gallië te onderwerpen en steeds machtiger werd. Zijn zwakke opvolgers – Theodorik had geen mannelijke nakomelingen en benoemde zijn kleinzoon tot koning – bleken niet in staat het rijk bijeen te houden. In 534 stuurde de Byzantijnse keizer Justinianus een leger naar Italië, dat de Ostrogoten uiteindelijk in 552 definitief versloeg. Oost en west waren onder Justinianus voor het laatst voor korte tijd herenigd.

De Longobarden
In 568 werd het noorden van Italië veroverd door de Longobarden (Lombarden), die als foederati waren opgenomen in het Oost-Romeinse leger om de Ostrogoten ook daar te verdrijven. Het West-Romeinse Rijk was al ontbonden toen zij als laatste Germanen uit Scandinavië naar het zuiden trokken. Zij vestigden zich in de Povlakte, in het gebied dat nog steeds Lombardije heet en stichtten het koninkrijk Pavia en een aantal onafhankelijke hertogdommen, waarvan Spoleto en Benevento de belangrijkste waren. De hertogen waren machtige heersers in hun eigen gebieden, machtiger dan hun koning, die pas meer invloed kreeg toen de Longobarden zich moesten verenigen tegen een bondgenootschap van Franken, West- en Oost-Romeinen. Hun gebied breidde zich geleidelijk verder uit naar het zuiden, totdat de Frankische koning Pepijn de Korte in 756 hun opmars stuitte.

De Franken
De Franken, Germaanse stammen die het Romeinse Rijk over de Rijn binnendrongen, kregen rond 350 gebieden toegewezen in België en het noorden van Frankrijk. Toen Stilicho in 406 legioenen terugtrok uit het Rijngebied om de Visigoten uit Italië te verjagen, kregen de Franken de taak de noordgrens te verdedigen. In plaats van zich aan hun opdracht te houden, bezetten zij een deel van Gallië. Er was sprake van veel meer dan alleen een militaire bezetting: zij koloniseerden de gebieden waar zij zich vestigden. Hoewel zij aanvankelijk vijandig stonden tegenover de Gallo-Romeinse cultuur, veranderde dit naarmate de Franken hun rijk naar het veel dichter bevolkte zuiden uitbreidden. De bestuursstructuur namen zij echter niet over, Germaanse koningen zagen hun rijk als persoonlijk bezit, dat na

hun dood werd verdeeld onder hun mannelijke nakomelingen. De adel had nog niet veel macht, vrije boeren vormden de belangrijkste bevolkingsgroep.

Terwijl de Visigoten door ariaanse missionarissen al waren bekeerd tot het christendom voordat zij de Donaugrens passeerden, waren de Germanen die de Rijn overstaken heidenen. Om politieke redenen bekeerde koning Clovis[4] van de dynastie der Merovingen[5] zich tot het katholicisme. Door zich in 496 door de aartsbisschop van Tours te laten dopen, verwierf hij de steun van de orthodoxe[6] bewoners van de door hem veroverde gebieden en, belangrijker, ook van de geestelijken en de Gallo-Romeinse adel waar zij uit voortkwamen. Van de kerkelijke organisatie maakte hij gebruik voor het bestuur van zijn rijk, abten en bisschoppen waren als dienaren van de koning verantwoordelijk voor hun gebied. Tijdens de regering van Clovis vergrootten de Franken hun gebied ten koste van de Visigoten met Aquitanië en de Languedoc tot aan de Middellandse Zee. Door alle potentiële tegenstanders uit te schakelen, groeide Clovis van een Frankische koning uit tot de koning der Franken, de machtigste Germaanse heerser. De Romeinse heerschappij was in Gallië definitief ten einde.

De kerk van Rome

Van vervolgde sekte tot staatsgodsdienst
De basis van de middeleeuwse samenleving was de rooms-katholieke kerk, die zich onder leiding van de paus boven de wereldlijke heersers stelde. Na eeuwen van vervolging was de bekering – die overigens historisch niet vaststaat – van de Romeinse keizer Constantijn de Grote in 312 een keerpunt in de geschiedenis van het christendom. De dag voor een beslissende veldslag tegen zijn rivaal Maxentius bij de Milvische brug kreeg hij een visioen van een engel, die hem een kruis voorhield met de woorden *"In hoc signo vinces"* (In dit teken zult gij overwinnen). De keizer schreef zijn overwinning toe aan de God van de christenen en vaardigde in 313 het Edict van Milaan uit, waarmee hun godsdienst officieel werd toegestaan.
Er dreigde een scheuring in de kerk toen de denkbeelden van de priester Arius uit Alexandrië steeds meer aanhang vonden. Deze stelde dat Christus door God de Vader als mens is geschapen en daarom niet aan hem gelijk kan zijn. Arius ontkende daarmee de goddelijkheid van Gods Zoon. Constantijn zag in een mogelijke splitsing van de kerk tevens een bedreiging van de eenheid van het Romeinse Rijk en riep daarom in 325, onder zijn voorzitterschap, in Nicea het eerste oecumenisch

concilie[7] bijeen. Als officiële leer van de katholieke kerk werd de leer van de drieeenheid vastgesteld: de Vader, de Zoon en de Heilige Geest zijn wezensgelijk. Het arianisme werd door de bisschoppen veroordeeld als ketterij. Keizer Theodosius I verhief het christendom in 391 tot staatsgodsdienst, andere religies werden verboden en andersdenkenden als ketters vervolgd. De keizer was niet alleen staatshoofd, maar ook het hoofd van de christelijke gemeenschap, waardoor kerk en staat verweven raakten. De basis voor de macht van de kerk was gelegd. Door schenkingen van Constantijn en andere gelovigen verwierf de kerk omvangrijke wereldlijke bezittingen, die waren vrijgesteld van belastingen.

Kerkvader Augustinus (†430), bisschop van Hippo in Noord-Afrika, introduceerde in zijn *De Civitate Dei* (De Staat Gods) het principe van de *bellum iustum*, de gerechtvaardigde oorlog. Dit gaf seculiere heersers een grondslag voor het voeren van oorlog ter verdediging van christelijke waarden en normen. Hierop baseerden latere pausen hun recht op te roepen tot de kruistochten ter herovering van gebied dat toebehoorde aan de christelijke kerk. De groei van het christendom maakte het noodzakelijk de kerk hiërarchisch te organiseren. Dit gebeurde naar het voorbeeld van het bestuur van het Romeinse Rijk, met kerkprovincies onder het gezag van een bisschop die zetelde in de provinciehoofdstad. Als opvolger van de apostel Petrus, die als eerste bisschop van Rome de 'sleutels van het Koninkrijk' van Christus had ontvangen en daarmee de autoriteit om bij diens afwezigheid de kerk op aarde te besturen, was de paus de hoogste gezagdrager van de kerk. De Oost-Romeinse keizer Justinianus erkende in de 6e eeuw de suprematie van de Romeinse patriarch over de andere bisschoppen.

De paus vult het machtsvacuüm

Na de dood van Constantijn in 337 verzwakte het keizerlijk gezag. Om het bestuur van het grote rijk te vergemakkelijken, verdeelde Theodosius dit in 395 in twee delen. Zijn zoon Arcadius werd keizer van het Oost-Romeinse of Byzantijnse Rijk met als hoofdstad Constantinopel, zijn andere zoon Honorius vestigde zich als keizer in

Petrus ontvangt van Christus de sleutels van het Koninkrijk

Ravenna, de nieuwe hoofdstad van het West-Romeinse Rijk. Leo I de Grote (440-461) nam als bisschop van Rome diens plaats in als bestuurder van de Heilige Stad en eiste de *plenitudo potestatis* – zowel de wereldlijke als de geestelijke macht – op. Hij kreeg te maken met aanvallen van de Hunnen, die in hun hoedanigheid van foederati zowel binnen als buiten de grenzen door keizers en veldheren werden ingezet, totdat zij onder Attila zo sterk waren dat zij besloten vanuit hun vestigingsgebied Pannonië (Hongarije) eerst het Oost- en vervolgens het West-Romeinse Rijk te plunderen. Omdat Constantinopel standhield, trokken zij via Griekenland naar Italië en Frankrijk. De Romeinse veldheer Aëtius versloeg hen in 451 bij de Catalaunische velden bij Troyes, waarna zij zich ten noorden van de Rijn moesten terugtrekken. In 452 vielen zij opnieuw Italië binnen, maar toen zijn leger werd getroffen door voedselgebrek en ziekte, was Attila gedwongen te onderhandelen met een delegatie van de paus. De voorwaarden zijn niet bekend, maar het resultaat was dat de Hunnen terugkeerden naar Pannonië, waardoor het prestige en daarmee de macht van de kerkvorst enorm toenamen.

Paus Gregorius de Grote (590-604) realiseerde zich, dat het voortbestaan van de kerk als basis van de samenleving afhankelijk was van bescherming door de Frankische koning, de belangrijkste machtsfactor in het westen. Evenals Leo I was Gregorius van mening, dat de seculiere autoriteiten hun gezag ontleenden aan God en daarom gehoorzaamheid verschuldigd waren aan de paus als zijn plaatsvervanger. Waar Augustinus alleen oorlogen goedkeurde ter verdediging van het christendom, gaf Gregorius ook toestemming ketters en ongelovigen met geweld tot het ware geloof te brengen; geestelijken mochten echter geen wapens dragen of oorlog voeren.

Breuk met het oosten
Hoewel de Oost-Romeinse keizer formeel nog steeds werd erkend als heerser van Italië, liet hij het afweten toen hem gevraagd werd troepen te sturen om de naar het zuiden oprukkende Longobarden te bestrijden. Noodgedwongen had de paus behalve het lokale bestuur van Rome ook steeds meer de verdediging op zich genomen. In 739 deed Gregorius III een beroep op de Frankische heerser Karel Martel, maar deze had met de Longobarden een bondgenootschap gesloten om de Arabieren uit het Rhônedal te verdrijven. Zijn opvolger Zacharias had meer succes, omdat Karel Martels opvolger Pepijn de Korte als feitelijk machthebber zijn steun zocht voor terugkeer naar het koningschap volgens de Germaanse traditie. Niet erfelijkheid, maar geschiktheid zou bij opvolging bepalend moeten zijn. In 754 wer-

Pepijn de Korte

den Pepijn en zijn zonen Karel en Karloman door paus Stefanus II in Saint-Denis gekroond. Zij ontvingen de titel *Patricius Romanorum*, beschermers van de kerk. Pepijn erkende hiermee de pauselijke boven de koninklijke macht. Deze suprematie werd ontleend aan de *Donatio Constantini*, een – vals – document waarin keizer Constantijn paus Sylvester I niet alleen het primaat zou hebben gegeven over de gehele kerkelijke organisatie, maar ook de politieke macht over Italië en alle westelijke provincies van het West-Romeinse Rijk. Pepijn versloeg de Longobarden en in 756 schonk hij het hertogdom Rome aan de paus: de *Donatio Pepini* (Schenking van Pepijn). Hiermee was de grondslag gelegd voor de Kerkelijke Staat, het *Patrimonium Petri* (Erfdeel van Petrus). De bemoeienis van de paus bracht voor de Frankische koning de verplichting mee de kerk te beschermen en zijn rijk volgens haar leer te besturen. Het geestelijke en het seculiere gezag bundelden hun krachten en door dit bondgenootschap met de Franken brak de paus definitief met het Oost-Romeinse Rijk. Zowel koning als paus zou hier voordeel van hebben, maar de machtsverhoudingen zouden sterk afhankelijk zijn van de persoonlijkheden die de posities bekleedden. Onder Karel de Grote koos de geestelijkheid de kant van de koning tegen de paus om hoge posities aan het hof te kunnen verwerven, terwijl bij de latere zwakke koningen de kerk grote invloed kreeg op het landsbestuur.

Machtswellust en geestelijk verval
De invloed van de kerk op het dagelijks leven in de middeleeuwen was groot. Geestelijken waren betrokken bij alle aspecten van het leven, van de geboorte tot en met de dood. Omdat zij konden lezen en schrijven, speelden zij een rol als notaris bij erfenissen en koopcontracten. Kloosters hielden zich niet alleen bezig met het verspreiden van het christendom in Europa, maar ook met zieken- en armenzorg en onderwijs. Zij bezaten vaak grote landerijen, waar de monniken grond ontgonnen om te bebouwen en wegen en kanalen aanlegden. Hun landbouwmethoden werden nagevolgd door omwonende boeren, die daardoor profiteerden van de kennis die op de kloosterboerderijen was ontwikkeld. Vaak trokken weduwe geworden edelvrouwen zich terug in kloosters, die hiervoor grote schenkingen ont-

vingen. Ook nalatenschappen waren een belangrijke bron van inkomsten. Bisschoppen en andere hoge geestelijken waren machtig en rijk en hielden zich in toenemende mate meer bezig met het behartigen van hun wereldlijke belangen dan met het geestelijk welzijn van hun bisdom of parochie. Behalve rijk waren zij vaak ook corrupt en hielden zich niet aan de voor de geestelijkheid voorgeschreven levenswijze.

De kerk en daarmee de paus verloren hierdoor vooral in de Languedoc autoriteit en prestige. De adel zag in de grote ontevredenheid over het gedrag van de geestelijkheid een gelegenheid zich van kerkelijk bezit meester te maken. Kloosters en kerken werden geplunderd en in brand gestoken, hun landerijen geconfisqueerd. Echter, niet alleen de inkomsten uit de verloren bezittingen vielen weg, ook die van door de ketterse bewegingen niet erkende sacramenten bij doop, huwelijk en overlijden. Kerkelijke belastingen werden niet meer betaald. Huursoldaten, die als hun diensttijd erop zat plunderend rondzwierven om in hun onderhoud te voorzien, ontliepen hun straf, omdat de slachtoffers – priesters en monniken – niet langer onder de bescherming stonden van de seculiere autoriteiten.

Waar eerst vooral de wereldlijke macht van de kerk onder vuur lag, werd vervolgens ook de geestelijke autoriteit bedreigd. Veel kritiek kwam van vrome katholieken en was niet tegen het geloof gericht, maar tegen de mensen die het moesten uitdragen. De onvrede leidde niet alleen tot een toenemende groei van het aantal ketterse bewegingen, maar ook tot het ontstaan van groeperingen binnen de kerk die zowel de doctrine als de autoriteit afkeurden en ter discussie stelden. Daardoor was het mogelijk dat het kathaarse geloof, verkondigd door priesters die een voorbeeldig leven leidden van armoede en geweldloosheid, zo gemakkelijk een grote aanhang kreeg. Bovendien predikten de katharen het evangelie in de volkstaal, waardoor het voor iedereen toegankelijk was. De Roomse kerk daarentegen, die zich bleef bedienen van het Latijn dat zelfs door vele geestelijken niet meer werd beheerst, raakte steeds verder van de gelovigen verwijderd. Uiteindelijk zag de paus geen andere oplossing dan geweld om de eenheid van geloof te herstellen.

Hoewel de katharen slechts ongeveer een tiende deel van de bevolking vormden, zou de kruistocht leiden tot grote solidariteit en verzet tegen de Noord-Franse bezetters, die in opdracht van de paus met alle mogelijke middelen het religieuze tij moesten keren.

Opkomst van de feodale maatschappij

In het Romeinse Rijk was het bestuur in handen van betaalde ambtenaren in dienst van de keizer. Aan het hoofd van de Germaanse rijken stonden koningen met hun *comitatus*, een gevolg van edelen die het gebied waar zij gevestigd waren bestuurden in ruil voor koninklijke bescherming. De persoonlijke band van trouw was zeer sterk en vormde het fundament van de samenleving. Het koningschap was nog niet erfelijk, de edelen wezen de sterkste krijgsheer uit hun midden als opvolger aan. De Germanen kenden geen staatsstructuur en wetgeving zoals de Romeinen, zij baseerden zich op traditionele regels en gebruiken.

De opvolgers van Clovis waren zwakke vorsten, die vooral hun eigen belang dienden en zich niet bezighielden met het bestuur van hun rijk. Zij probeerden de hun steeds vijandiger gezinde adel aan zich te binden door land te geven. Langzamerhand ontstond hierdoor een nieuwe sociale structuur, met aan de top de adel – waar ook de hoge geestelijkheid uit voortkwam – die zich weinig meer aantrok van het koninklijk gezag, dat alleen nog in naam bestond.
De laatste Merovingische koningen lieten het bestuur over aan hun hofmeier, aanvankelijk als voornaamste hoveling het hoofd van de hofhouding, later ook opperbevelhebber van het leger. De machtige hofmeier Karel Martel van Herstal nam in 737, na de dood van Theodorik IV, de regering van het Frankische rijk over en herstelde met steun van de geestelijkheid het centrale gezag. Hij is de grondlegger van het Karolingische rijk en was de eerste heerser die het leenstelsel toepaste om zijn strijd tegen de Arabieren succesvol te kunnen voeren. Deze waren in 711 onder aanvoering van Tarik uit Noord-Afrika via Gibraltar (Djebel al Tarik = berg van Tarik) naar Spanje overgestoken en trokken steeds verder naar het noorden, waar zij rond 720 de Roussillon bezetten. Omdat de Arabieren ruiterlegers hadden waartegen de Frankische voetsoldaten kansloos waren, was ook Karel gedwongen ruiters in te zetten. Aangezien paarden en uitrusting kostbaar waren, gaf Karel de edelen die met hun ridders aan zijn zijde streden als vergoeding een stuk grond in leen. Veel van deze grond was eigendom van de kerk, maar Karel dwong abdijen en bisdommen hier afstand van te doen.

Het leenstelsel
Feodaliteit was een contract *(feodus)* tussen vrije mannen, een persoonlijke relatie

tussen heer en vazal.[8] Het leen *(feodum of beneficium)* bleef eigendom van de leenheer, maar de macht erover berustte bij de leenman. Een leen bestond uit een of meerdere stukken land met de daarbij behorende gebouwen en 'horige' boeren. Deze hadden hun grond – die zij niet mochten verlaten – en een deel van hun oogst in ruil voor bescherming afgestaan aan hun landheer. Zij moesten diens land bewerken en ook andere herendiensten verrichten, zoals onderhoud aan gebouwen en wegen.

Met de opbrengsten van het leen kon de vazal niet alleen in zijn onderhoud voorzien, maar ook zijn gevolg en uitrusting bekostigen: ridders met paarden, schildknapen, stalknechten, boogschutters en voetknechten. Omdat hij niet zelf het land hoefde te bewerken, stond de ridder geheel ter beschikking van zijn leenheer. Hij was deze niet alleen trouw en gehoorzaamheid verschuldigd, maar moest hem ook bijstaan met raad *(consilium)* en daad *(auxilium)*. Raad was bijvoorbeeld het geven van advies wanneer het leenhof zitting hield; daad bestond uit het verrichten van krijgsdienst in geval van oorlog. Hoe groter het leen, hoe groter het aantal manschappen dat geleverd moest worden. Naast deze diensten bestond er vaak ook een geldelijke verplichting voor de leenman, de bede. In ruil voor trouw en diensten beloofde de leenheer zijn vazal te beschermen *(mundium)*. De macht van de heer en de omvang van zijn bezit bepaalden de sociale status van de vazal.

Edelen konden hun gebied uitbreiden door huwelijk, erfenis of door van meerdere heren vazal te worden. Deze meervoudige vazalliteit kon leiden tot loyaliteitsconflicten als leenheren met elkaar in oorlog kwamen. Daarom werd het beginsel ingevoerd van de ligische vazalliteit: de suzerein of opperleenheer *(dominus ligius)* was degene aan wie de vazal boven alle anderen trouw was verschuldigd. Aanvankelijk had de koning als soeverein de hoogste en feitelijke macht over de staat en was hij tevens suzerein, opperste leenheer. Echter, naarmate de macht van de koningen afnam, werden de rechten van de vazallen steeds veelomvattender en de lenen, die aanvankelijk na het overlijden van de leenman terugvielen aan de leenheer, werden erfelijk. Wel moesten de rechten van de opvolger door het brengen van leenhulde[9] aan de leenheer opnieuw worden bevestigd, de investituur. Grote leenheren waren vaak zo machtig, dat zij zich als suzereinen volledig onafhankelijk van het centrale gezag opstelden, de feitelijke macht kwam zo in handen van de adel. Op lokaal niveau lieten de edelen het bestuur op hun beurt over aan achterleenmannen, seigneurs die hun eigen grondgebied – heerlijkheden – beheerden.

Einde van het feodale tijdperk
In de loop der eeuwen nam de macht van de koning weer toe en werd het centrale gezag hersteld. Er kwam een einde aan het tijdperk van de grote feodale heren. De belangrijkste openbare functies kwamen in handen van door de Kroon betaalde professionele ambtenaren met de titel van burggraaf, baljuw of seneschalk. Zij behartigden de belangen van de koning en werden steeds vaker gekozen uit de gegoede burgerij in plaats van uit de over het algemeen slecht opgeleide adel. Deze was bovendien vaak verarmd door de hoge kosten die aan het deelnemen aan de kruistochten waren verbonden.

Ook de opkomst van de steden, die door de opbloei van handel steeds meer economische macht kregen, heeft bijgedragen aan het einde van het feodale stelsel. Naast adel en geestelijkheid ontstond een nieuwe klasse, bestaande uit handels- en ambachtslieden. Door privileges zoals eigen rechtspraak, bestuur via een vertegenwoordiging van de burgers, het versterken van de stad met een muur, het recht om eigen munten te slaan en tol te heffen, waren de steden voor bescherming steeds minder afhankelijk van nabijgelegen kastelen van plaatselijke heren of machtige abdijen.

De Karolingen

Een nieuwe dynastie
Karel Martel slaagde erin op 17 oktober 732 bij Poitiers in Aquitanië de Arabieren onder leiding van Abd al-Rahman te verslaan, die daardoor hun opmars vanuit het Iberisch schiereiland naar het noorden zagen gestuit. In 751 liet Karels zoon Pepijn III de Korte zich met instemming van paus Zacharias in Soissons door bisschop Bonifacius tot koning zalven. Volgens het Germaanse recht had hij als feitelijk heerser meer recht op het koningschap dan degene die alleen in naam koning was: Childerik III was naar een klooster verbannen. Pepijn versloeg de Longobarden die Rome belegerden en heroverde in 759 Septimanië op de Arabieren. Na zijn dood in 768 werd het rijk verdeeld onder zijn zonen Karloman en Karel.

Karloman stierf in 771, zijn broer werd alleenheerser en als Karel de Grote (768-814) de machtigste koning uit de dynastie der Karolingen. Toen de paus zijn hulp inriep tegen de opnieuw oprukkende Longobarden, versloeg hij deze in 774. Hij bevestigde de *Donatio Pepini*, riep zichzelf uit tot koning van de Longobarden en lijfde Noord-Italië in bij het Frankische rijk. In 799 vertrok hij naar Rome om paus

Karel Martel verslaat de Arabieren bij Poitiers

Leo III te hulp te komen bij een opstand van Romeinse edelen. Leo was tegen hun zin tot paus gekozen en zij accepteerden zijn benoeming niet. Karel werd op 25 december 800 tijdens een kerkdienst onverwacht tot keizer gekroond door de paus, die hiermee te kennen gaf zich boven de keizer te stellen. Karel, koning van de Franken door het recht van erfopvolging, hechtte echter geen waarde aan zijn nieuwe titel. Pas toen de Oost-Romeinse keizer Michaël, formeel nog steeds de hoogste gezagsdrager, hem in 812 als *Imperator Romanorum* erkende, ging het keizerschap van het westen formeel over op de Frankische koning *(Translatio Imperii)*. Karel liet in 813 blijken de pauselijke suprematie niet te erkennen door zelf zijn zoon Lodewijk tot medekoning te kronen. Hij eiste net zoals eerder de Romeinse keizers niet alleen de wereldlijke macht op, maar achtte zich ook verantwoordelijk voor het geestelijk welzijn van zijn onderdanen, daarbij alleen verantwoording verschuldigd aan God.

De Karolingische Renaissance

Karel verdeelde zijn rijk in gouwen, bestuurd door afgevaardigden met als titel graaf of hertog.[10] Zij waren belast met taken als de rechtspraak, het innen van belastingen en het leveren en aanvoeren van troepen in tijden van oorlog. Grensprovincies – marken – bestonden uit meerdere gouwen, bestuurd door een markgraaf of markies. Om het zuiden van het rijk beter te kunnen beschermen tegen de nog steeds dreigende Arabieren, werd de Spaanse Mark gesticht. De graven, hertogen en markiezen waren de machtigste edelen van het rijk, maar zij moesten de macht delen met de bisschoppen in wier bisdom hun gebieden lagen. Door het krachtige centrale gezag was een herleving van de Romeinse cultuur mogelijk, de Karolingische Renaissance. Het klassieke Latijn werd opnieuw ingevoerd om de eenheid van het bestuur te bevorderen en ook in de bouwkunst greep men terug op het Romeinse verleden. Karel onderkende het belang van goed onderwijs: een van de belangrijkste personen aan het hof was de geleerde Engelse monnik Alcuin van York, die wetenschappen en cultuur stimuleerde door het stichten van een hofuniversiteit en een paleisschool, waar edelen en hoge ambtenaren hun opleiding ontvingen. Kloosters waren centra van wetenschap, kunst en letterkunde. Voor het gewone volk kwamen er bij kathedralen, kloosters en abdijen scholen om te leren lezen en schrijven.

Paus Leo III kroont Karel de Grote tot keizer

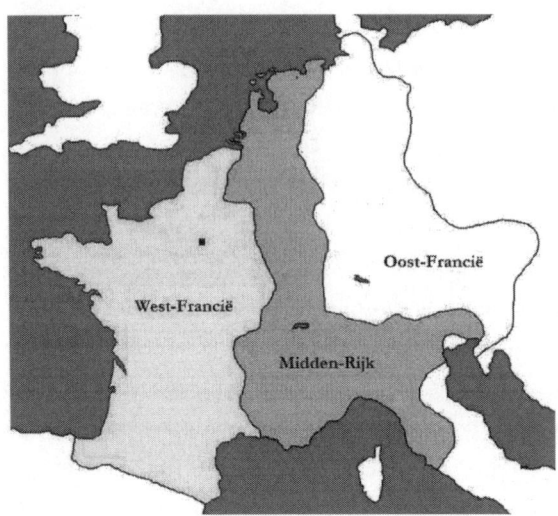

Verdelingsverdrag van Verdun

Het Verdelingsverdrag van Verdun

Omdat Karel de Grote net als zijn voorgangers zijn rijk als persoonlijk bezit zag, verdeelde hij het in 806 onder zijn drie zonen. Na de dood van zijn broers Pepijn (810) en Karel (811) en zijn vader (814) werd Lodewijk de Vrome alleenheerser. Hij erkende de suprematie van de paus en liet zich door Stefanus IV in Reims tot keizer kronen. Lodewijk was minder krachtig dan zijn vader en had niet de capaciteiten om het enorme rijk bijeen te houden. In een poging de eenheid te handhaven vaardigde hij in 817 de *Ordinatio Imperii* uit, waarin hij zijn oudste zoon Lotharius aanwees als keizer en opvolger. Na een aantal burgeroorlogen waarin zijn nakomelingen deze regeling betwistten, werd het rijk in 843 bij het Verdelingsverdrag van Verdun onder de drie zonen verdeeld. Lodewijk de Duitser kreeg Oost-Francië toegewezen, Karel de Kale West-Francië en Lotharius als keizer het Middenrijk.

De koningen verloren steeds meer macht, zowel politiek als militair. Niet alleen omdat het zwakke persoonlijkheden waren, maar vooral omdat de gebieden waar zij persoonlijk en rechtstreeks gezag uitoefenden, enorm in omvang waren afgenomen door de verdelingen onder nakomelingen en het erfelijk worden van de lenen.
In 987 stierven de Karolingen uit en de leenvorsten kozen Hugo Capet, hertog van West-Francië, tot koning van Frankrijk. Hij was alleen nog in naam suzerein, het Karolingische rijk was uiteengevallen in zelfstandige gebieden. De graaf van Toulouse bijvoorbeeld was zoveel machtiger dan zijn koninklijke leenheer, dat paus Urbanus II in 1095 de leiding van de eerste kruistocht in handen gaf van Raymond IV in plaats van Philips I.

De Occitaanse adel

De edelen in het zuiden lieten zich aan de hiërarchische verhoudingen weinig gelegen liggen en hielden zich vooral bezig met hun eigen belangen. Naar gelang waar hun voordeel lag, vormden zij wisselende allianties tegen hun leenheren. Deze hadden niet alleen weinig controle over hun vazallen, maar konden vaak zelfs in hun eigen gebieden niet over voldoende manschappen beschikken, waardoor zij een beroep moesten doen op *routiers*, huurlingen. Een andere reden voor de losse samenhang van het gebied was het daar heersende erfrecht. In het noorden gingen volgens de Salische wet[11] titels en erfgoed over op de oudste zoon en kwamen de overige kinderen niet in aanmerking voor de nalatenschap. In de Languedoc werden bezittingen gelijkelijk verdeeld over alle kinderen, zonen én dochters, waardoor landgoederen in steeds kleinere stukken uiteenvielen. Zo had bijvoorbeeld de heerlijkheid Mirepoix na een aantal generaties wel vijftig tot zestig *co-seigneurs*, die door huwelijk of nalatenschap tevens co-seigneur waren van andere heerlijkheden. Een ander voorbeeld is Carcassonne, waarvan iedere toren in beheer was van een andere seigneur. Er bestonden daardoor geen grote militaire eenheden zoals in het noorden van Frankrijk. De Languedoc was verdeeld en zou geen verenigd front kunnen vormen tegen het kruisleger. Het steeds groeiende grondbezit van kloosters en abdijen was niet onderhevig aan verdeling door erfrecht en vrijgesteld van belastingen, waardoor de kerkelijke gebieden intact bleven en de kerk daardoor haar invloed kon vergroten.

Door de bloeiende handel met het Middellandse Zeegebied waren de steden welvarender en invloedrijker dan elders in Frankrijk. Het bestuur bestond uit *consuls*: raadsleden, gekozen door en uit de burgerij. Dit waren *grands seigneurs*, die in status niet onderdeden voor adel en hoge geestelijken. De steden waren door de hun verleende stadsrechten vrijwel autonoom en vormden een machtsfactor van betekenis, vooral omdat koning en adel in toenemende mate afhankelijk waren van inkomsten uit de steden om hun huurlegers te financieren. Van een persoonlijke band van trouw van vazal aan leenman was geen sprake meer en door het terugbrengen van de periode van verplichte krijgsdienst naar veertig dagen, de *quarantaine*, konden op die basis geen langdurige oorlogen meer worden gevoerd.

De graven van Toulouse

Koning Pepijn II van Aquitanië stelde in 849 zijn vazal Frédélon aan als zijn vertegenwoordiger in Toulouse en omliggende regio. Diens broer en opvolger graaf Raymond I (852-865) van Saint-Gilles in de Provence werd de stamvader van de roemruchte dynastie der graven van Toulouse, de machtigste vorsten van het zuiden. Zij waren op hun beurt leenheer van invloedrijke vazallen als de graven van Foix en de burggraven Trencavel van Carcassonne en Béziers, die ook feodale banden hadden met Barcelona en Aragón en niet aarzelden hun leenheren regelmatig tegen elkaar uit te spelen. Echter, niet alleen hun vazallen, ook aartsbisschoppen en bisschoppen konden tegenstanders van formaat zijn.

Behalve vazallen van de Franse koning waren de graven ook leenmannen van de koningen van Engeland en Aragón en de Duitse keizer. Zolang deze leenheren hun onderlinge conflicten lieten prevaleren boven hun belangen in het zuiden, waren de graven vrijwel onafhankelijk en hadden zij weinig bemoeienis te vrezen van hogerhand. Zij waren behalve graaf van Toulouse en van Saint-Gilles ook markies van de Provence en hertog van Narbonne en heersten als ongekroonde koningen over een gebied dat bijna even groot was als dat van hun Franse opperleenheer,

Zegel van Raymond VI   *Zegel van Raymond VII*

dat ongeveer een vijfde deel besloeg van de grootte van het huidige Frankrijk. De hoofdstad Toulouse was na Rome en Venetië de belangrijkste stad van Europa.

Het politieke evenwicht werd onder meer bewaard door het sluiten van huwelijken met zusters van opperleenheren en vazallen. Raymond V (1148-1194) werd zwager van Lodewijk VI van Frankrijk door zijn huwelijk met diens zuster Constance.

Door een verbintenis met Béatrice de Béziers probeerde Raymond VI (1194-1222) een verbond te sluiten met de Trencavels. Later trouwde hij met Joan, zuster van de Engelse koningen Richard I Leeuwenhart en Jan zonder Land. Zijn vijfde huwelijk sloot hij in 1204 met Aliénor, zuster van koning Peter II van Aragón. De laatste graaf van Toulouse Raymond VII (1222-1249) huwde Sanche, ook een zuster van Peter, en werd daarmee de zwager van zijn eigen vader. Door het kinderloos overlijden van zijn dochter Jeanne en haar echtgenoot Alfons van Poitiers, broer van de Franse koning, verviel het graafschap in 1271 aan de Franse kroon.

De graven van Barcelona, koningen van Aragón
Na het uiteenvallen van het Karolingische rijk werd Barcelona onder graaf Borell II (947-992) een onafhankelijk graafschap. Ramón Borell (992-1018), getrouwd met Ermessinde van Carcassonne, is de stamvader van de dynastie met de namen Ramón Berenguer en Berenguer Ramón. In de 11e eeuw kwamen alle graafschappen van de voormalige Spaanse Mark onder heerschappij van Barcelona. Toen de graven van de Bésalu, de Cerdagne en de Roussillon overleden zonder nakomelingen, kwamen ook deze graafschappen in hun bezit.
Ramón Berenguer III (1097-1131) voegde door zijn huwelijk met Douce het graafschap Provence toe aan zijn grondgebied. Zijn opvolger Ramón Berenguer IV (1131-1162) huwde Petronilla, de enige dochter en erfgename van Ramiro II. Hun zoon Alfonso II (1162-1196) werd zo behalve graaf van Barcelona tevens koning van Aragón, dat bestond uit Catalonië en de Roussillon. Door de echtverbintenis van Alfonso's zoon Peter II (1196-1213) met Marie de Montpellier werd ook deze stad toegevoegd aan het koninkrijk. In het kader van de Reconquista[12] behaalde Peter op 16 juli 1212 bij Las Navas de Tolosa in Andalusië met een leger van 70.000 kruisridders een grote overwinning op de Arabieren onder leiding van Mohammed a-Nasír. De koning dankte hieraan zijn bijnaam 'de Katholieke'. Desondanks zou Peter in de loop van de Albigenzer Kruistocht de kant van het zuiden kiezen tegen de kerk, toen gebieden van zijn vazallen werden geconfisqueerd en zo onder heerschappij kwamen van de koning van Frankrijk. Dat was een inmenging in feodale verhoudingen die hij niet kon dulden. Na zijn dood in de Slag bij Muret in 1213 eindigde de Spaanse expansie naar het noorden en zou Aragón zich onder leiding van zijn zoon Jaime I de Veroveraar (1213-1276) verder richten op gebieden ten zuiden van de Pyreneeën.

Oorsprong en ontwikkeling van het katharisme

l'Endura

*Iedere dag heeft zijn eigen kwaad
vol wind, vuur, lucht en water.*

*Daartoe dragen drie namen zonder gelaat
een levensboom:*

*de ziel wortelt in de stof,
de blaadjes van de geest reiken naar de hemel.*

*Op de achtergrond drie stenen
littekens als oprijzende vlinders.
Een akelei.*

*De lege kinderschommel
hangt eeuwig in balans.*

Jan Visser

Bronnen
De katharen waren christenen, die zich van de 12e tot het begin van de 14e eeuw in het zuiden van Frankrijk afzetten tegen het geestelijk verval en het streven naar wereldlijke macht van de rooms-katholieke kerk. Een groot deel van de bevolking van wat nu de Languedoc heet, keerde zich af van de gevestigde religie om zich te bekeren tot een nieuw geloof. Over hun geschiedenis is weinig met zekerheid bekend. Wat wij van hen weten, is voor een groot deel afkomstig uit de verhoren en vonnissen van de inquisitie, hun grootste vijand, die er meer belang bij had de

afwijkende opvattingen te benadrukken dan de overeenkomsten te benoemen. Ook bij de betrouwbaarheid van de verhoorden kunnen vraagtekens worden geplaatst. Men probeerde zichzelf of anderen te beschermen en vaak hadden gebeurtenissen jaren geleden plaatsgevonden en konden de betrokkenen niet meer precies aangeven wanneer. Een van de getuigenissen gaat zelfs 70 jaar terug. Jacques Fournier, abt van Fontfroide en op 19 maart 1317 gewijd tot bisschop van Pamiers, stichtte in 1318 een eigen inquisitierechtbank. Hij stelde zich ten doel de laatste ketters uit te roeien en met zijn indringende ondervragingstechniek bracht hij vele katharen op de brandstapel. Als beloning voor zijn inspanningen werd hij in 1334 in Avignon tot paus gekozen, onder de naam Benedictus XII.

Pierre des Vaux-de-Cernay was een cisterciënzer monnik uit het gevolg van Simon de Montfort, de militaire aanvoerder van de kruistocht. Hij geeft in zijn *Hystoria Albigensis* een ooggetuigenverslag van de periode van 1212 tot 1218, dat wordt gekleurd door zijn grote bewondering voor De Montfort. Guillaume de Tudèle, een monnik uit Navarra, beschrijft in het eerste deel van het in het Occitaans geschreven *La Canso de la Crozada* de periode van 1209 tot 1213. Hij stond aan de kant van Rome, maar is veel gematigder in zijn beschrijving van de gebeurtenissen dan Des Vaux-de-Cernay. Het tweede deel van dit lied over de kruistocht is van de hand van een andere, anonieme auteur, die als een van de zeer weinige verslagleggers partij koos voor het zuiden. *La Canso* eindigt in 1226 met het beleg van Toulouse door de Franse kroonprins. Guillaume de Puylaurens maakte eerst deel uit van het gevolg van bisschop Foulque van Toulouse en was later de persoonlijke kapelaan van graaf Raymond VII; hij schreef zijn *Chronica* van de kruistocht na de dood van de graaf in 1249. In zijn *Summa de Catharis* beschrijft Raniero Sacconi vooral

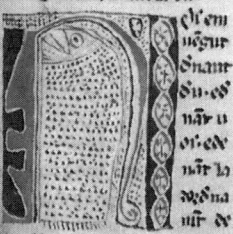

Kathaars ritueel

het katharisme zoals beleden in Italië. Hij was lid van de kathaarse kerk van Concorezzo, maar bekeerde zich, werd dominicaan en bracht het zelfs tot inquisiteur van Milaan.

Kathaarse bronnen zijn schaars en beschrijven alleen geloofszaken. Hun geschiedenis en manier van leven komen niet aan de orde. Het *Rituel de Lyon*, een manuscript uit de 13e eeuw, bevat het Nieuwe Testament in het Occitaans en tevens 13 pagina's die een gedetailleerde beschrijving geven van het *consolament*, het enige sacrament dat de katharen kenden. De dominicaner monnik Antoine Dondaine vond in 1939 in Florence een tweede *Rituel*, een Latijnse samenvatting uit 1250 van het *Liber de duobus principiis* (Het Boek van de twee principes) van de hand van de kathaarse bisschop Giovanni di Lugio uit het Italiaanse Bergamo.

'Katharen'
Ten onrechte wordt vaak gesteld, dat de naam katharen afkomstig is van het Griekse woord *katharos:* puur of rein. 'Kathaar' wordt voor het eerst gebruikt in een preek uit 1163 van de Duitse monnik Eckbert von Schönau, hij bedoelde hiermee de ketters uit het Rijnland. De Franse theoloog Alain de Lille stelt in 1200 in zijn *De Fida Catholica* dat katharen zo genoemd worden, omdat zij het achterwerk kussen van een *catus*, kat. Het zijn aanbidders van Lucifer, de duivel die vaak wordt voorgesteld als een kat. Waarschijnlijk is hiervan het woord ketter afgeleid. Als scheldwoord werd ook *bougre* gebruikt, afgeleid van *bulgare*, synoniem voor bogomil. Het katharisme heeft veel gemeen met het bogomilisme, dat zich vooral in Bulgarije sterk manifesteerde.

Het is niet duidelijk waar de naam *Albigeois* in relatie tot de kruistocht vandaan komt, want hoewel er de zetel van een kathaars bisdom was gevestigd, heeft Albi altijd aan de kant van de kerk van Rome gestaan. Er zou een relatie kunnen zijn met de vijandige ontvangst die Bernardus van Clairvaux als legaat[13] van paus Eugenius III in 1145 in Albi ten deel viel, toen hij tegen de ketterij kwam preken. Een ander verband is wellicht het Concilie van Lombers van mei 1165, voorgezeten door bisschop Giraud van Albi. Tijdens dit concilie deed men een – vergeefse – poging tot verzoening tussen katholieken en katharen.

De naam katharen werd zeker niet door henzelf gebruikt. Zij noemden zich *bons chrétiens/bonnes chrétiennes*, goede christenen of *bons hommes/bonnes dames*, goede mannen en vrouwen. *Parfait* en *parfaite*[14] waren scheldwoorden, gebezigd door de katholieke vijand. De inquisiteurs gebruikten de termen *hereticus perfectus* en *heretica perfecta* – volmaakte ketter – voor diegenen die het consolament hadden ontvangen. Hierdoor onderscheidden zij de kathaarse geestelijken van de gewone gelovigen, het gaat om perfectus in de betekenis van volledig ingewijd zijn, niet om volmaaktheid. Ook het gebruik door de kerk van het woord sekte in relatie tot de katharen was bedoeld om hun geloof in een negatief daglicht te stellen.

Goed en kwaad

Waar de oorsprong van het katharisme ligt, is niet met zekerheid vast te stellen. Het was zeker geen ketterse sekte, maar een christelijke stroming. Deze had met dualistische godsdiensten uit de oudheid en de eerste eeuwen van het christendom de overtuiging gemeen, dat de God die het goede geschapen heeft niet tevens verantwoordelijk kan zijn voor het kwaad in de wereld. Dit in tegenstelling tot de katholieke kerk, die stelt dat hemel en aarde, het onzichtbare en het zichtbare, geschapen zijn door één God.

Mazdeïsme of zoroasterisme
Dualistische godsdiensten zijn terug te voeren op de leer van de profeet Zoroaster (Zarathoestra), die in de 5e eeuw v.Chr. leefde in Perzië. In zijn leer, het mazdeïsme, stonden twee goden tegenover elkaar: Ahoera Mazda, de schepper en god van het licht die het goede vertegenwoordigde en Arhiman, de boze god van de duisternis, het kwaad. Het ging om de keuze tussen goed en kwaad, waarheid en leugen. Als de mens het goede zou doen en afstand zou nemen van het kwaad, zou uiteindelijk het goede overwinnen. De invloed van zijn doctrine op antieke godsdiensten en ook op het christendom was groot: licht en duisternis werden hemel en hel.

Manicheïsme
Mani was een in Mesopotamië geboren joods-christelijke filosoof, die in 240 zijn eerste openbaringen kreeg. Hij kon zich niet vinden in de christelijke opvatting dat God almachtig is en dus ook verantwoordelijk voor het kwaad. Mani beschouwde zichzelf als de opvolger van Jezus, die hij zag als een groot profeet. De nieuwe godsdienst die hij preekte, leidde tot zijn uitstoting en ballingschap. Zijn leer is verwant aan die van Zoroaster en beïnvloed door religies waarmee hij tijdens zijn reizen door het Midden-Oosten en Azië in aanraking kwam, maar vooral gebaseerd op het christendom. Het manicheïsme was een religie met een sterke kerkelijke organisatie, heilige geschriften en een grote zendingsdrang. De apostel Paulus, die zich

distantieerde van het Oude Testament, was Mani's grote voorbeeld. In Noord-Afrika en grote delen van Azië kreeg hij veel aanhang, evenals in Perzië. Koning Sapor I nam hem op in zijn hofhouding en hij kreeg alle vrijheid om zijn leer te verbreiden. Door verdachtmakingen van de priesters van de mazdeïstische staatsgodsdienst viel hij bij Sapors opvolger in ongenade en eindigde aan het kruis.
Het dualistische manicheïsme is gebaseerd op de tweedeling tussen goed en kwaad, geest en lichaam. God heerst over het Koninkrijk van het Licht en de Waarheid en zijn tegenstander Satan over het Koninkrijk van de Duisternis en de Leugen. Satan had twee wezens geschapen, man en vrouw, die zowel licht als duisternis bevatten. De strijd tussen goed en kwaad speelde zich dus ook af in de mens, voor wie de verlossing van het kwaad pas kon plaatsvinden na bevrijding van het licht uit het aardse lichaam. Om te voorkomen dat steeds opnieuw licht in de materie werd gevangengezet, was voortplanting verboden. Omdat ook dieren lichtdelen bevatten, mochten ze niet worden gedood. Mani zag in Christus de brenger van de wijsheid, die de menselijke ziel tot een hoger inzicht kon brengen omtrent de ware aard van zijn natuur en daardoor tot verlossing. Mani preekte naastenliefde en een streng ascetisch leven, hetgeen inhield dat men zich moest losmaken van alle materiële zaken. De gelovigen waren hiërarchisch verdeeld in *electi*, die zich aan de strenge voorschriften hielden en *auditores*, die daar niet in slaagden en alleen door reïncarnatie electi konden worden. Beïnvloed door daar heersende religieuze denkwijzen verspreidde het manicheïsme zich in het Byzantijnse Rijk en de Balkan. Het vond in de 11e en 12e eeuw via de grote handelsroutes een weg naar Europa, vooral naar het Rijngebied, Noord-Italië en het zuiden van Frankrijk. Voor zijn bekering was de Noord-Afrikaanse bisschop Augustinus van Hippo aanhanger van het manicheïsme. De argumenten waarmee deze *secta christiana* werd bestreden, zouden eveneens worden gebruikt om latere ketterse stromingen te veroordelen, die daarmee terecht of ten onrechte ook het predikaat manicheïstisch kregen.

Bogomilisme
Ook de paulicianen, een manicheïstische sekte die zich in de Balkan en Klein-Azië had gevestigd, verwierpen het Oude Testament, waarin Jahweh de schepper van de aarde en dus de duivel is. Hun geloof baseerden zij uitsluitend op de evangeliën en de brieven van de apostel Paulus. Zij waren tegen kerkelijke hiërarchie, autoriteit en sacramenten als huwelijk en biecht. Omdat zij geloofden in een goede en een kwade macht, konden zij zich niet voorstellen dat God verantwoordelijk was voor het kwaad in de wereld. Hun opvattingen hebben veel verwantschap met de kathaarse

leer, maar er is een belangrijk verschil: zij waren geen vegetariërs en wezen geweld niet af. De vervolging van de paulicianen begon in 530 onder de Byzantijnse keizerin Theodora; in 872 werden zij door keizerlijke troepen onderworpen en gedeporteerd naar de Balkan om daar de noordgrens van het Oost-Romeinse Rijk te verdedigen tegen oprukkende Slavische volkeren.

Op basis van het pauliciaanse gedachtegoed ontstond rond 950 in Bulgarije de kerk der bogomilen. Bogomil (geliefde van God) was een dorpspriester, die ervan overtuigd was dat de wereld was geschapen door Satan, evenals Jezus een zoon van God. Toen Satan tegen zijn vader in opstand kwam omdat hij aan hem gelijk wilde zijn, werd hij uit de hemel verbannen. Met de engelen die hem volgden, stichtte hij een tweede hemel. Uit water en klei schiep hij de mens om hem te dienen, de ziel was een engel die hij dwong het lichaam tot leven te wekken. Voor verlossing uit het aardse bestaan moesten de gelovigen een ascetisch leven leiden: veel bidden en vasten, geen vlees eten, geen handenarbeid verrichten en geen geweld gebruiken. De bogomilen geloofden niet in de geboorte van Jezus uit de Maagd Maria en de transsubstantiatie, de verandering van brood en wijn in zijn lichaam en bloed. De verering van Maria, heiligen, relikwieën en het kruis wezen zij af, evenals het huwelijk en de biecht. De doop van volwassenen – minstens 12 jaar, bij voorkeur 18 jaar oud – door handoplegging kwam in de plaats van de doop van kinderen – die daarom niet hebben gevraagd en er de zin niet van begrijpen – met water (materie, dus afkomstig van de duivel). De priester legde het Evangelie van Johannes op het hoofd van de dopeling, waarbij hij de Heilige Geest aanriep en het Onze Vader bad. Het was een inwijdingsritueel zoals het kathaarse consolament, waarmee onderscheid werd gemaakt tussen priesters en gewone gelovigen. Hoewel dat vaak wordt gesteld en de overeenkomsten groot zijn, blijkt uit kathaarse bronnen niets van een verband met het bogomilisme, het is de katholieke kerk die deze relatie legt.

De bogomilen verwierven vooral aanhang in Servië, Bosnië, Macedonië en Klein-Azië, waar men zich afzette tegen zowel het christendom uit Rome als dat uit Byzantium. Rond 1500, toen de Turken de Balkan veroverden, werd het bogomilisme verdrongen door de islam.

Gnosticisme

Gnosticisme (gnosis = inzicht) is een verzamelnaam voor heidense, oosterse, joodse en christelijke opvattingen over het verkrijgen van kennis over de hogere wereld, met als doel de mens terug te brengen naar zijn goddelijke oorsprong. Deze kennis komt voort uit het innerlijk, niet uit een externe bron. De opvattingen verschilden onderling, maar hadden gemeenschappelijke kenmerken. Net als de dualisten gingen de gnostici uit van het bestaan van twee goden die tegenover elkaar stonden: de Schepper van het Oude Testament, die de materiële wereld schiep en de Verlosser van het Nieuwe Testament, die heerst over de geestelijke wereld. Vanwege hun afkeer van het materiële was het voor de gnostici onaanvaardbaar dat God de materie geschapen zou kunnen hebben, dat moest het werk zijn van een andere, boze macht. Tussen God en de materiële wereld bevonden zich hemelmachten, engelen, die de menselijke ziel behulpzaam waren bij de bevrijding uit de gevangenis van zijn stoffelijke lichaam om te kunnen terugkeren naar zijn goddelijke oorsprong. Deze hereniging was alleen mogelijk door het verwerven van bijzondere, innerlijke kennis over de geestelijke wereld en het goddelijke in de mens. Mystieke kennis alleen was niet voldoende om zich los te maken van de gebondenheid aan het lichaam. Ingewijden moesten celibatair leven, mochten geen vlees eten en geen wijn drinken en geen lichamelijke arbeid verrichten. Voor degenen voor wie deze levenswijze te zwaar was, was reïncarnatie de weg terug naar de geestelijke wereld. Vaak waren meerdere levens nodig om de benodigde kennis te verwerven.

Gnostici ontkenden de dogma's van de menswording en de verrijzenis, zij maakten onderscheid tussen de goddelijke Christus en de mens Jezus. God zou zich niet verbonden kunnen hebben met een lichaam van vlees en bloed. Zij zagen Jezus als de natuurlijke zoon van Jozef en Maria, die pas bij zijn doop werd verenigd met de goddelijke geest. Omdat de geest niet kan sterven, zou deze het lichaam van Jezus kort voor de kruisdood hebben verlaten. Niet het kruis was dus van betekenis, maar de doop.

Waar de katholieke kerk ervan uitgaat dat de mens zondig is en alleen verlost kan worden door het geloof zoals dat door de kerk is vastgesteld, geloven de gnostici in de goedheid van de mens en zijn vermogen door goed te leven zelf zijn weg naar de hemel te vinden. Omdat tussenkomst van de kerk hiervoor niet noodzakelijk is, heeft het gnosticisme zich nooit ontwikkeld tot een gestructureerde kerkelijke organisatie.

De kathaarse leer

God van het Licht versus God van de Duisternis
Het uitgangspunt van de leer der katharen is net als bij het manicheïsme de scheiding tussen goed en kwaad, de tegenstelling tussen de onsterfelijke ziel en de aardse

vergankelijkheid. Zij vroegen zich af hoe het kwaad in de wereld kan zijn gekomen als de Schepper alleen maar goedheid is. Hun antwoord was dat er naast God, de schepper van en heerser over de spirituele wereld van licht en schoonheid, een tweede macht bestaat: Satan, de scheppingsgod van het Oude Testament. Hij heerst over de slechte, materiële wereld met de katholieke kerk en haar pracht en praal als zijn synagoge, symbool van het stoffelijke. Dit onderscheid tussen de God van het Oude en die van het Nieuwe Testament was al eerder gemaakt door Marcion, een Romeinse gnosticus die om die reden in 144 uit de christelijke geloofsgemeenschap werd gezet. Hij verwierp het Oude Testament en erkende alleen het Evangelie van Lucas en de brieven van Paulus. Tegenover de God van de Liefde stelde hij de God van de Wraak, Jahweh uit het Oude Testament. Marcion was de eerste 'ketter' in de geschiedenis van het christendom.

De katharen baseerden hun dualistische opvattingen vooral op het Nieuwe Testament, in het bijzonder het Evangelie van Johannes. Het gaat met name om hun interpretatie van Joh. 1:3: *"Omnia per ipsum facta sunt, et sine ipso factum est **nihil**."* Waar de katholieke kerk uitgaat van "Alles is door Hem ontstaan, zonder Hem is **niets** ontstaan", luidt de kathaarse vertaling: "Alles is door Hem ontstaan, zonder Hem is **het niets** ontstaan." In het Evangelie van Mattheus (7:17-18) is de tegenstelling tussen goed en kwaad te vinden: "Iedere goede boom brengt voort goede vruchten, en een kwade boom brengt voort kwade vruchten. Een goede boom kan geen kwade vruchten voortbrengen, noch een kwade boom goede vruchten."

Net als de gnostici waren de katharen ervan overtuigd, dat Christus een verschijning was in menselijke gedaante. God had hem niet naar de aarde gestuurd om de mens door zijn kruisdood zijn zonden te vergeven. Hij bezat geen stoffelijk lichaam en kon daarom ook niet aan het kruis zijn gestorven. Het kruis was geen symbool van verlossing, maar een martelwerktuig: als men je vader ophangt, zou je dan het touw waarmee dat wordt gedaan aanbidden? Ook de Maagd Maria was niet meer dan een verschijning in de gedaante van een vrouw. Omdat Jezus geen lichaam had, kon zij nooit zijn moeder zijn geweest.

De katharen geloofden, net als de bogomilen, dat Christus de ziel kennis kwam brengen over bevrijding uit de duisternis en de weg terug naar zijn goddelijke oorsprong. Zij geloofden niet in een laatste oordeel, vagevuur of hel. Voor hen was de hel immers het leven op aarde, de gevangenschap van de ziel in het stoffelijke lichaam, een 'kleed van huid'. Zo nodig waren reïncarnaties tussenstappen op weg naar de hemel. Uiteindelijk zal het goede het kwaad overwinnen als alle zielen zich weer met hun geest hebben verenigd.

Het consolament

De enige manier om de ziel te kunnen laten ontsnappen uit het lichaam en te herenigen met zijn in de hemel achtergebleven geest, was het ontvangen van het *consolament* (Occitaans: vertroosting), de kathaarse doop door handoplegging die zowel het sacrament van de stervenden was als het inwijdingsritueel van priesters. Het was het enige sacrament dat de katharen kenden, hoewel er gevallen bekend zijn van mensen die het zekere voor het onzekere namen en zich ook door een katholieke priester de laatste sacramenten lieten toedienen.

Tijdens het inwijdingsritueel moest de dopeling het Roomse geloof afzweren, het Onze Vader bidden en de belofte afleggen waarmee hij zich verplichtte tot een leven van armoede, kuisheid en nederigheid. Nadat alle zonden waren opgebiecht en daarvoor vergiffenis was gegeven, legde de parfait die het doopsel toediende met zijn rechterhand het Evangelie van Johannes op het hoofd van de dopeling. Door deze handoplegging herenigde hij de ziel met de geest in de hemel. Daarna lazen de aanwezigen de eerste zeventien verzen van het Evangelie, gevolgd door nogmaals het bidden van het Onze Vader.

Als een kathaarse gelovige stierf zonder het consolament te hebben ontvangen, ging de ziel op zoek naar een ander lichaam dat verlossing zou kunnen brengen. Als men het risico liep te sterven zonder dat hierbij een parfait aanwezig was, zoals bijvoorbeeld het geval was tijdens de verdediging van Montségur, was het mogelijk om een *convenenza* (Occitaans: overeenkomst) te sluiten met een parfait vóór de levensbedreigende situatie zich zou voordoen, waardoor de ziel zich na de dood toch zou kunnen bevrijden.

Na ontvangst van het consolament moest men zich aan zeer strenge regels houden, zoals afstand doen van alle aardse bezittingen en een celibatair leven leiden. Geslachtsgemeenschap was verboden om geen nieuwe 'gevangenissen' voor zielen te creëren, ook een sacrament als het huwelijk kon dit niet rechtvaardigen. Voor gewone gelovigen gold dit verbod niet, nieuwe lichamen dienden om nog niet perfecte zielen toch een mogelijkheid te geven tot bevrijding. Het eten van producten van voortplanting – vlees, eieren, melk, boter en kaas – was niet toegestaan. Vis mocht wel worden gegeten, omdat men dacht dat de koudbloedige vissen zich via het water voortplanten. Een mens of dier doden was in geen enkele omstandigheid geoorloofd, zelfs niet in geval van zelfverdediging. Ook dieren konden een ziel bevatten die op zoek was naar de hemel: als mensen slecht hadden geleefd, ging de ziel na het sterven als straf eerst over in een dier.

Parfaits mochten op maandag, woensdag en vrijdag alleen water en brood tot zich nemen en moesten drie maal per jaar een langere vastenperiode in acht nemen, de *endura* (Occitaans: vasten). Ook drie dagen voor en na het ontvangen van het consolament moest worden gevast. Omdat dit sacrament meestal pas werd toegediend op het sterfbed, overleden vele gelovigen tijdens de vastenperiode na dit ritueel. In de inquisitieverslagen staat dit vermeld als *mort en endura*, gestorven tijdens de endura. Hierdoor is het hardnekkige misverstand ontstaan, dat de endura een rituele zelfmoord zou zijn in de vorm van de hongerdood. De endura is door de kathaarse kerk nooit dwingend opgelegd. Mocht de zieke onverhoopt toch nog genezen, dan was hij niet verplicht de strenge regels na te leven, het was mogelijk op het uiteindelijke sterfbed nogmaals het consolament te ontvangen. Alleen uit de nadagen van het katharisme zijn er gevallen bekend waarin tot het uiterste vervolgde katharen zo radeloos waren, dat zij geen andere uitweg zagen dan de zelfgekozen dood.

Het was onder alle omstandigheden geboden de waarheid te spreken, hetgeen bij het verhoren door de inquisitie vaak zou leiden tot het meewerken aan de eigen veroordeling. De katharen erkenden seculiere noch kerkelijke autoriteiten of rechtspraak – iedereen was gelijk, dus niemand had macht over een ander – en beschouwden het afleggen van een eed als strijdig met het Evangelie. Matt. 5:33-37: "Wederom hebt gij gehoord, dat tot de ouden gezegd is: "U zult uw eed niet breken, doch aan de Heer uw eden gestand doen." Maar ik zeg u, in het geheel niet te zweren: bij de hemel niet, omdat hij de troon van God is; bij de aarde niet, omdat hij de voetbank Zijner voeten is; bij Jeruzalem niet, omdat het de stad van de grote Koning is; ook bij uw hoofd zult gij niet zweren, omdat gij niet één haar wit of zwart kunt maken. Laat het ja, dat gij zegt, ja zijn, en het nee, nee; wat daar boven gaat, is uit den boze." Het weigeren een eed af te leggen zou een doorslaggevend bewijs worden voor schuld aan ketterij, net als de weigering om in opdracht van inquisiteurs een kip of ander dier te slachten. Deze geboden raakten niet alleen de religieuze maar ook de feodale samenleving, die immers werd beheerst door de eed van trouw van de vazal aan zijn leenheer. De religieuze strijd raakte hierdoor verstrengeld met politieke belangen.

Twee stromingen: gematigd en absoluut dualisme
Het katharisme kende twee stromingen, die een verschillend gewicht toekenden aan de twee goddelijke machten. Het gematigd dualisme ging ervan uit, dat de macht van het duister ondergeschikt was aan die van het licht. Deze leer, vooral aangehangen

door de katharen in Italië, was gebaseerd op de *Interrogatio Johannis* of de *Cène Secrète*, een uit het Grieks vertaalde dialoog tussen Jezus en Johannes tijdens het Laatste Avondmaal, aangetroffen in het archief van de inquisitie in Carcassonne. Het is een manuscript dat rond 1190 via bogomilen uit Bulgarije terechtkwam bij Nazaire, bisschop van de kathaarse gemeenschap van Concorezzo. De organisatie en structuur van de hemel met God en de engelen worden hierin beschreven, evenals de val van Satan en de schepping van de stoffelijke wereld. Het kwaad wordt voorgesteld als de duivel, een engel die naar de aarde wordt verbannen omdat hij gelijk wil zijn aan God. Jezus is in deze visie een engel in mensengedaante, die de mens de weg naar verlossing moet wijzen.

Het absolute dualisme ging uit van twee gelijkwaardige machten van goed en kwaad: de duivel stond als autonome macht tegenover God. Dit was de leer die vooral aanhang vond in de Languedoc.

Meer overeenkomsten dan verschillen
De katholieke kerk deed ter rechtvaardiging van de meedogenloze vervolging haar uiterste best de katharen zo slecht mogelijk af te schilderen, maar het katharisme stond minder ver af van het orthodoxe geloof dan voorgesteld. Bernardus van Clairvaux (1090-1153), een van de meest gerespecteerde geestelijken van zijn tijd, was er net als de parfaits van overtuigd dat een ascetisch leven de enige weg was naar verlossing. Hij stichtte kloosters om het religieuze leven terug te brengen naar de oorspronkelijke idealen van soberheid, eenzaamheid en gebed. Hoewel Roomse priesters Satan niet als zelfstandige macht naast God zagen, gebruikten zij hem in de middeleeuwen graag ter afschrikking om de gelovigen op het juiste pad te houden.

Kathaarse zielen die nog niet klaar waren om naar de goddelijke wereld terug te keren, moesten reïncarneren. Katholieke zielen gingen als tussenstap naar de hemel naar het vagevuur. Het grote verschil was dat bij de katharen de kerk bij de verlossing van de ziel geen rol speelde. Aan geestelijken stelde de kerk andere eisen dan aan de gewone gelovigen, net zoals dat het geval was bij parfaits en de kathaarse geloofsgemeenschap. Het kathaarse verbod van het huwelijk vindt men in de kerk terug in het celibaat.

Hoewel Rome de katharen letterlijk te vuur en te zwaar bestreed, had men veel respect voor de streng ascetische levenswijze van de parfaits, die het goede voorbeeld gaven door hun levenswijze van armoede, geweldloosheid, liefde, barmhartigheid en gebed. Hun morele gezag was groot, terwijl de katholieke kerk zich door het materialisme, de corruptie en losbandigheid van veel van haar priesters steeds meer gehaat maakte.

De kathaarse kerk

De katharen zagen zichzelf als de opvolgers van Jezus en de apostelen en wilden terug naar het vroegchristelijke geloof, vooral gebaseerd op het Nieuwe Testament en in het bijzonder het Evangelie van Johannes. Aan kerken in de vorm van religieuze gebouwen met materiële zaken als relikwieën en beelden hadden zij geen behoefte. Gelovigen hoefden niet financieel bij te dragen, wereldlijke macht streefden zij niet na.

Organisatie
De groeiende aanhang maakte organisatie van de geloofsgemeenschap noodzakelijk. Dit gebeurde op basis van geografische indeling. In mei 1167 kwam daartoe in Saint-Félix-de-Camaran (nu Saint-Félix-Lauragais) op initiatief van de kathaarse kerk van Toulouse een concilie bijeen onder leiding van Nicétas, de patriarch van de bogomilen van Constantinopel. Ook de kathaarse bisschoppen Robert d'Épernon uit het Franse Mont-Aimé (Champagne) en Marcus van Lombardije waren aanwezig. Het zuiden werd verdeeld in vier bisdommen. Nicétas – ook wel de kathaarse paus[15] genoemd – wijdde Raymond de Casalis, Guiraud Mercier, Bernard Raymond en Sicard Cellerier respectievelijk tot bisschop van Agen, Carcassonne, Toulouse en Albi. In 1226 stichtte het Concilie van Pieusse een vijfde bisdom. Guilhabert de Castres, bisschop van Toulouse, wijdde Benoît de Termes tot bisschop van de Razès. Het concilie confronteerde de kerk van Rome met het feit, dat het katharisme niet langer een onbetekenende groepering was. Het had zich ontwikkeld tot een goed georganiseerde en machtige tegenkerk, die de meest fundamentele katholieke doctrines ter discussie stelde, aanhang vond in alle lagen van de bevolking en ook op sociaal gebied veel invloed had.
Van de akte waarin de besluiten van het concilie van 1167 waren vastgelegd, maakte de kathaarse bisschop van Carcassonne Pierre Isarn in 1223 een afschrift. Guillaume Besse publiceerde deze kopie in 1660 in zijn *Histoire des ducs, marquis et comtes de Narbonne* (Geschiedenis van de hertogen, markiezen en graven van Narbonne). Echter, omdat noch het origineel, noch het afschrift ooit zijn teruggevonden, staat

de vraag ter discussie of dit concilie daadwerkelijk heeft plaatsgevonden, de meningen van historici hierover zijn verdeeld. Het bestaan van de bisdommen en hun bisschoppen wordt niet betwijfeld, dat wordt in vele bronnen bevestigd.

De eerste bisschoppen waren in 1167 door Nicétas gewijd met het consolament, na hun dood werden zij opgevolgd door hun *filius major* (oudste zoon), hulpbisschop en plaatsvervanger. Deze werd op zijn beurt opgevolgd door de *filius minor* (jongste zoon), door de parfaits gekozen uit de diakenen, de laagste geestelijken. De bisschoppen hadden als belangrijkste taken het toedienen van het consolament en het voorgaan in gebed. Ook moesten zij eenmaal per maand de kathaarse gemeenschappen bezoeken om de gezamenlijke en openbare biecht, het *aparelhament* (Occitaans: voorbereiding), af te nemen. Hier was geen sprake van schuld en boete zoals in de Roomse kerk. Mensen erkenden hun fouten en werden door de aanwezigen geholpen bij het oplossen van hun problemen en conflicten, waarbij de parfaits een bemiddelende rol speelden.

De kleinste geloofsgemeenschappen waren de katharenhuizen, *maisons communes*, die onder leiding stonden van *anciens*, de oudste parfaits, die er gebedsbijeenkomsten hielden en nieuwe priesters opleidden. Vaak waren deze huizen werkplaatsen van ambachtslieden, maar er werden ook zieken verpleegd en kinderen onderwezen. Behalve van de opbrengst van hun handenarbeid leefden de gemeenschappen van giften en nalatenschappen. Niet alleen de parfaits, maar ook veel gewone gelovigen stonden vrijwillig geld, huizen en landerijen af, de kathaarse kerk kende immers geen belastingen of andere geldelijke verplichtingen. Toen na de instelling van de inquisitie de katharenhuizen niet meer veilig waren, predikte men bij gelovigen thuis, in de open lucht of in grotten.

De katharen kenden een hiërarchie van priesters en gelovigen: *parfaits/parfaites* en *croyants/croyantes*. Na een vormingsperiode van drie jaar in een maison commune werden de parfaits gewijd, waarna zij zich aan de voorgeschreven regels moesten houden. Terwijl iedere parfait een gelovige tot priester kon wijden en het consolament aan stervenden mocht toedienen, had alleen een bisschop de bevoegdheid een parfait tot diaken of filius te wijden. Om zich te onderscheiden van de gewone gelovigen gingen parfaits gekleed in een zwart of donkerblauw gewaad, de mannen droegen baarden. In navolging van de apostelen, die ook gezamenlijk reisden, kregen de parfaits en parfaites een *socius/socia* (metgezel) toegewezen om samen te prediken, zieken te verzorgen en stervenden het consolament toe te dienen. Zij trokken zich niet uit het dagelijks leven terug in kloosters of abdijen, maar werkten om in hun levensonderhoud te voorzien. Dit gold ook voor edelen die zich bekeerden tot het katharisme: "Wie niet werkt, zal niet eten," zoals de apostel Paulus schreef in zijn tweede brief aan de gemeente te Thessaloniki. Veel kathaarse priesters waren textielarbeider: Paulus, hun grote voorbeeld, was tentenmaker. Door hun voorbeeldige levenswijze en het directe contact met de bevolking raakte het geloof nauw verweven met het sociale en economische leven, een groot deel van het succes van het katharisme was hieraan te danken.

De belangrijkste taak van de parfaits was het toedienen van het consolament. Een ritueel waar de katharen ook veel belang hechtten, was het zegenen en uitdelen van brood aan gelovigen met wie zij de maaltijd deelden. Tijdens het zegenen van het brood baden de aanwezigen het Onze Vader, vervolgens brak de parfait het in stukken en deelde het uit. Er was geen enkele overeenkomst met de katholieke eucharistie, waar het brood verandert in het lichaam van Jezus. Brood was voor de katharen het symbool van geestelijk voedsel, de zegen van Jezus. Als het brood niet helemaal was opgegeten, werd het bewaard om uit te delen aan gelovigen die gevangen zaten.

Melhorament

Croyants begroetten de parfaits, bemiddelaars tussen God en de gelovigen, met het *melhorament* (Occitaans: verbetering), waarbij zij drie kniebuigingen maakten en om de zegen vroegen: "Zegen mij, Heer, en bid God dat hij van mij een goed christen make en me begeleide naar een goed einde." De parfait beantwoordde de begroeting met de *caretas*, vredeskus of zegen: "Dat God van u een goed christen moge maken en u begeleide naar een goed einde."

De rol van de vrouw
Op het hoogtepunt van het katharisme waren er drie- tot vijfduizend parfaits en parfaites. Terwijl de rooms-katholieke kerk zelfs het feit dat een vrouw een ziel heeft

ter discussie stelde, waren voor de katharen alle zielen gelijk en was de vrouw dus gelijkwaardig aan de man. Ook dit was een reden dat het katharisme zo'n grote aanhang kon vinden in de Languedoc, daar hadden vrouwen immers dezelfde rechten als mannen. Echter, vrouwen die het consolament hadden ontvangen konden geen bisschop of diaken worden. Wel mochten zij voorgaan in religieuze bijeenkomsten en het consolament toedienen als er geen mannelijke priester voorhanden was. Zij trokken over het algemeen niet zoals de parfaits door het land, maar leefden in vrouwenhuizen – vaak gesticht door dames van adellijke afkomst die hun huis en bezittingen aan de gemeenschap schonken. Veel gehuwde edelvrouwen werden op latere leeftijd parfaite, zoals de beroemde Esclarmonde, zuster van graaf Raymond-Roger van Foix, een gerespecteerde weduwe met zes kinderen. De vrouwengemeenschappen stonden open voor de wereld en alle lagen van de bevolking waren er vertegenwoordigd. Niet alleen kinderen van hoge edelen ontvingen hier hun opvoeding, maar ook die van plaatselijke edelen, ambachtslieden en arme gelovigen waren welkom. Zo brachten de vrouwen het geloof over op nieuwe generaties.

Onwankelbaar geloof
Hun geloof was zo sterk, dat de katharen zich zonder verzet naar de brandstapels lieten voeren. Zij stierven liever dan hun geloof te verloochenen: lafheid was voor hen een zware zonde, moed de grootste deugd. Door de toenemende afkeer van de Roomse kerk en de methoden die zij gebruikte om de ketterij te onderdrukken, groeide het aantal gelovigen in plaats van dat het door de vervolging afnam. Gedurende de periode van de kruistocht zijn er slechts enkele gevallen bekend van bekering om aan de dood op de brandstapel te ontkomen. Ondanks het wrede optreden van het kruisleger riepen de parfaits de gelovigen nooit op zich te verdedigen of deel te nemen aan de vele opstanden van

Ketters op de brandstapel

edelen die probeerden hun geconfisqueerde bezittingen te heroveren, zij bleven alle vormen van geweld afwijzen. De kathaarse priesters werden vereerd als heiligen en konden rekenen op ieders steun. De plaatselijke edelen beschouwden het als een eer hun onderdak te bieden en te beschermen, maar ook de gelovigen verborgen hen in hun huizen. Rondreizende ambachtslieden stelden zich beschikbaar als boodschappers, waardoor de parfaits overal onderling contact konden blijven onderhouden, zij werden zelden verraden. Pas toen de inquisitie zo goed was georganiseerd dat niemand meer veilig was en een anonieme getuigenis voldoende was voor een veroordeling, vond op grote schaal verraad plaats om te voorkomen dat men zelf werd aangegeven.

De voorboden van de kruistocht

Het Romeinse Rijk kende geen scheiding van kerk en staat. Keizer Constantijn en zijn opvolgers mengden zich volop in kerkelijke aangelegenheden, zelfs ten aanzien van de leer. Hoewel christenen zelf vervolgd waren tot het christendom in 395 staatsgodsdienst werd, onderwierp hun kerk vanaf dat moment andersdenkenden aan dezelfde repressieve wetten als die waarvan zij zelf het slachtoffer waren geweest. Ketterij was in het rijk niet alleen een misdrijf tegen kerk en staat, maar ook majesteitsschennis. Er stonden straffen op als boetes, verbeurdverklaring van goederen, het verbod openbare functies te bekleden en verbanning. De meeste kerkvaders deelden de opvatting dat de staat niet alleen het recht, maar ook de plicht had ketters te vervolgen. Foltering en de doodstraf keurden zij aanvankelijk af omdat dit in strijd was met de christelijke beginselen, maar uiteindelijk vonden ook zij dat deze straffen geoorloofd waren als ketters voor een andere aanpak niet gevoelig bleken. In de tijd van de Karolingen werd een nieuwe manier van straffen ingevoerd: opsluiting in een klooster, waardoor onwelgevallige opvattingen niet verder verspreid konden worden.

De eerste brandstapels

In de loop van de 11e eeuw bereikten nieuwe religieuze stromingen met gemeenschappelijke kenmerken vanuit de Balkan het Rijnland en Frankrijk. De aanhangers ervan noemden zich meestal ware christenen, geloofden niet dat Jezus was geboren uit de Maagd Maria en verwierpen katholieke sacramenten zoals het huwelijk en de doop van kinderen met water. Evenmin geloofden zij dat tijdens de mis brood en wijn veranderen in het lichaam en bloed van Jezus. De verering van heiligen en het kruis, het martelwerktuig van Christus, werd veroordeeld.
Aanvankelijk was de kerk verdeeld over de manier waarop deze andersdenkenden moesten worden aangepakt. Men huldigde in beginsel het standpunt dat mensen die van het ware geloof waren afgedwaald, moesten worden bekeerd op basis van overtuigende geloofsargumenten, niet met geweld. Toen prediken niet hielp, legde

de kerk naast de eerdergenoemde ook straffen op als excommunicatie en interdict.[16] Deze maatregelen hadden echter evenmin het gewenste effect en geweld bleek onontkoombaar om de groeiende ketterij te bestrijden. Hoewel hiervoor nog geen wettelijke basis bestond, zou de brandstapel het belangrijkste instrument worden om doodvonnissen tegen ketters te voltrekken. Vuur heeft enerzijds een reinigende werking, terwijl anderzijds de schuldige alle hoop op verlossing wordt ontnomen door tot as te vergaan.

Vooral in het noorden hadden de harde repressieve maatregelen van de kerk succes. In 1022 werden er voor het eerst in de geschiedenis van Frankrijk christenen – tien kanuniken van de Cathédrale Sainte-Croix in Orléans – op de brandstapel ter dood gebracht vanwege hun volgens de kerk manicheïstische praktijken, zoals de doop door de Heilige Geest door handoplegging. Een van hen was de biechtvader van Constance, echtgenote van Robert II de Vrome; de koning bemoeide zich persoonlijk met de zaak. Op initiatief van graaf Willem V van Aquitanië onderzochten de bisschoppen van zijn hertogdom in 1025 tijdens het Concilie van Charroux de mogelijkheden om ketters effectiever te bestrijden. Paus Leo IX riep op 13 september 1049 het Concilie van Reims bijeen, waar werd besloten ketters door een bisschoppelijk tribunaal te laten berechten. Na veroordeling volgde de ban of dood op de brandstapel. Het Concilie van Toulouse van 1056, onder leiding van paus Calixtus, bevestigde de standpunten van Reims en scherpte deze verder aan. Niet alleen ketterij werd veroordeeld, maar ook medeplichtigheid, zoals het bieden van onderdak en bescherming. Elke vorm van contact was verboden, tenzij dit tot doel had de ketters te bekeren.

Ketterse bewegingen breiden zich uit
Uit de tweede helft van de 11e eeuw zijn er – waarschijnlijk onder invloed van de Gregoriaanse Reformatie[17] – nauwelijks gevallen bekend van veroordelingen wegens ketterij, maar in het begin van de 12e eeuw ontstonden er nieuwe, invloedrijker groeperingen met namen als *piphles, publicains, tisserands, bougres* en *patarins*. Rond 1140 werd zowel in Keulen als in Mont-Aimé in de Champagne melding gemaakt van ketters die zich beschouwden als opvolgers van de apostelen. Het ging niet meer om individuele gevallen, maar om hiërarchische kerkelijke organisaties van priesters en gelovigen.
Pierre de Bruis, een priester uit de Dauphiné, begon rond 1120 te prediken in de Provence, Gascogne en de Languedoc. Hij werd vervolgd en vluchtte naar de

Rhônevallei, waar hij werd veroordeeld wegens onder meer godslastering en heiligschennis. In 1140 gooiden woedende gelovigen hem in Saint-Gilles-du-Gard op de brandstapel die hij zelf had aangestoken om kruizen en houten heiligenbeelden te verbranden. Henri de Lausanne, een volgeling van De Bruis, zette zich vooral af tegen de corrupte katholieke geestelijkheid. Toen hij was verjaagd uit Lausanne, woonde hij achtereenvolgens in Le Mans, Poitiers en Bordeaux, waar hij een grote aanhang kreeg. Hij werd in 1134 gearresteerd door de bisschop van Arles, maar vond bescherming in de abdij van Clairvaux, nadat hij tijdens het Concilie van Pisa in 1135 zijn dwalingen had herroepen. Al snel verviel hij weer in zijn oude zonden en hij vestigde zich in 1136 in het tolerante Toulouse, waar hij uiteindelijk in 1145 op bevel van de bisschop tot levenslange gevangenisstraf werd veroordeeld.

Snel opeenvolgende concilies namen steeds ingrijpender besluiten om de ketterij te bestrijden en uit te roeien. In 1148 werd in Reims onder medeplichtigheid ook verstaan het weigeren medewerking te verlenen aan de tenuitvoerlegging van vonnissen van kerkelijke rechtbanken. Deze bepalingen hadden vooral betrekking op de adel in de Languedoc, waar het katharisme de belangrijkste godsdienst dreigde te worden. Van ketterij verdachte personen moesten voor een bisschoppelijk tribunaal verschijnen, waar drie soorten bewijs werden toegelaten: bekentenis, getuigenis en vuurproef. Verweer tegen een getuigenis was alleen mogelijk door de vuurproef, die inhield dat de beschuldigde heet ijzer met de handen moest aanpakken of werd ondergedompeld in heet water. Wie niet op zijn proces verscheen, werd bij verstek veroordeeld. Schuldig of onschuldig, men bracht het er met een dergelijke bewijsvoering meestal niet levend af. Met name wevers (Frans: *tisserand*, synoniem voor kathaar) werden als gevaarlijk gezien. Door hun beroep waren zij veel onderweg en zij hadden veel economische en sociale contacten, zodat zij de ketterse opvattingen gemakkelijk konden verspreiden.

De waldenzen
Rond 1160 ontstond op initiatief van Pierre Valdès, een rijke koopman uit Lyon, de beweging van de *valdéens* of *vaudois*, de waldenzen. Hij verkocht al zijn bezittingen om de opbrengst onder de armen te verdelen. Valdès stelde niet de dogma's van de rooms-katholieke kerk ter discussie, maar de verdorvenheid en rijkdom van haar priesters en riep zijn volgelingen op terug te keren naar het christendom van het Nieuwe Testament, de apostelen waren zijn voorbeeld. Het was waldenzen verboden een eed af te leggen, heiligen te vereren of geweld te gebruiken. Zij hadden

geen religieuze gebouwen, maar kwamen bij elkaar in 'huiskerken.' Paus Alexander III weigerde toestemming te geven voor het gebruik van hun uit het Latijn vertaalde bijbel en zag de *Pauvres de Lyon* (Armen van Lyon) door de groeiende aanhang als een bedreiging. Tijdens het Concilie van Verona in 1184 werden de waldenzen tegelijkertijd met de katharen geëxcommuniceerd. De bisschop van Lyon verbande hen uit zijn bisdom en veroordeelde velen tot de brandstapel, waarop zij vaak samen met katharen ter dood werden gebracht.

De situatie in de Languedoc

In Vlaanderen, het Rijngebied en het noorden van Frankrijk werden de ketterse sekten door het harde optreden van de kerk met behulp van de seculiere heersers onderdrukt of uitgeroeid. Ook de bevolking was hen vaak vijandig gezind: de inwoners van Soissons haalden in 1120 twee ketters uit de bisschoppelijke gevangenis en zetten hen op de brandstapel nog voordat zij waren veroordeeld.
In het zuiden lag de situatie geheel anders. Daar hadden Grieken, Iberiërs, Kelten en Romeinen hun sporen achtergelaten en de cultuur stond op een veel hoger niveau dan die van het Germaanse noorden. Door de vele handelscontacten met de Arabische en Byzantijnse wereld rond de Middellandse Zee was de Occitaanse samenleving open en tolerant. In de loop der eeuwen vonden velen die in het Romeinse Rijk en later door de katholieke kerk waren vervolgd vanwege hun geloof, hier een nieuw bestaan. Afwijkende religieuze opvattingen werden gerespecteerd en, wat nergens anders in Europa het geval was, joden en moslims konden belangrijke maatschappelijke posities bekleden. Deze multireligieuze cultuur vormde dan ook een goede voedingsbodem voor het katharisme, dat aanhang vond in de gehele samenleving.
Hoewel concilies in Toulouse en Montpellier ketterij veroordeelden en ketters en hun beschermers in de ban deden, trokken de Occitaanse heersers zich hier weinig van aan. Oproepen van paus en bisschoppen om het katholieke geloof te verdedigen legden zij naast zich neer, zij waren niet van plan hun eigen onderdanen te vervolgen. De later heilig verklaarde Bernardus van Clairvaux ging daarom in 1145 in opdracht van de pauselijke legaat Henri Albéric met de bisschop van Chartres naar de Languedoc. Hij moest graaf Alphonse-Jourdain van Toulouse ertoe bewegen de ketters in zijn gebieden net zo hard aan te pakken als elders in Frankrijk gebeurde. Half juni predikte Bernardus in Verfeil, waar bijna de gehele bevolking kathaarse

of anderszins ketterse denkbeelden aanhing. De lokale edelen verlieten demonstratief de kerk toen hij hen tijdens zijn preek verweet dat zij niet optraden tegen de ketters. Toen hij zijn betoog buiten voort wilde zetten, maakten de burgers zoveel lawaai dat hij onverstaanbaar was; bij zijn vertrek vervloekte hij het dorp. Na een kort verblijf in Albi werd Bernardus teruggeroepen naar Clairvaux, waardoor hij zijn missie zonder veel resultaat moest afsluiten.

Het Dispuut van Lombers
In 1165 vond in Lombers onder leiding van Giraud, aartsbisschop van Albi, een openbaar debat plaats tussen katholieken en katharen. Onder de aanwezigen bevonden zich niet alleen de aartsbisschop van Narbonne en de bisschoppen van Toulouse, Albi, Nîmes, Agde en Lodève, maar ook Roger I Trencavel, burggraaf van Albi en Carcassonne en Constance, zuster van de Franse koning en echtgenote van graaf Raymond V van Toulouse. Waar in het noorden een dergelijk debat ondenkbaar was en na een veroordeling sancties volgden als excommunicatie of de brandstapel, kregen de kathaarse deelnemers hier de gelegenheid hun opvattingen toe te lichten en mochten zij in alle vrijheid vertrekken.

Geïnfecteerd door een besmettelijke pest
In 1172 deed de aartsbisschop van Narbonne een dringend beroep op koning Lodewijk VII om in te grijpen. Het lukte hem niet de lokale heren te mobiliseren in zijn strijd tegen de toenemende ketterij. Hij werd in 1177 bijgevallen door graaf Raymond, die schreef dat een besmettelijke pest zijn grondgebied had geïnfecteerd. Niet alleen waren veel van zijn vazallen en andere hoge edelen in het zuiden in groten getale overgegaan tot het nieuwe geloof, het was ook doorgedrongen tot de Roomse geestelijkheid. Er stond voor hem echter een groter belang op het spel dan de eenheid van het geloof. Behalve dat de katharen – waaronder vele edelen – elke vorm van autoriteit en hiërarchie afwezen, bedreigden zij het fundament van de feodale maatschappij met hun weigering de eed af te leggen. Omdat hij voortdurend in conflict was met machtige buren als de graven van Foix en Barcelona en de burggraaf van Carcassonne, was Raymond niet in staat afdoende op te treden tegen deze dreigende ondermijning van zijn wereldlijke gezag. Ook de koningen van Frankrijk en Engeland hadden belangen in het zuiden en onderkenden het gevaar voor de gevestigde maatschappelijke orde. Op hun aandringen stuurde paus Alexander III in mei 1178 een zware delegatie naar de Languedoc. Zijn legaat Pierre de Pavie was vergezeld van Henri de Marsiac, abt van Clairvaux, de aartsbisschoppen

van Bourges en Narbonne en de bisschoppen van Poitiers en het Engelse Bath. Graaf, bisschop, geestelijken en *capitouls* (raadsleden) van Toulouse moesten zweren de ketters en hun beschermers voortaan te vervolgen. Pierre Maurand, de belangrijkste leider van de ketters, werd veroordeeld en voor uitvoering van het vonnis overgedragen aan Raymond V, maar deze durfde het niet aan deze invloedrijke en gerespecteerde burger op de brandstapel te zetten: de legaat en zijn gevolg werden bijna gelyncht. Maurand kreeg gevangenisstraf en zijn bezittingen werden geconfisqueerd. Hij kreeg vergiffenis nadat hij zich had bekeerd en voor drie jaar naar het Heilige Land was verbannen. Na terugkeer in Toulouse werd hij in 1184 tot capitoul gekozen, de stad bleek nog steeds weinig onder de indruk van dreigende kerkelijke sancties.

Het eerste gewapende optreden

Tijdens het Derde Lateraans Concilie van 1179 sprak paus Alexander de banvloek uit over de katharen en de adel in de Languedoc die hen beschermde. Voor het eerst droeg een paus de seculiere macht op de 'vijanden van het geloof' gewapenderhand te bestrijden. Als men geen gevolg gaf aan een oproep van een bisschop om militaire ondersteuning, volgde excommunicatie. Echter, niet alleen de vijanden van het geloof moesten worden vervolgd, ook die van de vrede. Deze werd bedreigd door rondzwervende routiers, die na het aflopen van hun contract in hun levensonderhoud voorzagen door kloosters en abdijen te plunderen. Zij werden meestal ingezet om de conflicten uit te vechten van dezelfde feodale heren die de katharen beschermden en daarop stond dezelfde straf: de ban.
Omdat deze maatregelen nog steeds niet tot de gewenste resultaten leidden, werd in 1181 voor het eerst een gewapende campagne tegen katharen ondernomen. Henri de Marsiac, inmiddels kardinaal en bisschop van Albano, slaagde erin een klein leger op de been te brengen tegen burggraaf Roger II Trencavel, een erkend beschermheer van de katharen. Bovendien hield Trencavel in een van zijn kastelen de aartsbisschop van Albi gevangen en had hij toegestaan dat de kathaarse bisschop van Toulouse Bernard Raymond met zijn filius major een toevlucht vond in Lavaur. Dit was een van de belangrijkste kathaarse bolwerken – volgens kroniekschrijver Guillaume de Puylaurens de 'synagoge van Satan'. Voor al deze wandaden werd Trencavel in de ban gedaan. Burggravin Adélaïde, zijn echtgenote, liet de poorten van de stad openen, waarna de ketters werden uitgeleverd aan de legaten.

In november 1184 vond het eerdergenoemde Concilie van Verona plaats, waar paus Lucius III zijn decreet *Ad abolendam* (Ter uitroeiing) uitvaardigde en de bisschoppelijke inquisitie instelde. Het was niet langer voldoende dat ketters werden aangegeven, bisschoppen moesten voortaan zelf de parochies in hun diocees bezoeken en onderzoek doen naar ketterij, bijgestaan door 'goede' katholieken die de ketters zouden aanwijzen. Als zij schuldig bleken, werden zij veroordeeld door het bisschoppelijk tribunaal en overgedragen aan de seculiere autoriteiten voor de uitvoering van het vonnis.

De Kruistocht

Een nieuwe paus

Op 8 januari 1198 werd Lotario Conti onder de naam Innocentius III (1198-1216) tot paus gewijd. Hij was pas 38 jaar oud en had na studies theologie en kerkelijk recht snel carrière gemaakt. Net als zijn voorgangers Leo IX en Gregorius VII was hij ervan overtuigd, dat de paus niet de plaatsvervanger is van de apostel Petrus maar van Jezus Christus zelf: niet alleen hoofd van de kerkelijke organisatie, maar ook verheven boven alle seculiere heersers. Innocentius wordt beschouwd als een van de grootste pausen, die de kerk op het toppunt van haar wereldlijke macht bracht. Maar hoewel hij de oosterse kerk tijdelijk weer verenigde met Rome,[18] had zijn oproep in 1202 tot de Vierde Kruistocht verstrekkende gevolgen voor het Byzantijnse Rijk. Als betaling voor het gebruik van hun vloot bezetten de kruisvaarders eerst op verzoek van de Venetianen de Adriatische christelijke havenstad Zara. Innocentius excommuniceerde het gehele kruisleger, maar dat weerhield de leiders er niet van ook Constantinopel te bezetten, eveneens een christelijke stad. Nadat de stad drie dagen was geplunderd en veel van haar inwoners waren vermoord, stichtten de kruisridders het Latijnse Keizerrijk, met Boudewijn IX van Vlaanderen onder de naam Boudewijn I als eerste keizer. Het Byzantijnse Rijk werd opgedeeld in kleine vorstendommen onder leiding van kruisridders en uiteindelijk zou het oosten hierdoor zo verzwakken, dat het in 1431 geen tegenstand kon bieden aan de Turken. Duizend jaar na de val van het westen viel ook het Oost-Romeinse Rijk.

Het was ondenkbaar dat een ambitieus man als Innocentius het zuiden van Frankrijk, waar het katharisme in alle lagen van de bevolking stevig was verankerd, ongemoeid zou laten. Als hoeder van het orthodoxe geloof zag hij iedere afwijking daarvan als verraad en een bedreiging van de eenheid van de kerk. Tijdens zijn pontificaat kreeg de bestrijding van de katharen een nieuwe dimensie. Hij pakte niet alleen de weerbarstige adel aan, maar ook de geestelijkheid die niet in staat of bereid bleek de ketterij uit te roeien. De oproep van het Laterpaans Concilie van 1179 had in het zuiden behalve de expeditie naar Lavaur geen resultaat opgeleverd.

Innocentius III

Hoewel de ban en interdict zware kerkelijke sancties waren met ingrijpende gevolgen voor zowel deelname aan de kerkgemeenschap als het maatschappelijk leven, hechtte men hier in het graafschap Toulouse veel minder betekenis aan dan in het noorden. De invloed van de kerk was minder groot en de straffen waren al zo vaak toegepast, dat ze niet veel indruk meer maakten. Als jurist zag Innocentius de beperkte mogelijkheden van de vigerende kerkelijke wetgeving. In zijn decreet van 25 maart 1199 bevestigde hij daarom nadrukkelijk de kerk als hoogste macht en ketterij als majesteitsschennis, zoals eerder onder keizer Constantijn was bepaald. Confiscatie van bezittingen van zowel ketters als hun beschermers was niet langer een recht van vrome katholieken, maar een plicht. Dit decreet zou een belangrijke rol spelen in de onderwerping en verovering van de Languedoc. Degenen die vooral getroffen zouden worden, waren Raymond VI van Toulouse en Raymond-Roger Trencavel, maar ook de katholieke bevolking werd door het opleggen van interdicten in de uitoefening van haar geloof belemmerd, waardoor de kerk steeds verder verwijderd raakte van haar doel.

Legaten naar de Languedoc

Omdat resultaten van zijn vervolgingsbeleid uitbleven, stuurde Innocentius legaten naar de Languedoc om het kwaad bij de wortel aan te pakken. Het was niet alleen zaak de ketters te bekeren tot het ware geloof en een einde te maken aan het gedoogbeleid van de Occitaanse graven en hun vazallen. Hij was zich er ook terdege van bewust dat de deplorabele staat van de geestelijkheid het aanzien van paus en kerk zeer schaadde en een belangrijke factor was in de tolerante houding ten opzichte van de katharen. Aartsbisschop Bérenger van Narbonne, een onwettige zoon van de graaf van Barcelona, was het voorbeeld bij uitstek van een losbandige kerkvorst. Hij hield er een huurlingenleger op na en in plaats van zijn diocees te bezoeken, ging hij liever op jacht met zijn vele maîtresses; hij werd getypeerd als iemand die geen andere God kende dan geld, met een beurs op de plaats van zijn hart. Bérenger trok zich niets aan van de legaten en weigerde zijn zetel op te geven, integendeel. Hij wist zijn zaak in Rome zo goed te bepleiten, dat Innocentius hem nog een kans gaf. Uiteindelijk zou hij pas in 1212 van zijn functie worden ontheven. De bisschoppen van onder meer Toulouse, Carcassonne en Béziers waren al eerder vervangen.

Arnaud Amaury, abt van het klooster van Cîteaux, Pierre de Castelnau, aartsdeken van de abdij van Maguelonne en de monnik Raoul van de abdij van Fontfroide werden, met een aantal cisterciënzer abten en monniken, afgevaardigd naar de Languedoc om te prediken tegen de katharen. De legaten organiseerden openbare debatten met kathaarse geestelijken, die met hun grote bijbelkennis de vaak slecht opgeleide priesters in de problemen brachten. Koning Peter II van Aragón, vazal van de paus en behalve leenheer van Raymond-Roger Trencavel ook zwager en bondgenoot van Raymond VI, organiseerde in februari 1204 in Carcassonne een driedaags debat tussen katholieken, katharen en waldenzen. De ketters kregen hier in alle openbaarheid de gelegenheid hun geloof te verdedigen en mochten na afloop in vrijheid vertrekken, niet bepaald een aansporing voor Peters vazallen om hun houding te herzien. Hoewel de paus Peter naar aanleiding van deze bijeenkomst wees op zijn plichten als katholiek vorst, zou dat niet leiden tot een betere medewerking met de kerkelijke autoriteiten. Omdat het onmogelijk bleek in het zuiden een leger op de been te brengen, deed Innocentius een aantal keren een dringend maar vergeefs beroep op koning Philips II Augustus (1180-1223) van Frankrijk om de beschermheren van de katharen eindelijk aan te pakken en hun bezittingen te confisqueren.

Philips II Augustus

Dominicus

Op het moment dat de legaten hun opdracht mislukt achtten en zij deze wilden teruggeven aan de paus, vond in 1206 in Montpellier een beslissende ontmoeting plaats. Zij troffen daar bisschop Diégo de Azevedo van het Castiliaanse Osma en zijn onderprior Domingo de Guzmán, die na een missie in Denemarken van de paus de opdracht hadden gekregen terug te gaan naar Spanje. Domingo, de toekomstige Heilige Dominicus, constateerde dat het rijke en uitgebreide gevolg waarmee de legaten reisden wel een erg groot contrast vormde met de levenswijze van de kathaarse priesters, die blootsvoets en predikend rondtrokken terwijl zij in hun eigen onderhoud voorzagen door het verrichten van lichamelijke arbeid. Diégo en Dominicus besloten in de Languedoc te blijven en deden afstand van al hun bezittingen om de katharen niet met harde repressieve maatregelen te bestrijden, maar met hun eigen wapens. Zij wilden laten zien dat ook binnen de Roomse kerk verzet bestond tegen de rijkdom en losbandigheid van vele geestelijken en wisten de legaten ervan te overtuigen hun voorbeeld te volgen. Uiteindelijk zou dit drietal maar weinig tijd in de Languedoc doorbrengen. Innocentius stuurde Arnaud Amaury in 1207 naar de Provence, waar Pierre de Castelnau zich na zijn missie in Toulouse bij hem zou voegen. Raoul de Fontfroide overleed in hetzelfde jaar. Het inzetten van legaten was een mislukking gebleken, want de kerk stak meer energie in pogingen een Frans leger op te been brengen dan in de vreedzame bestrijding door prediking. Diégo en Dominicus stonden er verder vrijwel alleen voor. In Prouille bij Fanjeaux stichtten zij een klooster voor bekeerde kathaarse vrouwen. Op veel plaatsen organiseerden zij debatten met kathaarse geestelijken die wel veel publiek trokken, maar nauwelijks resulteerden in bekeringen. In 1216 kreeg Dominicus goedkeuring van paus Honorius III – die de op 16 maart van dat jaar overleden Innocentius III was opgevolgd – om een nieuwe orde te stichten, de *Ordo Praedicatorum*, Orde der Predikheren. Hij eiste van zijn volgelingen absolute armoede, zij mochten geen bezittingen hebben en moesten met bedelen in hun onderhoud voorzien. Toen bleek dat ook op deze manier de katharen niet tot bekering waren te bewegen, zag Dominicus zich gedwongen harde maatregelen te nemen: "Wie de zegen niet waard is, verdient de stok. Velen zullen sneuvelen door het zwaard." Echter, ook met zijn fanatieke dominicanen – hun bijnaam was *Domini Canes*, Honden van de Heer – bereikte hij niet het beoogde effect. De meeste katharen die tot de brandstapel waren veroordeeld, volhardden in hun geloof, ook als zij door bekering aan het vuur hadden kunnen ontsnappen.

In 1207 vond in Montréal een groot dispuut plaats waar Pierre de Castelnau, Raoul de Fontfroide, Diégo van Osma en Dominicus de confrontatie aangingen met een aantal katharen onder leiding van bisschop Guilhabert de Castres van Toulouse.

De vuurproef

Beide partijen zetten hun argumenten op papier en er werd besloten de documenten te onderwerpen aan een vuurproef. Het kathaarse stuk verbrandde meteen, dat van Dominicus steeg tot drie keer toe onbeschadigd uit de vlammen omhoog. Dit 'wonder' bracht een aantal bekeringen tot stand.

In hetzelfde jaar was er ook een debat op het Castellar van Pamiers in het graafschap Foix, waar ook de fameuze parfaite Esclarmonde van Foix aanwezig was. De cisterciënzer monnik Estebán de Mania weigerde in discussie te gaan met een vrouw en voegde haar smalend toe: "Mevrouw, ga terug naar uw spinnewiel!" De Occitaanse edelman Pons-Adhémar de Roudeille probeerde bisschop van Toulouse Foulque tijdens het debat uit te leggen waarom de pauselijke missie zo weinig kans van slagen had. Katholieken en katharen waren in het zuiden samen opgegroeid en vaak aan elkaar verwant, hun onderlinge band was sterker dan de verplichtingen die zij voelden ten opzichte van de kerk van Rome.

Excommunicatie van Raymond VI

Pierre de Castelnau vertrok na zijn verblijf in Montréal naar Toulouse, waar hij Raymond VI opdroeg de katharen niet langer te beschermen en zijn huurleger te ontbinden. De graaf was echter nog steeds niet bereid zijn eigen onderdanen te vervolgen en bovendien was hun aantal zo groot en het katharisme zo onder de gehele bevolking verbreid, dat het onmogelijk was hiertegen op te treden; zijn huurlingen had hij nodig om de vele conflicten met zijn vazallen te beslechten. De Castelnau bestrafte de onwillige graaf met excommunicatie, een vonnis dat de paus op 29 mei 1207 bekrachtigde. Hiermee werden zijn vazallen ontslagen van hun feodale verplichtingen, maar dat had nauwelijks effect. Zij hadden hun eigen conflicten met de kerk en bovendien meestal dezelfde tolerante houding ten opzichte van de katharen als hun leenheer.

In november deed Innocentius niet alleen nogmaals een klemmend beroep op Philips Augustus, maar op alle grote Franse baronnen. Hij bood de door ketterij geïnfecteerde gebieden van de graaf aan de eerste de beste katholiek aan die gevolg zou geven aan de pauselijke oproep om deze 'vijand van het christendom' te bestrijden. De Franse koning liet Innocentius weten, dat zijn oorlogen met Engeland en het Duitse keizerrijk het onmogelijk maakten in te grijpen in de Languedoc.

De kruistocht onafwendbaar

Moord in Saint-Gilles
14 januari 1208, Saint-Gilles-du-Gard, grondgebied van de graaf van Toulouse. De avond ervoor had Pierre de Castelnau een heftige discussie met Raymond VI over het opheffen van diens ban. De Castelnau weigerde aan het verzoek gevolg te geven en werd daarop door de graaf met de dood bedreigd. De volgende ochtend werd de gehate legaat aan de oever van de Rhône met een speer dodelijk in de rug getroffen, de dader was waarschijnlijk een soldaat van Raymond, die dan ook door Arnaud Amaury werd beschuldigd van het aanzetten tot moord. Dit zou nooit worden bewezen, maar omdat hij weigerde de vermoedelijke dader te straffen en bovendien nog steeds geen maatregelen had genomen tegen de katharen, greep Innocentius de gelegenheid aan om in zijn brief van 10 maart alle wereldlijke en kerkelijke heersers in de Languedoc en de Provence op te roepen tot een kruistocht om het ware geloof en de vrede te verdedigen, gericht tegen Raymond en al zijn medeplichtigen. De paus trof de graaf met alle kerkelijke sancties die mogelijk waren en herhaalde zijn eerder gedane aanbod van door ketterij getroffen gebieden, onder voorbehoud van de rechten van Philips Augustus. Deze bestreed de rechtmatigheid van de oproep van de Heilige Stoel: niet de paus, maar hijzelf had als opperleenheer het recht te beschikken over het leen van zijn vazal. De koning liet zich niet verleiden tot deelname aan een kruistocht tegen zijn leenman, want hij had nog steeds zijn handen vol aan de conflicten met de Engelse koning en de Duitse keizer. Uiteindelijk stond hij zijn belangrijkste vazallen, de hertog van Bourgondië en de graven van Nevers en Saint-Pol, onder zware druk toe het kruis aan te nemen, maar Philips Augustus weigerde de Franse kroon bij deze pauselijke onderneming te betrekken.

Kruisvaarders tegen de katharen kregen dezelfde voorrechten als degenen die naar het Heilige Land vertrokken: bij voorbaat vergiffenis voor alle begane zonden en uitstel van betaling van schulden voor de duur van de kruistocht, hun bezittingen mochten niet in beslag worden genomen. Eigendommen van ketters en hun medeplichtigen werden verbeurdverklaard en als buit beloofd aan diegenen die hen zouden uitschakelen. Omdat men volgens het feodale recht slechts verplicht was tot een diensttijd van veertig dagen – de *quarantaine* – was de kruistocht tegen de katharen een aantrekkelijk alternatief voor de strijd in het Heilige Land. De beloning was even groot en de te verrichten inspanning veel kleiner.

Doelwit: het graafschap Toulouse
Raymond zou blijven ontkennen dat hij bij de moord was betrokken. Het leek ook niet in zijn belang een tegenstander uit de weg te laten ruimen op de dag na een heftige woordenwisseling op zijn eigen grondgebied. Om het dreigende gevaar af te wenden – het kruisleger was al onderweg naar het zuiden – onderwierp hij zich aan alle voorwaarden die de kerk aan hem stelde. Hij moest afstand doen van zeven kastelen in de Provence en op 18 juni 1209 in de kathedraal van Saint-Gilles boete doen. In aanwezigheid van de aartsbisschoppen van Aix, Arles en Auch en negentien bisschoppen werd Raymond in het openbaar vernederd. Blootsvoets, slechts gekleed in een broek, werd hij door de nieuwe legaat Milon gegeseld. Als ultieme vernedering moest hij de overvolle kerk verlaten via de crypte, langs de tombe

Boetedoening van Raymond VI in Saint-Gilles-du-Gard

waarin Pierre de Castelnau lag begraven. Dat was echter nog niet alles. Hij moest alle ketters uitleveren aan de kerk, medewerking verlenen aan de tenuitvoerlegging van door de kerk uitgesproken vonnissen en zijn huurleger ontbinden. Tevens zou hij moeten deelnemen aan de kruistocht tegen de katharen, die onder meer dankzij zíjn tolerante houding zo'n grote bedreiging voor de kerk waren geworden, dat er een eeuw van bloedige strijd voor nodig zou zijn om ze uit te roeien.

Raymonds ommezwaai heeft zijn reputatie geen goed gedaan. Hem is lafheid verweten en hypocrisie, maar het ligt meer voor de hand dat hij tot het uiterste heeft geprobeerd een oorlog te voorkomen die niet alleen de katharen in zijn gebieden zou treffen, maar ook de in grote meerderheid katholieke bevolking. Door zich te onderwerpen plaatste hij zijn graafschap onder de directe bescherming van de paus, waardoor dit onschendbaar werd. Het zou hem niet baten, na de overgave van Carcassonne aarzelde het kruisleger niet Toulouse toch aan te vallen. Hoewel Raymond aan alle gestelde voorwaarden had voldaan, zouden de legaten hem niet met rust laten, zij waren niet overtuigd van zijn goede trouw en niet ten onrechte. Bij Béziers en tijdens het beleg van Carcassonne zou hij zich afzijdig houden en na de overgave van Raymond-Roger Trencavel keerde hij terug naar Toulouse.

In opdracht van het Concilie van Avignon stuurde Arnaud Amaury in september een delegatie naar Toulouse met de opdracht aan de graaf en de capitouls om de katharen uit te leveren. Toen deze eis niet werd ingewilligd, volgde excommunicatie voor Raymond en de capitouls en de stad werd getroffen door een interdict. De graaf zou zich opnieuw moeten verantwoorden, niet alleen voor het beschermen van de ketters, maar tevens opnieuw voor de moord op Pierre de Castelnau. Raymond ging eerst naar Parijs om zijn zaak te bepleiten bij zijn leenheer Philips Augustus en reisde vervolgens naar Rome om zich persoonlijk bij de paus te beklagen over de houding van de legaten en hem te overtuigen van zijn goede trouw. Innocentius toonde zich niet ongevoelig voor zijn argumenten en gaf Amaury en meester Thédise, opvolger van de inmiddels overleden legaat Milon, de opdracht een concilie bijeen te roepen om Raymond de kans te geven zich te verweren tegen de ingebrachte beschuldigingen. De legaten waren er echter van overtuigd, dat de paus diens ware aard niet doorzag en dat Raymond door loze beloften alleen maar tijd wilde winnen om zich aan de religieuze oorlog te onttrekken. In juli 1210 werd in Saint-Gilles een concilie bijeen geroepen, waar Raymond in opdracht van de paus terecht moest staan. De legaten konden nog steeds niet bewijzen dat hij schuldig was aan de moord op De Castelnau, maar vrijspraak zou betekenen dat zijn gebieden onschendbaar bleven en daardoor verboden terrein voor het kruisleger. De graaf

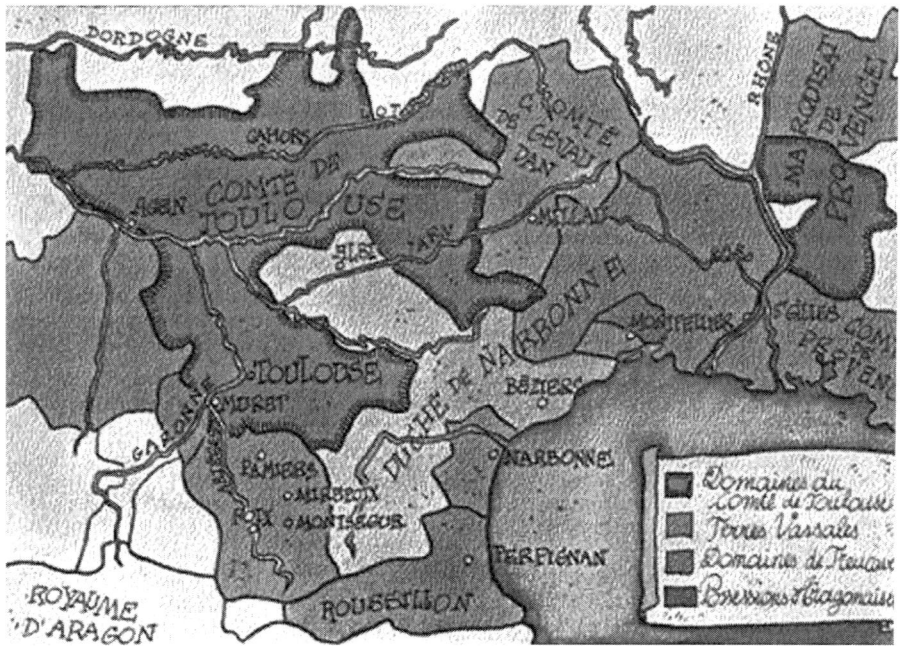

De gebieden van de graven van Toulouse en hun vazallen

moest dus op een andere manier worden uitgeschakeld en Thédise slaagde erin een uitweg te vinden. Raymond had zich niet gehouden aan de beloftes die hij een jaar eerder in Saint-Gilles had afgelegd, zoals het verjagen van de katharen, het ontbinden van zijn huurleger en het betalen van de opgelegde boetes. Hij werd daarom veroordeeld voor meineed en zo buitenspel gezet in het proces. Het woord van een meinedige telde niet, daarom kreeg hij niet het recht zich tegen de aanklachten te verdedigen. Omdat hij niet had voldaan aan de voorwaarden om de ban op te heffen, werd deze voor onbepaalde tijd verlengd. Innocentius schreef Raymond dat zijn gebieden niet langer onder pauselijke bescherming vielen en zouden worden overgedragen aan de eerste de beste katholiek die wel bereid was zijn godsdienstige plicht te vervullen: het herstellen van de eenheid van het geloof. Raymond bevond zich in een precaire situatie. Enerzijds betekende het voldoen aan de eisen van de kerk dat hij zijn eigen vazallen zou moeten bestrijden en een groot deel van zijn onderdanen moest uitleveren aan de kerkelijke tribunalen. Anderzijds zou hij doelwit worden van het kruisleger als hij zich niet hield aan zijn beloften.

Opmars naar het zuiden

Tijdens de winter en het voorjaar verzamelde het enorme kruisleger zich bij Lyon. Bronnen spreken van 300.000 man, waaronder aartsbisschoppen, bisschoppen, abten, pelgrims en hoge edelen. Ridders die zich al verplicht hadden naar het Heilige Land te gaan, gingen in plaats daarvan liever naar de nabijgelegen Languedoc en jongere zonen die geen titel of land zouden erven, werden aangetrokken door de te confisqueren gebieden van de ketters of hun beschermers. Zij kwamen niet alleen uit het Île de France, maar ook uit streken als Champagne, Bourgondië, Normandië, Bretagne, Vlaanderen, het Rijnland en Friesland. Niets ontziende beroepssoldaten sloten zich aan om ongestraft te kunnen plunderen – vooral kerkelijke bezittingen zouden hier het slachtoffer van worden.

Tegelijkertijd trok een tweede kruisleger onder leiding van de aartsbisschop van Bordeaux via de Dordogne naar het zuiden. Het bestond uit edelen en geestelijken uit de Auvergne, de Quercy en Gascogne. In Casseneuil stierven voor het eerst tijdens de kruistocht katharen op de brandstapel. Raymond VI leek de enige te zijn die inzag welk groot gevaar er dreigde. Een poging om een defensief bondgenootschap te sluiten met Raymond-Roger Trencavel mislukte en de andere Occitaanse edelen namen de mogelijkheid van een heilige oorlog niet serieus. Degene die tot de strijd had opgeroepen, was immers het hoofd van hun eigen kerk. Bovendien waren zij ervan overtuigd, dat zij zich zonder problemen zouden kunnen verdedigen als het toch tot een treffen met het kruisleger mocht komen. Het onderling hopeloos verdeelde zuiden zou er echter snel achterkomen dat het te maken had met een tegenstander van buitengewoon kaliber.

Een nieuw doelwit: Trencavel
Onder leiding van de pauselijke legaat Arnaud Amaury en Simon IV de Montfort (1150-1218), een edelman uit het Île de France als militair bevelhebber, trok het kruisleger via het Rhônedal de Languedoc binnen. De Montfort was tevens graaf van

Zegel van Raymond-Roger Trencavel

het Engelse Leicester, maar zijn aanspraken op die titel werden niet erkend door de Engelse koning, die in oorlog was met Frankrijk. Zijn vierde zoon Simon heeft wel een belangrijke rol gespeeld in de Engelse geschiedenis.

Toen zijn leenheer Raymond VI de kant van de Roomse kerk had gekozen en zich op 2 juli bij het leger aansloot, realiseerde de jonge Raymond-Roger Trencavel (1194-1209) zich dat híj nu het voornaamste doelwit was. Omdat zijn andere leenheer Peter II van Aragón zich als goed katholiek afzijdig hield en hij er dus alleen voor stond, besloot hij het voorbeeld van Raymond te volgen. Hij ging naar Montpellier om zich te onderwerpen aan de legaten en ze te overtuigen van zijn goede trouw, maar hij had geen schijn van kans. Sinds de dood van zijn vader was Raymond-Roger burggraaf van Carcassonne, Béziers, Albi en Nîmes, gebieden waar het katharisme wijd verbreid was. Tot zijn meerderjarigheid waren Bertrand de Saissac en Raymond-Roger van Foix, notoire beschermheren van de katharen, respectievelijk zijn voogd en regent. Een jood vertegenwoordigde zijn belangen in Béziers en hij had de bisschop van Carcassonne verjaagd. Diens opvolger Bernard-Raymond de Roquefort had nauwe betrekkingen met de katharen: zijn moeder was parfaite, drie van zijn broers waren parfait. De campagne was echter al te ver gevorderd om nog te kunnen worden afgebroken, de kruisridders wilden zich de toegezegde buit niet laten ontgaan.

Het bloedbad van Béziers
Na zijn mislukte missie in Montpellier haastte Raymond-Roger zich naar Béziers, waar hij de consuls toezegde versterkingen te zullen sturen. Zijn belangrijkste prioriteit was de verdediging van zijn hoofdstad Carcassonne en hij beschikte over onvoldoende troepen om ook Béziers te kunnen beschermen. Op 21 juli bereikten de kruisridders de stad en sloegen hun tenten op aan de linkeroever van de Orb. De Biterrois, zoals de inwoners werden genoemd, vertrouwden op de goede verdediging van hun stad en waren ervan overtuigd, dat het enorme kruisleger door gebrek aan voedsel en de extreme hitte het beleg snel zouden moeten opgeven. Bovendien zou na het verstrijken van de termijn van de quarantaine het grootste deel van de kruisridders huiswaarts keren. Na onderhandelingen met bisschop Renaud de Montpeyroux bood Arnaud Amaury aan de stad te sparen als alle ketters – hij had een lijst met 210 namen – werden uitgeleverd. De consuls en de katholieke inwoners van Béziers weigerden op dit voorstel in te gaan, zij zouden zich liever verdrinken dan hun medebewoners uit te leveren. Zij bleven trouw aan hun burggraaf en waren niet van plan zich te onderwerpen aan de legaat.

22 juli 1209: een beslissende dag in de geschiedenis van de kruistocht, een zwarte dag voor de kerk van Rome. Een aantal inwoners begaf zich buiten de stadspoort bij de Orb om een aantal op de andere oever gelegerde huurlingen uit te dagen. Hoewel hun aanvoerders nog beraadslaagden over de te volgen tactiek, vielen zij de overmoedige Biterrois aan, achtervolgden hen en konden de stad binnendringen voordat de poort achter hen kon worden gesloten. Het garnizoen onder leiding van Bernard de Servian werd totaal verrast en was kansloos. De inwoners zochten in paniek hun toevlucht in de Cathédrale Saint-Nazaire en andere kerken, maar waren nergens veilig. Volgens Pierre des Vaux-de-Cernay vonden alleen al in de Église de la Madeleine zevenduizend mensen de dood. In een paar uur tijd lag de stad vol verminkte lijken van mannen, vrouwen, kinderen en zelfs geestelijken; niemand werd gespaard en het bloed stond kniehoog in de straten.

Als antwoord op de vraag hoe de kruisridders de ketters konden onderscheiden van de katholieken, legde de cisterciënzer monnik Caesarius von Heisterbach in zijn *Dialogus Miraculorum* Arnaud Amaury de berucht geworden woorden in de mond: *"Tuez-les tous, Dieu reconnaîtra les siens"* (Doodt hen allen, God zal de Zijnen herkennen). Hoewel de historische juistheid kan worden betwijfeld, geeft deze uitspraak wel een goed beeld van de instelling waarmee Amaury aan zijn missie was begonnen. In zijn verslag aan de paus meldde hij vol trots, dat bijna twintigduizend burgers waren gedood. Waarschijnlijk waren vooral de huurlingen verantwoordelijk voor de slachting, maar de kruisridders deden niets om het bloedbad te verhinderen: zij waren vooral bang hun aandeel in de buit mis te lopen. Na de plundering staken zij de stad in brand, zelfs de kathedraal bleek niet bestand tegen de vlammen.

Een delegatie uit Narbonne, aangevoerd door aartsbisschop Bérenger en burggraaf Aimery, trok het leger tegemoet en gaf de overwegend katholieke stad over, nadat de ketters waren verjaagd. Het bloedbad van Béziers had, behalve een afschrikwekkende werking, ook tot gevolg dat de bevolking van het zuiden zich vrijwel eensgezind tegen de kruisvaarders zou keren. Hun wrede optreden bracht de kerk onherstelbare schade toe.

De val van Carcassonne

Het kruisleger, de Militia Christi, kwam op 1 augustus aan bij Carcassonne, waar Raymond-Roger Trencavel met zijn vazallen de stad in staat van paraatheid had gebracht. De burggraaf wilde direct met een uitval de confrontatie aangaan, maar op aanraden van een van zijn belangrijkste leenmannen, Pierre-Roger de Cabaret, besloot hij te wachten tot de volgende dag. Toen namen de Fransen het initiatief

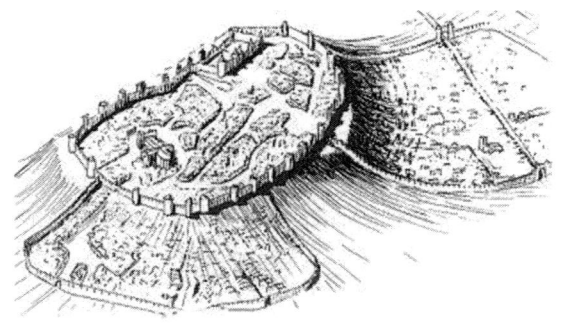
De Cité van Carcassonne, 13e eeuw

door Saint-Michel aan te vallen, een van de twee buiten de stadsmuren gelegen voorposten. Deze werd zonder veel moeite veroverd, maar erger was dat de kruisridders ook de oever van de Aude bezetten, waardoor Carcassonne werd afgesneden van haar belangrijkste waterbron. De andere voorpost Saint-Vincent viel op 8 augustus in handen van de vijand en de bewoners zochten net als de andere omwonenden bescherming in de Cité, waardoor de voorraden nog sneller slonken. Gebrek aan drinkwater dwong Raymond-Roger te onderhandelen. Van Raymond VI, die zich onder de belegeraars bevond, had hij niets te verwachten. Daarom deed hij een beroep op Peter II van Aragón, van wie hij het burggraafschap Carcassonne in leen had en die grote belangen had ten noorden van de Pyreneeën. Behalve van Trencavel was hij ook suzerein van de graven van Foix, de Béarn, de Comminges en de Roussillon, terwijl nog verder naar het noorden Montpellier en het graafschap Provence onder zijn heerschappij vielen. Peter bevond zich in een lastige positie. Als leenheer was het zijn plicht Raymond-Roger te hulp te komen, maar als vazal van de paus wilde hij zich niet openlijk tegen het kruisleger opstellen. Het overleg met Arnaud Amaury leverde niet meer op dan de toezegging van een vrije aftocht voor Raymond-Roger en elf van zijn ridders, als de burggraaf Carcassonne met al haar inwoners zou overgeven. Hoewel Peter hem ervan probeerde te overtuigen dat hij een hopeloze strijd voerde, wees de burggraaf het aanbod af met de woorden dat hij "zich nog liever levend liet villen." Peter keerde terug naar Aragón en het beleg werd voortgezet. De muren werden onafgebroken bestookt met belegeringswerktuigen en de funderingen ervan ondergraven, maar vooral het nijpende gebrek aan water dwong Raymond-Roger tot nieuwe onderhandelingen. In ruil voor zijn overgave vroeg hij een vrije aftocht voor de burgers van zijn stad. Echter, tegen alle heersende feodale regels nam men hem gevangen, sloot hem op in een kerker van zijn eigen kasteel en, overeenkomstig het recht van de kruistocht, werd hij vervallenverklaard van zijn titel en bezittingen. De bewoners kregen toestemming de stad ongedeerd te verlaten, maar moesten al hun bezittingen achterlaten. Op 10 november stierf Raymond-Roger, 24 jaar oud. Er bestaat geen zekerheid over de doodsoorzaak, die zou dysenterie of de slechte behandeling geweest kunnen zijn. Om geruchten over moord te ontzenuwen, liet De Montfort het lichaam met ridderlijk eerbetoon opbaren in de Basilique Saint-Nazaire.

De Languedoc verloor met Raymond-Roger Trencavel de machtigste edelman na de graaf van Toulouse en, hoewel zelf katholiek, een van de belangrijkste beschermheren van de katharen. Zijn titel en domeinen werden achtereenvolgens aangeboden aan de graven van Nevers en Saint-Pol en aan de hertog van Bourgondië, maar deze weigerden om diverse redenen op dit aanbod van Amaury in te gaan. Zij waren niet geïnteresseerd in gebiedsuitbreiding in het zuiden en hun leenheer Philips Augustus zou hier zeker ook niet positief tegenover hebben gestaan. Zij behoorden tot zijn machtigste vazallen en zouden hierdoor zijn eigen positie kunnen bedreigen. Bovendien zou Raymond-Roger volgens de feodale regels opgevolgd moeten worden door zijn zoon.

Uiteindelijk kreeg Simon de Montfort, wiens lage status geen bedreiging vormde voor de Franse koning, de titel van burggraaf van Carcassonne en Béziers. Terwijl het grootste deel van het leger na afloop van de quarantaine terugkeerde naar het noorden, nam De Montfort zijn intrek in de Cité met een aantal ridders dat hem tot het einde trouw zou blijven. Onder hen bevonden zich zijn broer Guy, Bouchard de Marly, Guy de Lévis, Alain de Roucy en Pierre de Voisins, die als dank voor hun niet aflatende steun en onvoorwaardelijke trouw beleend zouden worden met geconfisqueerde steden en gebieden en zich blijvend vestigden in het veroverde zuiden. Alle voormalige vazallen van Raymond-Roger moesten tegenover De Montfort opnieuw hun leeneed afleggen, als zij weigerden zouden ook zij titel en eigendommen verliezen. Zowel met kerkelijk als met feodaal recht werd aldus bereikt, dat de ketterij door de nieuwe, streng katholieke burggraaf hard aangepakt zou worden en dat een groot deel van de kathaars gezinde Occitaanse adel werd vervangen door Franse ridders.

Binnen twee maanden na het begin van de kruistocht had Simon de Montfort de belangrijkste steden van het burggraafschap Trencavel in handen: Béziers, Carcassonne, Albi en Limoux. Veel steden en kastelen gaven zich uit angst voor een slachting als in Béziers zonder slag of stoot over, zoals Montréal, Fanjeaux, Castres, Mirepoix, Pamiers en Saissac. Een tegenslag was de mislukte aanval op de kastelen van Cabaret, waar Bouchard de Marly in een hinderlaag werd gelokt en als gijzelaar gevangen gehouden tot de val van deze verzetshaard in 1211. Degenen die trouw bleven aan Raymond-Roger en na diens dood aan zijn zoon, werden als *fauteurs d'hérétiques* – aanstichters van ketterij – van hun titels ontheven en vogelvrij verklaard, hun bezittingen werden verbeurdverklaard. Deze *seigneurs faidits* ontvluchtten het gebied en vonden net als vele katharen onderdak en bescherming bij de landadel in de Pyreneeën en de Montagne Noire, die zich hevig tegen het kruisleger zou blijven verzetten. Zij vochten niet meer alleen voor vrijheid van geloof, maar ook voor hun onafhankelijkheid en cultuur.

Trencavels echtgenote Agnès de Montpellier droeg op 24 november 1209 in Montpellier haar rechten en die van haar zoon over aan Simon de Montfort; Raymond-Roger van Foix werd benoemd tot voogd van de tweejarige Raymond. Hier vond ook een ontmoeting plaats tussen De Montfort en zijn nieuwe leenheer Peter II, die de confiscatie en overdracht van een van zijn lenen door de paus als een onacceptabele inbreuk zag op zijn feodale rechten. Hij weigerde de leenhulde van zijn nieuwe vazal te aanvaarden, hoewel de paus diens kerkelijk recht op titel en domeinen van Trencavel erkende. Weliswaar onder voorbehoud van de rechten van zijn opperleenheer Philips Augustus, maar daar zou de nieuwe burggraaf zich weinig van aantrekken.
Het optreden van De Montfort was het sein voor Occitaans verzet tegen de Franse bezetting. Guiraud de Pépieux, die in augustus nog aan de kant van het kruisleger stond, bezette het kasteel van Puisserguier uit wraak voor de dood van zijn oom, die door een Franse ridder was vermoord. Hij sneed een aantal kruisridders de neus, oren en mond af en stuurde de ongelukkigen naakt naar Carcassonne. Castres, Fanjeaux en Montréal kwamen weer in bezit van hun rechtmatige heren, evenals het kasteel van Miramont, waar het Franse garnizoen werd gedood.

Een vergeefs beroep op Aragón
In maart 1210 kwam De Montforts echtgenote Alix de Montmorency, die tijdens de kruistocht steeds aan zijn zijde te vinden zou zijn, met versterkingen uit het noorden. Een nieuwe campagne moest het tijdens de winterperiode verloren gegane gebied opnieuw in Franse handen brengen. Toen Bram viel, nam De Montfort op gruwelijke wijze wraak voor de wandaad van De Pépieux bij Puisserguier. Hij liet bij meer dan honderd mannen de ogen uitsteken en de neus en de bovenlip afsnijden. Eén man mocht één oog houden om de groep als afschrikwekkend voorbeeld naar Cabaret te leiden, dat in februari opnieuw tevergeefs door het kruisleger was belegerd. In april deden Pierre-Roger de Cabaret, Raymond de Termes en Aimery

de Montréal als voormalige vazallen van Trencavel een dringend beroep op Peter II. Deze was nog steeds van mening dat De Montfort volgens feodaal recht niet mocht beschikken over de gebieden van Trencavel, maar met steun aan de opstandelingen zou hij een openlijk conflict met het kruisleger riskeren en daarmee met de kerk. De koning stelde daarom dermate buitensporige eisen – overdracht van al hun kastelen, inclusief Cabaret – dat zij besloten de strijd zonder zijn steun voort te zetten.

Minerve: 140 katharen op de brandstapel

In juni belegerde Simon de Montfort met zijn nieuw aangekomen troepen en steun van burggraaf Aimery van Narbonne de rotsstad Minerve, waar na de val van Béziers vele katharen een toevlucht hadden gezocht. De stad was aan drie kanten omringd door steile ravijnen en leek onneembaar, maar wachtte een zelfde lot als een jaar eerder Carcassonne. De zomer was heet, de rivieren stonden droog en de overdekte toegangsweg naar de enige waterbron werd bestookt en verwoest door een bombardement met *La Malvoisine* (De boze buurvrouw), een van de grote katapulten die het kruisleger aan de rand van het ravijn had opgesteld. Na een belegering van zeven weken had burggraaf Guillaume de Minerve geen andere keus dan over zijn overgave te onderhandelen met de inmiddels ook aangekomen legaten Arnaud Amaury en Thédise. De inwoners zouden worden gespaard als de katharen hun geloof zouden afzweren en de stad zou worden overgedragen aan De Montfort. Robert Mauvoisin, een van diens aanvoerders, maakte bezwaar tegen deze voorwaarden. Hij was bang dat een groot aantal ketters hun straf zo zou ontlopen.
Amaury stelde hem gerust, hij wist inmiddels uit ervaring dat slechts weinigen zich zouden bekeren. Hij had gelijk, slechts drie parfaites zouden hun geloof opgeven. Toen de kruisvaarders op 22 juli 1210 onder het zingen van het Te Deum Minerve binnentrokken, stapten 140 kathaarse mannen en vrouwen vrijwillig in de vlammen van de eerste massabrandstapel van de kruistocht. Guillaume de Minerve onderwierp zich aan De Montfort en kreeg als compensatie grondgebied toegewezen bij Béziers.

De laatste verzetshaarden: Termes en Lastours

Na de val van Minerve besloten de Fransen het kasteel van Termes aan te vallen, dat door de strategische positie in het hart van de Corbières een bedreiging vormde voor het kruisleger. Het kasteel huisvestte een groot aantal faidits en katharen, waaronder Guillaume de Roquefort en zijn moeder Marquésia. Onder de belegeraars bevond zich hun broer en zoon Bernard-Raymond de Roquefort, de katholieke bisschop van Carcassonne. Termes beschikte over een indrukwekkende natuurlijke verdedigingslinie, maar deze werd bestookt met de belegeringswerktuigen die ook in Carcassonne hun nut hadden bewezen. Pierre-Roger de Cabaret, die zich na de val van die stad had verschanst in zijn drie kastelen in de Minervois en die gebruikte als uitvalsbasis om de Fransen te bestoken, deed een poging het materieel nog voor vertrek van het konvooi uit Carcassonne in brand te steken. Omdat er te weinig wind stond om het vuur voldoende aan te wakkeren, wisten de gealarmeerde kruisridders de schade te beperken.

Een beleg dat maanden zou duren nam een aanvang. Het garnizoen onder leiding van Raymond de Termes maakte door uitvallen veel slachtoffers onder de belegeraars, die tevens te kampen hadden met een gebrek aan voorraden en water. Het was inmiddels augustus en meedogenloos heet. Bovendien verstreek voor veel ridders hun quarantaine, waardoor het aanvankelijk indrukwekkende kruisleger sterk inkromp. Het aanhoudende watergebrek trof niet alleen het leger van De Montfort, maar bracht uiteindelijk ook de verdedigers van het kasteel in grote problemen. Raymond had geen andere keus dan te onderhandelen met Guy de Lévis. Hij was bereid het kasteel aan hem over te dragen, op voorwaarde dat hij het met Pasen 1211 weer terug zou krijgen en zijn andere bezittingen mocht behouden. Aangezien opnieuw veel kruisridders zich opmaakten om terug te keren naar het noorden, ging De Montfort hiermee akkoord. Echter, de nacht voor de overdracht begon het te regenen en de lege waterputten van het kasteel vulden zich. Er was weer voldoende water en Raymond weigerde zich over te geven. Het water in de putten raakte echter vervuild door dode ratten en er brak dysenterie uit, waaraan veel belegerden stierven. In de nacht van 22 november zagen wachtposten van het kruisleger de overlevenden het kasteel verlaten, waaronder Raymond. Hij werd gevangengenomen en overgebracht naar de gevangenis van Carcassonne, waar hij drie jaar later stierf. Alain de Roucy, een van de trouwe bondgenoten van De Montfort, werd de nieuwe kasteelheer.

De val van Termes was catastrofaal voor de Corbières, dat daarna nauwelijks nog tegenstand kon bieden. Coustaussa werd door het kruisleger verlaten aangetroffen en bezet. Bernard Sermon gaf zonder verzet zijn vesting Albedun over. Het kasteel van Puivert, waar Bernard de Congost probeerde de Fransen te weerstaan, kon na een beleg van slechts drie dagen door Lambert de Thury in bezit worden genomen. Alleen Cabaret bevond zich toen nog in Occitaanse handen, maar begin maart 1211 was ook dit laatste verzetsbolwerk aan de beurt. Toen de voedsel- en watervoorraden op waren, kon Pierre-Roger de strijd niet langer volhouden. Liever dan zich te onderwerpen aan De Montfort, droeg hij zijn kastelen over aan Bouchard de Marly, die sinds 1209 achttien maanden in gevangenschap op Cabaret had doorgebracht. Voordat hij leenhulde bracht aan de nieuwe kasteelheer en de kruisridders binnentrokken, zag Pierre-Roger nog wel kans de kathaarse gemeenschap te laten ontsnappen. Het garnizoen mocht ongedeerd vertrekken.

Erkenning van Simon de Montfort
Inmiddels had Arnaud Amaury geprobeerd Raymond VI tegen diens wil toch te betrekken bij de strijd. Eind januari 1211 ontbood hij hem met Simon de Montfort, Peter II en Raymond-Roger van Foix in Narbonne. Peter trof voorbereidingen voor een groot offensief tegen de Arabieren in Spanje en wilde derhalve niet deelnemen aan de oorlog in de Languedoc. In plaats van voor de rechten van de zoon van zijn overleden vazal Trencavel op te komen, erkende hij eindelijk De Montfort als burggraaf van Carcassonne en Béziers. Voorwaarde was dat hij het graafschap Foix, een van de belangrijkste Aragónese lenen, met rust zou laten. Peter legde zich met deze beslissing neer bij het recht van de kerk om zijn vazallen zonder zijn toestemming af te zetten en sloot zelfs een bondgenootschap, dat bezegeld werd met het huwelijk van zijn zoon Jaime met Amicie, dochter van De Montfort.
Aangezien de paus nog steeds geen toestemming gaf om Raymond aan te pakken, stelde Amaury de graaf van Toulouse voorwaarden die hij onmogelijk kon accepteren. Voor het opheffen van de ban en het plaatsen van zijn gebieden onder kerkelijke bescherming moest hij niet alleen eindelijk zijn beloften van Saint-Gilles gestand doen, maar zich bovendien aansluiten bij het kruisleger om de vijanden van het geloof te bestrijden. Bovendien werden hem tijdens een concilie in Montpellier aanvullende voorwaarden gesteld, waaronder ontmanteling van al zijn kastelen en verbanning naar het Heilige Land, tot het Rome zou behagen hem

Simon de Montfort

terug te roepen. Uiteraard was Raymond niet van plan op deze eisen in te gaan, hij brak de onderhandelingen af en vertrok naar Toulouse. De legaten beschouwden dit als de oorlogsverklaring waar zij al zo lang op uit waren en op 17 april werd zijn excommunicatie door de paus bevestigd.

Lavaur: de grootste brandstapel
De Montfort zette zijn triomftocht voort en bereikte in april Lavaur, waar kasteelvrouwe Guiraude de Laurac onderdak bood aan honderden katharen en faidits, waarschijnlijk was zij zelf parfaite. Haar broer Aimery de Montréal was haar met tachtig ridders te hulp gekomen; hoewel hij na de val van Minerve leenhulde had gebracht aan De Montfort, had hij zijn banden met het kruisleger weer verbroken. Op 12 april werden vijf- tot zesduizend kruisridders door Raymond-Roger van Foix en zijn zoon Roger-Bernard bij Auvezines aan de voet van het kasteel van Montgey in een hinderlaag gelokt en gedood. Het waren voornamelijk Duitse en Friese huurlingen, die van Carcassonne onderweg waren ter versterking van de troepen bij Lavaur. Ondanks deze zware tegenslag – een van de weinige nederlagen van het kruisleger – kon Lavaur op 3 mei worden ingenomen, nadat met de door een priester uit Parijs gebouwde belegeringswerktuigen een bres in de muren was geslagen. De kruisridders vergrepen zich aan vrouwe Guiraude, waarna zij haar nog levend in een put wierpen, die vervolgens werd dichtgegooid met stenen. De Montfort gaf het bevel Aimery en zijn tachtig ridders wegens het breken van hun leeneed op te hangen. Toen de galg het begaf, sneed men bij de resterende ridders de keel door. Vierhonderd katharen stierven op de brandstapel, de grootste uit de gehele kruistocht. Montgey werd verwoest.

Het eerste beleg van Toulouse
Met de bezetting van Les Cassès, waar bijna honderd parfaits op de brandstapel stierven omdat zij zich niet wilden bekeren, brak een nieuwe fase van de kruistocht aan. Les Cassès viel namelijk niet onder de voormalige bezittingen van Trencavel, maar lag op het grondgebied van Toulouse. Raymond VI kon zich niet langer aan de strijd onttrekken, nu zijn eigen graafschap het belangrijkste doelwit was van De Montfort. Diens religieuze missie ging over in een veroveringsoorlog. Hij had een machtige bondgenoot binnen de muren van de stad: bisschop Foulque, een fanatieke tegenstander van de graaf, wiens tolerante houding ten opzichte van de katharen hij verfoeide.

Toen de kruisridders op 15 juni hun kamp opsloegen voor de muren van de stad, riep Foulque de burgers op tegen hun leenheer in opstand te komen en trouw te betuigen aan De Montfort. Zowel capitouls als inwoners weigerden echter hun graaf in de steek te laten en kwamen in opstand tegen het kruisleger. De stad werd bestraft met een interdict, hetgeen de strijdlust alleen maar aanwakkerde.

Ondanks een groot leger, dat erop gebrand was de 'hoofdstad van de ketterij' in te nemen, duurde de belegering van de door imposante verdedigingswerken omgeven stad niet langer dan twee weken. Veel kruisvaarders vertrokken na het verstrijken van hun quarantaine, waardoor De Montfort het beleg moest opgeven, het was zijn eerste nederlaag. Omdat Raymond-Roger van Foix zich met het grootste deel van zijn leger bij Toulouse bevond, richtte De Montfort zijn aandacht op diens gebieden in de Ariège. Hoewel hij het kasteel van Foix niet aanviel, gaf hij opdracht het omringende land te plunderen. Daarna trok hij weer naar het noorden, een veroveringstocht die een spoor van massamoorden, brandstapels en verwoesting door het land trok.

Simon de Montfort heer en meester
Inmiddels had Raymond VI versterking gekregen en hij begon in het najaar een tegenoffensief. Uit steeds meer plaatsen verdreef men de gehate bezetters, die zich voegden bij De Montfort, die zich had verschanst in Castelnaudary. Hoewel de Occitaanse troepen ver in de meerderheid waren en bovendien de steun van de gehele bevolking ontvingen, waren zij door hun onderlinge verdeeldheid niet opgewassen tegen de briljante strateeg De Montfort. Toen soldaten van Raymond-Roger van Foix een voedseltransport aanvielen dat uit Carcassonne onderweg was om Castelnaudary te bevoorraden, kon De Montfort deze aanval met nog geen zestig ridders afslaan, omdat Raymond zich afzijdig hield. Toch slaagde Raymond-Roger erin de Slag bij Castelnaudary voor te stellen als een overwinning, hetgeen voor veel plaatsen het sein was om ook in opstand te komen.

Het succes bleek van korte duur, want al in december kreeg het kruisleger versterking uit het noorden. Optimaal gebruik makend van de Romeinse wegen, die in het zuiden ten behoeve van de bloeiende handel goed onderhouden waren, veroverde De Montfort de gehele Languedoc, met uitzondering van Montauban en de stad Toulouse. De graven van Foix en Toulouse weken uit naar Aragón en de overige Occitaanse edelen – met uitzondering van de faidits wier gebied aan Franse ridders was overgedragen – hernieuwden hun eed van trouw aan de overwinnaar. Op 1 december werden *Les Statuts de Pamiers* uitgevaardigd, Franse wetten die de

Occitaanse vervingen. Geconfisqueerde gebieden bleven in bezit van de Franse baronnen, het gezag van de kerk van Rome werd hersteld. De Occitaanse adel mocht voor een periode van twintig jaar geen militaire functies bekleden en geen huwelijken sluiten zonder toestemming van de nieuwe leenheer, tenzij met een kandidaat uit het noorden. Door deze maatregelen en door de invoering van het eerstgeboorterecht zou het zuiden na twee generaties geheel onder Franse invloed staan. Hoewel De Montfort het volk gunstig hoopte te stemmen met een belastingverlaging, bleef het trouw aan de rechtmatige heren. Hij had zich door zijn meedogenloze optreden te veel gehaat gemaakt om dat op deze manier nog te kunnen goedmaken.

Een nieuwe vijand: Peter II van Aragón
Hoewel Raymond VI een van de belangrijkste vazallen was van Philips Augustus, was deze hem niet te hulp gekomen toen Simon de Montfort zich meester maakte van grote delen van zijn graafschap. De band tussen leenheer en leenman was al heel lang slechts een formaliteit en de koning was niet van plan zich bij de kruistocht te laten betrekken. De band van Toulouse met Aragón was door de gemeenschappelijke cultuur, bondgenootschappen en huwelijken veel sterker dan die met Frankrijk. Aan zijn eclatante overwinning op de Arabieren van 16 juli 1212 bij Las Navas de Tolosa – in een coalitie met de koningen van Castilië en Navarra – dankte Peter II zijn bijnaam 'de Katholieke'. Het lag derhalve voor de hand, dat Raymond een beroep zou doen op deze invloedrijke schoonvader – tevens zwager – om te voorkomen dat zijn graafschap in handen zou vallen van De Montfort. Deze zou immers als graaf van Toulouse een veel nauwere feodale band hebben met de Franse koning dan Raymond, hetgeen een bedreiging kon vormen voor de noordgrens van Aragón.

De verhoudingen waren echter zeer gecompliceerd. Simon de Montfort had als militaire opperbevelhebber van het pauselijke kruisleger gebieden in bezit genomen, die hij als burggraaf Trencavel in leen had van Aragón. Peter was een directe vazal van Innocentius III, die bij de aanvang van de kruistocht nadrukkelijk had bepaald dat confiscatie alleen was toegestaan met inachtneming van de rechten van de wettige leenheer. De confiscatie van het gebied van Trencavel door De Montfort was derhalve een grove schending van een wet die de kerkvorst zelf had ingevoerd en van de feodale rechten van zijn eigen leenman. Desalniettemin erkende Innocentius De Montfort als burggraaf van Carcassonne en Béziers. Raymond bracht Peter met zijn verzoek om in te grijpen in een onmogelijke positie. De veroveringsdrang van De

Montfort – door de paus gesanctioneerd – dwong hem in actie te komen tegen het kruisleger, waarvan hij op grond van zijn vazalliteit aan de paus deel zou moeten uitmaken.

In november stuurde Peter een delegatie naar Rome om de zaak van Raymond te bepleiten. Deze was bereid af te treden ten gunste van zijn minderjarige zoon Raymond VII en diens opvoeding toe te vertrouwen aan de katholieke vorst om te voorkomen dat hij zou worden beïnvloed door ketterse opvattingen. Het graafschap Toulouse zou door Aragón worden geconfisqueerd, zodra vader of zoon zich ook maar aan de geringste overtreding tegen de kerk schuldig zou maken. Voorwaarde was dat De Montfort alle gebieden die hij had veroverd buiten de domeinen van Trencavel, zou teruggeven aan de rechtmatige eigenaren en zich voortaan zou beperken tot het bestrijden van ketters, zoals was afgesproken toen Peter hem als vazal erkende in 1211. Hij slaagde erin Innocentius ervan te overtuigen, dat de ketterij was uitgeroeid en dat Simon de Montfort en Arnaud Amaury misbruik maakten van hun macht. Niet alleen zetten zij het kruisleger in om gebieden te veroveren waar de ketterij zich nooit had gemanifesteerd, maar ook betekende de inname van grondgebied van Aragón een ernstige schending van het recht dat speciaal voor de kruistocht in het leven was geroepen. Overeenkomstig dit recht was Peters gehele rijk onschendbaar terwijl hij de Arabieren in Spanje bestreed, De Montfort had het nooit mogen aanvallen. De kruisridders die in de Languedoc vochten tegen christenen, zouden bovendien veel beter kunnen worden ingezet tegen de ongelovigen in het Heilige Land.

Innocentius zag in Peters voorstel een goede uitweg om een einde te maken aan de religieuze missie, die door de machtswellust van de militaire leider volledig uit de hand dreigde te lopen. Hij ging akkoord met het voorstel en in januari 1213 kondigde hij het einde van de kruistocht af. De Montfort kreeg de opdracht zich als burggraaf van Carcassonne en Béziers te houden aan zijn verplichtingen ten opzichte van zijn Aragónese leenheer en moest alle gebieden van de graven van Foix, de Comminges en de Béarn teruggeven die hij ten onrechte in naam van het kruis had veroverd. Als de bewoners ervan ketters waren, had hij deze moeten verjagen. Als ze katholiek waren, had hij ze niet mogen onderwerpen en een eed van trouw aan de bezetter af laten leggen. De legaten ontvingen een brief van gelijke strekking, met de opdracht de vazallen van de koning van Aragón in hun rechten te herstellen en de kruistocht te beëindigen. Tevens droeg hij hun op een concilie bijeen te roepen om de afspraken te bevestigen.

De legaten hadden echter voor begin januari al een concilie bijeengeroepen in Lavaur om Raymond VI voor een bisschoppelijk tribunaal de gelegenheid te geven zich te verweren tegen de beschuldigingen. Op grond van hun bevindingen zouden zij een beslissing nemen over het al dan niet opheffen van de ban; hiertoe had Innocentius immers na het Concilie van Saint-Gilles van 1210 opdracht gegeven. Zij waren op de hoogte van het bezoek van Peter II aan Rome, maar wachtten het resultaat van zijn ontmoeting met de paus niet af. In hun rapport over het concilie benadrukten zij, dat de ketterij verre van uitgeroeid was en dat er geen sprake van was dat het kruisleger gebieden had geconfisqueerd van onschuldigen. Door de kant te kiezen van de graven van Toulouse en Foix hadden de faidits immers bewezen vijanden van de kerk te zijn. Ditzelfde gold voor Peter, die vanwege zijn pleidooi voor de zaak van Raymond van Toulouse nu zelf met de ban werd bedreigd. Tenslotte stelden zij, dat er in die zaak geen enkele vooruitgang was geboekt. Raymond hield zich ondanks meerdere toezeggingen nog altijd niet aan de beloften van Saint-Gilles en had daarom nog steeds niet het recht zich te verdedigen tegen zijn excommunicatie. Er kon derhalve geen sprake van zijn, dat de kruistocht kon worden beëindigd.

Evenmin als de legaten was Peter van plan de beslissing van de paus af te wachten. Op 27 januari 1213 nam hij in Toulouse de leenhulde in ontvangst van zijn vazallen: de graven van Foix, de Comminges en de Béarn. Ook Raymond, diens zoon en de capitouls van Toulouse sloten zich bij hem aan en stelden zich met hun bezittingen onder zijn persoonlijke bescherming. Als katholieke koning was hij de enige machtsfactor die het kruisleger zou kunnen weerstaan. Peter riskeerde hiermee een conflict met Philips Augustus als rechtmatige leenheer van de graaf van Toulouse, maar deze had nog steeds geen belangstelling voor wat er met het graafschap gebeurde. Hij was nog steeds in oorlog met Jan zonder Land en stond op het punt over te steken naar Engeland.
Peter wees Simon de Montfort er nogmaals nadrukkelijk op, dat hij als burggraaf van Carcassonne en Béziers strikte gehoorzaamheid verplicht was aan zijn leenheer. Echter, waar de koning het conflict met zijn vazal beschouwde als een feodale aangelegenheid, verbrak De Montfort zijn banden met Aragón met een beroep op het zwaarder wegende kerkelijk recht. Een leenman werd automatisch ontheven van zijn verplichtingen als zijn leenheer ketter was of medeplichtig aan ketterij, ook al was in dit geval de leenheer een van de belangrijkste vazallen van de paus en was zijn geloof boven enige verdenking verheven. Met zijn beroep op dit recht recht-

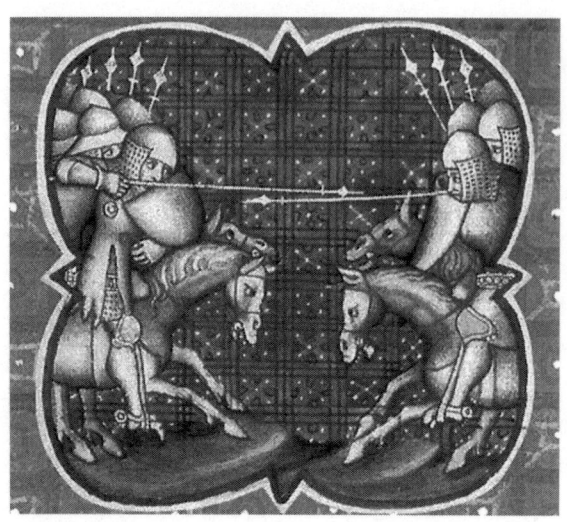
De Slag bij Muret

vaardigde De Montfort dus een ernstige inbreuk hierop. De oproep van Innocentius om de kruistocht te beëindigen, legde hij naast zich neer.

De Slag bij Muret
In maart bereikte deze oproep de Languedoc. Peter had inmiddels zelf een deputatie naar Rome gestuurd om Innocentius ervan op de hoogte te stellen, dat de door hem voorgestelde strategie was geslaagd. De graaf van Toulouse had hem leenhulde gebracht en vormde geen gevaar meer voor de eenheid van de kerk. Hij was ervan overtuigd met de volledige instemming van de paus en zonder inmenging van de Franse koning stevig de macht in handen te hebben over een groot rijk, dat zich zowel ten zuiden als ten noorden van de Pyreneeën uitstrekte.

Toen echter arriveerde de legaat Thédise in Rome om Innocentius de bevindingen te overhandigen van Lavaur, met als resultaat dat de paus zijn eerder ingenomen standpunt met betrekking tot de Languedoc introk en het advies van het concilie overnam. Hij oordeelde dat de geconfisqueerde gebieden terecht in beslag waren genomen en Peter kreeg de opdracht alle banden met Raymond, diens zoon en de stad Toulouse te verbreken. Met De Montfort moest hij inzake Carcassonne zo snel mogelijk tot overeenstemming komen en in ieder geval een wapenstilstand sluiten. Alleen ten aanzien van de stad week de paus af van de beslissingen van het concilie. Hij respecteerde de beloften die zowel graaf als capitouls en inwoners van Toulouse in januari hadden gedaan inzake de bestrijding van de ketterij en de verdediging van het katholieke geloof. Na bevestiging van deze beloften ten overstaan van bisschop Foulque zou Toulouse onder de rechtstreekse bescherming komen van de Heilige Stoel.
In de feitelijke situatie veranderde er niets, want De Montfort had de pauselijke instructies genegeerd en de graaf en bestuurders van Toulouse waren in het geheel

niet van plan zich met Foulque te verzoenen. Integendeel, de stad was in opperste staat van paraatheid gebracht. Ook Peter hield zich aan wat volgens hem rechtvaardig was: de afspraken van januari in Lavaur. Hij verzamelde zijn troepen en trok over de Pyreneeën naar Toulouse, het zuiden zou eindelijk gezamenlijk optrekken tegen de Fransen. De coalitie van Aragónese en Occitaanse troepen was veel sterker dan het kruisleger. De overmacht was zo groot, dat De Montfort in overleg met Foulque en Arnaud Amaury een delegatie stuurde om te onderhandelen over de door de paus gewenste wapenstilstand, maar Peter weigerde hierop in te gaan. Het indrukwekkende leger trok verder en sloeg op 8 september zijn tenten op bij Muret, ongeveer 20 km ten zuiden van Toulouse. Het kasteel daar werd verdedigd door een klein aantal manschappen en hoewel zijn troepen weer waren uitgedund door de afloop van een quarantaine, slaagde De Montfort erin zo'n duizend man op de been te brengen om het bedreigde garnizoen te hulp te komen. Op 11 september arriveerden ook de legers van de graven van Toulouse, de Comminges, Foix en de Béarn op de vlakte van Muret: een indrukwekkende menigte van 2.000 ruiters en 14.000 voetknechten. De stad werd zonder moeite ingenomen en de kruisridders trokken zich terug in het kasteel om de komst van De Montfort af te wachten.

Deze geloofde niet dat hij zo'n grote overmacht kon weerstaan en liet zijn testament achter bij de abt van de abdij van Boulbonne, waar hij in de vroege ochtend van de 12e september de mis bijwoonde.

Tijdens het krijgsberaad van de Occitaanse edelen met de koning van Aragón stelde Raymond VI voor een uitval van de belegerden af te wachten en dan toe te slaan. Zijn krijgsgenoten vonden dit een laffe strategie en wezen het voorstel minachtend af: een eervolle overwinning kon alleen worden behaald door De Montfort in open veld te verslaan. De Franse ruiters trokken de stad uit en deden het voorkomen alsof zij via de brug over de Garonne wilden vluchten. De Montfort maakte echter een omtrekkende beweging om de Aragónese cavalerie aan te vallen. Peter bevond zich overmoedig in de voorste gelederen, maar zijn harnas met de koninklijke kleuren werd gedragen door een van zijn ridders. Deze sneuvelde al in een vroeg stadium van het hevige gevecht, waarop de koning zich ridderlijk bekend maakte. Dit kwam hem duur te staan, want hierdoor werd hij het slachtoffer van Alain de Roucy, die gezworen had hem uit te schakelen. Peters dood zaaide paniek onder zijn troepen, die op de vlucht sloegen. In de verwarring die ontstond, konden Raymond en zijn krijgsmacht, die nog niet bij het gevecht waren betrokken, weinig meer uitrichten. De militie van Toulouse, die tijdens het gevecht de stad had willen aanvallen, werd afgeslacht. Met uitzondering van een paar gelukkigen die erin slaagden de Garonne heelhuids over te steken, sneuvelden de soldaten of verdronken in de rivier. Ook degenen die zich nog in het kampement van de troepen van Toulouse bevonden, werden afgemaakt. Het gebrek aan coördinerend leiderschap en eensgezindheid was de Occitaniërs opnieuw fataal geworden. Schattingen van het aantal slachtoffers lopen uiteen van zeven- tot zeventienduizend. Peters lijk werd overgedragen aan de hospitaalridders van Toulouse en na vier jaar overgebracht naar Aragón.

Simon de Montfort, de grote overwinnaar

Tegen alle verwachtingen in was Simon de Montfort erin geslaagd de overwinning te behalen in een veldslag, die het einde betekende van Aragón als politieke factor van betekenis in de Languedoc. Peters opvolger Jaime was pas vijf jaar oud en werd door de overwinnaars als gijzelaar meegenomen.

Simon de Montfort

De graven van Foix en de Comminges keerden terug naar hun eigen gebied, Toulouse was een zware slag toegebracht. Raymond vertrok met zijn zoon naar Engeland, naar het hof van zijn zwager Jan zonder Land. Aanvankelijk wilden de capitouls zich verzoenen met de kerk, maar voordat zij de zestig gijzelaars zouden overdragen die nakoming van de voorwaarden moesten garanderen, braken zij de onderhandelingen af in afwachting van een beslissing van de paus over het lot van hun stad. Ook De Montfort wachtte af, hij was ervan overtuigd dat de paus – net als in 1209 het geval was na de nederlaag van Trencavel – de bezittingen van de graaf van Toulouse zou overdragen aan de overwinnaar. In plaats daarvan kreeg hij te maken met tegenslag. Na de zware nederlaag bij Muret, waar niet alleen Peter II maar ook vele Occitaanse edelen waren gesneuveld, had hij verwacht dat de Languedoc verslagen zou zijn, maar het tegendeel bleek waar. Versterkingen die uit het noorden naar hem onderweg waren, werden in de Provence aangevallen, opstanden braken uit en hij zag zich genoodzaakt weer orde op zaken te stellen.

In maart 1214 trok hij op naar Narbonne, waar zich onder het toeziend oog van burggraaf Aimery een groot aantal edelen uit Aragón had verzameld onder leiding van de regent Nuño Sanchez, graaf van de Roussillon, om de nog altijd daar gevangen gehouden troonopvolger Jaime op te eisen. Op het moment dat De Montfort de stad wilde belegeren, kwam daar de nieuwe legaat van Innocentius aan, de kardinaal van Beneventum. Deze had de opdracht Jaime over te dragen aan Aragón en tevens de graven van Toulouse, Foix en de Comminges te verzoenen met de kerk. Hiertoe kwamen zij in april bijeen in Narbonne, waar opperbevelhebber van de kruistocht Arnaud Amaury inmiddels niet alleen tot aartsbisschop was benoemd, maar ook de titel van hertog van Narbonne had verworven. De boetelingen beloofden plechtig de ketterij te bestrijden en de geconfisqueerde gebieden niet meer aan te vallen. Vervolgens begaf de legaat zich naar Toulouse, waar capitouls en inwoners zich eveneens weer aansloten bij Rome. Raymond vestigde zijn hoop nu op de Engelse koning, wiens gebieden in de Languedoc immers ook door de Fransen waren bezet. Toen de verwachte steun uitbleef, zag Raymond geen andere mogelijkheid meer dan afstand te doen ten gunste van zijn zoon en zich onder bescherming van de Heilige Stoel te stellen. Hiermee had Innocentius zijn doel bereikt: de terugkeer van de Languedoc naar het katholieke geloof.

Hoewel de kruistocht nu het gewenste resultaat had opgeleverd, gingen de ambities van Simon de Montfort veel verder. Hij was ervan overtuigd, dat de ketterij nog niet was uitgeroeid en de kop op zou blijven steken tot hijzelf graaf was van Toulouse. De paus mocht dan de kruistocht voor beëindigd hebben verklaard, De Montfort was niet van plan zijn veroveringsplannen op te geven. Hoewel daar geen sprake was van ketterij, begon een groot leger onder leiding van zijn broer Guy in mei met de onderwerping van de Quercy en de Rouergue; Simon voegde zich in juni bij hen. De meeste kastelen en steden gaven zich zonder meer over of boden weinig weerstand, behalve Casseneuil, dat pas na een lange belegering kon worden ingenomen. De stad werd geplunderd en in brand gestoken, nadat de bewoners waren afgeslacht. In december was de heerschappij van De Montfort in het noorden van de Languedoc tot aan de Dordogne stevig gevestigd. De pauselijke legaat voor Frankrijk, Robert de Courçon, gaf Amaury in december de opdracht een concilie bijeen te roepen om definitief het lot van de Occitaanse gebieden te bepalen.

Dit concilie vond plaats in januari 1215 in Montpellier. De Montfort had zich zo gehaat gemaakt, dat hij zelf niet aanwezig kon zijn. De inwoners van de stad – grondgebied van Aragón – hadden hem de dood van hun leenheer niet vergeven en weigerden hem de toegang. Hoewel de aanwezige geestelijken, waaronder vijf aartsbisschoppen en 28 bisschoppen, alle veroverde gebieden aan De Montfort toewezen, weigerde de kardinaal van Beneventum hem de titel van graaf van Toulouse toe te kennen. Hierover diende de paus te beslissen en daarom werd de aartsbisschop van Embrun naar Rome gestuurd om hem deze wens van het concilie over te brengen.

Niet alleen de aartsbisschop was naar Rome gegaan, ook Raymond VI was daar om zijn zaak te bepleiten en Innocentius te overtuigen van zijn goede trouw: hij droeg zijn gebieden aan hem over. De paus bleek echter ook niet ongevoelig voor de argumenten van het concilie – Toulouse was nog steeds een potentiële verzetshaard. Hij besloot de definitieve beslissing over de titel en domeinen opnieuw over te laten aan een concilie en gaf in afwachting daarvan de voorlopige heerschappij in handen van Simon de Montfort. Het interdict werd opgeheven, zodat het religieuze leven in Toulouse eindelijk kon worden hervat. Bisschop Foulque, die na het beleg van 1211 was verjaagd, keerde terug en installeerde zich in het Château Narbonnais, het grafelijk kasteel.

De Franse kroonprins op pelgrimstocht
Toen kroonprins Lodewijk in 1213 op kruistocht wilde gaan naar de Languedoc, had zijn vader Philips Augustus daar geen toestemming voor gegeven. Vanwege de oorlog met Engeland kon hij geen manschappen missen. Pas toen hij in de Slag bij Bouvines op 27 juli 1214 definitief had afgerekend met Jan zonder Land en de Duitse keizer Otto IV, kon hij zijn aandacht eindelijk richten op zijn zuidelijke gebieden. Op 20 april 1215 trok Lodewijk aan het hoofd van een indrukwekkend koninklijk leger van Lyon naar Vienne, waar De Montfort en Arnaud Amaury hem opwachtten.

Na de benoeming van Amaury tot aartsbisschop en hertog van Narbonne was er een conflict ontstaan tussen de beide leiders van de kruistocht. Burggraaf Aimery van Narbonne, vazal van Amaury, had De Montfort in januari de toegang tot de stad ontzegd en deze eiste dat de stad hiervoor moest worden gestraft met het neerhalen van de muren. De aartsbisschop zag dit als een onacceptabele inmenging in zijn zaken, waarover hij zich beklaagde bij de kroonprins en de paus. Deze liet de zaak over aan de kardinaal van Beneventum, die besloot dat niet alleen de muren van Narbonne, maar ook die van Toulouse moesten worden geslecht. De strijd om de macht zou uiteindelijk zo hoog oplopen, dat de aartsbisschop zijn medebevelhebber De Montfort in de ban deed. Deze koos daarop in dit conflict de kant van zijn doodsvijand Raymond VI.

In mei hielden Lodewijk, Simon de Montfort en de kardinaal hun intocht in Toulouse. Het verblijf van de kroonprins was van korte duur, want na afloop van zijn quarantaine ging Lodewijk weer terug naar Parijs. Philips Augustus was nog steeds niet van plan in te grijpen.

Simon de Montfort, graaf van Toulouse
Tijdens het Vierde Lateraans Concilie te Rome in november 1215 kwamen 19 kardinalen, 92 aartsbisschoppen en bisschoppen met honderden andere kerkelijke hoogwaardigheidsbekleders bijeen onder leiding van Innocentius III, heerser over de gehele christelijke wereld. Hulpverlening aan de bisschoppelijke inquisitie door seculiere overheden werd verplicht gesteld op straffe van excommunicatie en afzetting door de paus. Omdat priesters niet mochten doden, moest de tenuitvoerlegging van de doodstraf worden overgelaten aan de civiele autoriteiten. Dood op de brandstapel was geen door de kerk gevorderde straf, maar werd de voorspelbare dood voor diegenen die volhardden in hun afwijzing van het ware geloof.

Raymond VI en zijn zoon maakten hun opwachting in Rome met een delegatie van Occitaanse edelen, waaronder graaf Raymond-Roger van Foix. Deze eiste zijn kasteel terug, dat hij een jaar eerder in Narbonne als bewijs van goede trouw in onderpand had gegeven aan de kardinaal van Beneventum. Hoewel bisschop Foulque hem beschuldigde van ketterij – zijn zuster Esclarmonde was parfaite en de hoofdzetel van de kathaarse kerk, Montségur, lag in zijn graafschap – kreeg hij zijn bezit weer terug. Hij had met succes aangevoerd dat hij niet verantwoordelijk gesteld kon worden voor de gedragingen van zijn zuster en dat Montségur was gelegen in het gebied van Guy de Lévis, een van de trouwste bondgenoten van De Montfort.

De paus was van mening, dat Raymond na zijn verzoening met de kerk recht had op zijn titel en domeinen en dat Simon de Montfort alleen de met ketterij besmette gebieden – het voormalige burggraafschap Trencavel – zou mogen behouden. Amaury deelde deze opvatting en wees op de misdrijven waaraan De Montfort en zijn ridders zich tijdens de kruistocht hadden schuldig gemaakt. Zij hadden hun religieuze opdracht misbruikt door ook veel gebieden waar in het geheel geen sprake was van ketterij in bezit te nemen. Ook zou het onjuist zijn om de jonge Raymond te laten boeten voor de zonden van zijn vader door hem de rechten op zijn erfgoed te ontnemen. De aartsbisschop van York viel hem bij: de Agenais en de Quercy waren de bruidsschat van zijn moeder Joan, zuster van de Engelse koning, en de kerk had niet het recht over deze gebieden te beschikken. Echter, het concilie besloot anders. Het verklaarde Raymond schuldig aan medeplichtigheid aan ketterij en het inzetten van huursoldaten, hetgeen door de kerk verboden was. De grafelijke titel en al zijn bezittingen werden overgedragen aan De Montfort, onder voorbehoud van de rechten van Philips Augustus, wiens grondgebied nu kleiner was dan dat van zijn aanvankelijk onbetekenende vazal. In april 1216 bracht hij leenhulde voor zijn nieuwe gebieden aan de Franse koning, die dankzij de kruistocht zonder enige eigen inspanning zijn invloed in het zuiden enorm vergroot zag. Niet alleen was de vrijwel onafhankelijke Raymond VI vervangen door een vazal met wie hij een veel sterkere feodale band had, ook het burggraafschap Trencavel viel nu onder zijn suzereiniteit in plaats van die van Aragón, dat ten noorden van de Pyreneeën geen enkele rol meer speelde. Alleen het markizaat van de Provence, dat Raymond in leen hield van de Duitse keizer, bleef voor Raymond VII behouden.

De herovering van Occitanië

Begin 1216 gingen de voormalige graaf van Toulouse en de jonge Raymond naar Avignon, waar zij met groot enthousiasme werden ontvangen door hun Provençaalse vazallen. Faidits uit de Languedoc, die ten strijde wilden trekken tegen Simon de Montfort, voegden zich in groten getale bij hen. Ook Guillaume de Minerve, die zich na zijn overgave had teruggetrokken in een commanderij van de hospitaalridders, nam de wapens weer op. Terwijl Raymond VI naar Catalonië vertrok om daar een leger op de been te brengen, nam zijn zoon begin juni Beaucaire in en belegerde het daar gevestigde Franse garnizoen onder leiding van Lambert de Thury, dat zich had verschanst in het kasteel waar de jonge graaf was geboren. Simon en Guy de Montfort haastten zich naar de stad om het garnizoen te ontzetten, maar na drie maanden moesten zij hun belegering opgeven. De Provence was in opstand gekomen en het werd steeds moeilijker de Franse troepen en de belegerden te bevoorraden. Het was een pijnlijke nederlaag, de onoverwinnelijk geachte aanvoerder van de kruistocht was verslagen door een jongen van 17 jaar.

Inmiddels was Raymonds vader met een leger uit Aragón onderweg naar Toulouse, dat ook in opstand was gekomen tegen de nieuwe graaf. De Montfort had de inwo-

Zegel van Raymond VII

ners van de stad zware heffingen opgelegd om de kosten van het beleg van Beaucaire te compenseren en de capitouls afgezet en vervangen door zelfbenoemde raadsleden. Toen bisschop Foulque aanbood te bemiddelen tussen graaf en inwoners, liet De Montfort de onderhandelingsdelegatie van de burgers gevangennemen. Toulouse werd zwaar gestraft. De inwoners moesten een hoge boete betalen, de soldaten plunderden de stad, de muren werden ontmanteld, de grachten gedempt en de torens afgebroken. Alleen het Château Narbonnais, waar De Montfort met een sterke bezetting zijn intrek had genomen, bleef gespaard.

Aan het einde van het jaar vernam De Montfort dat de paus het kasteel van Foix weer had overgedragen aan Raymond-Roger, reden om in februari 1217 het graafschap binnen te vallen en het nabijgelegen Montgrenier te belegeren, waar zich onder leiding van Roger-Bernard van Foix een groot aantal faidits bevond. De vesting moest zich na een aantal weken overgeven, de bezetting kreeg een vrije aftocht nadat op 25 maart een wapenstilstand van een jaar was gesloten.

Hoewel Simon de Montfort nu officieel heer en meester was over de Languedoc, was het gebied allesbehalve rustig. Overal dreigden opstanden, geïnspireerd door de overwinning in Beaucaire van de jonge Raymond die, ondanks de uitspraak van het Lateraans Concilie, zijn akten bleef ondertekenen met graaf van Toulouse, hertog van Narbonne en markies van Provence. Na eerst in de Corbières opstanden te hebben onderdrukt, trok De Montfort naar de Provence dat, hoewel katholiek en nooit beïnvloed door het katharisme, massaal achter de dynastie van de graven van Saint-Gilles bleef staan.

Toulouse: dood van Simon de Montfort

In september kreeg hij daar bericht van zijn echtgenote Alix uit Toulouse. Raymond VI was met Roger-Bernard van Foix en een Spaans leger de stad binnengetrokken en de inwoners hadden hem in triomf binnengehaald. Bisschop Foulque was gevlucht en de kruisvaarders waren verjaagd, op een klein aantal na dat zich had teruggetrokken in het Château Narbonnais. De afgezette capitouls werden in ere hersteld en in afwachting van de komst van Simon en Guy de Montfort werd de stad in staat van verdediging gebracht. De gehele bevolking werkte mee om nieuwe muren op te trekken en uit de wijde omtrek stroomden faidits en edelen toe. Een eerste aanval van Guy de Montfort werd door Roger-Bernard afgeslagen en hij moest zich terugtrekken om de komst van zijn broer af te wachten. Op 12 september slaagde De Montfort erin het kasteel te bereiken en begon de belegering van de stad – gelegen op de tegenover liggende oever van de Garonne – die tien maanden zou duren. Alix en Foulque vertrokken naar het noorden om versterkingen te halen, die in mei 1218 aankwamen. In juni was er nog geen vooruitgang geboekt, de stad was te groot om effectief van de buitenwereld te kunnen worden afgegrendeld en op 7 juni kon de jonge Raymond dan ook ongehinderd met een Provençaals leger Toulouse binnentrekken.

De Montfort liet enorme belegeringstorens bouwen, waarop de aanvallers op gelijke hoogte stonden met de verdedigers op de muren en waarvan bruggen konden worden neergelaten op de weergang. Op 25 juni werd een uitval beantwoord door de Franse cavalerie, waaronder ook de gebroeders De Montfort. Guy viel van zijn paard en Simon, die naast hem neerknielde, werd dodelijk aan het hoofd getroffen door een steen, waarschijnlijk geworpen door een van de vrouwen van Toulouse die de torens bekogelden. Het nieuws van de dood van de 'Leeuw van de kruistocht' werd overal met grote vreugde ontvangen, maar was een zware slag voor het kruisleger. Amaury de Montfort erfde titel en domeinen van zijn vader en kreeg ook het opperbevel

De dood van Simon de Montfort

over het leger. Hoewel hij de belegering wilde voortzetten, wisten zijn oom Guy en Alain de Roucy hem ervan te overtuigen dat een overwinning onhaalbaar was. Het beleg werd opgeheven en op 25 juli vertrok het kruisleger naar Carcassonne. De beenderen van Simon de Montfort – zijn lichaam was overeenkomstig de gebruiken van die tijd gekookt om het vlees van de botten te doen vallen – werden tijdelijk bijgezet in de Basilique Saint-Nazaire en later overgebracht naar het klooster van Hautes-Bruyères bij Montfort-l'Amaury, het familiebezit.

De Languedoc koos massaal de kant van Raymond VI en zijn zoon. Kathaar of katholiek, religie speelde geen enkele rol, men zag het kruisleger als een meedogenloze bezettingsmacht die de onafhankelijkheid bedreigde. De jonge De Montfort miste niet alleen de ervaring van zijn vader, maar had ook niet diens militair inzicht en overwicht. In zes jaar tijd slaagden de Occitaanse heren erin al hun gebieden te heroveren. Bij Baziège namen zij in de lente van 1219 wraak voor de nederlaag bij Muret door het kruisleger vernietigend te verslaan. Ook dit keer bleek Philips Augustus niet bereid een oproep van de paus te steunen. Wel stond hij toe dat kroonprins Lodewijk voor de tweede keer met een groot leger op kruistocht ging. Onderweg naar het zuiden werd de gehele bevolking van Marmande vermoord. Er vielen meer dan vijfduizend doden, de slachting was te vergelijken met die van Béziers. Volgens een beschrijving in *La Canso de la Crozada* lagen de straten bezaaid met bloed, hersenen, ledematen, rompen, levers en harten, ondanks het feit dat de stad zich had overgegeven in ruil voor een vrije aftocht van al haar inwoners. Toulouse werd voor de derde keer in negen jaar tijd belegerd, maar op 1 augustus verstreek de quarantaine van Lodewijk en zijn ridders. Zij keerden terug naar Frankrijk en de belegering werd beëindigd. Amaury de Montfort stond er alleen voor.

Een nieuwe generatie
Raymond VI stierf op 9 augustus 1222. Omdat zijn excommunicatie nooit was opgeheven, mocht hij niet in gewijde grond worden begraven. Zijn lijk viel in de tuin van de hospitaalridders van Toulouse ten prooi aan de ratten. In 1223 trok Raymond-Roger van Foix zich terug in de abdij van Boulbonne en werd opgevolgd door zijn zoon Roger-Bernard II (1243-1241). De zoon van Raymond-Roger Trencavel, Raymond II (1209-1263), keerde terug uit ballingschap in Aragón om zijn erfgoederen op te eisen.
Toen bijna het gehele zuiden weer in Occitaanse handen was, besloot De Montfort al zijn rechten over te dragen aan Philips Augustus, in de verwachting dat deze zou

De kroning van koning Lodewijk VIII

ingrijpen als het gebieden betrof die rechtstreeks onder zijn gezag vielen. Raymond VII (1222-1249) deed op zijn beurt een beroep op de Franse koning. Hij vroeg deze hem te erkennen als rechtmatige graaf van Toulouse in plaats van De Montfort. Philips Augustus stond nu voor een dilemma: erkenning van De Montfort, die volgens kerkelijk recht de wettige heer van Toulouse was, betekende dat hij diens gebied zou moeten helpen heroveren. Erkenning van Raymond VII was zijn feodale plicht als suzerein, maar hield in dat hij koos voor iemand die bekend stond als een beschermheer van de katharen. Een uitspraak liet lang op zich wachten. De koning besloot uiteindelijk in Melun een vergadering van geestelijken en baronnen bijeen te roepen om de zaak te bespreken, maar hij overleed op 14 juli voor het zover was. Lodewijk VIII (1223-1226) volgde hem op en werd op 6 augustus in Reims gekroond. De oorlog werd hervat, maar de positie van De Montfort was inmiddels zo verzwakt, dat hij zich op 14 januari 1224 moest overgeven aan de nieuwe graven van Toulouse en Foix. De volgende dag begaf hij zich naar Frankrijk, waarop Raymond II Carcassonne binnentrok.

Paus Honorius zag de nederlaag van De Montfort niet als het resultaat van een militaire overwinning van de Occitaanse adel, maar als een overwinning van de ketterij. Niet alleen was een groot deel van de bevolking het katharisme nog steeds toegedaan, het was sterker dan toen de kruistocht in 1209 begon. De kathaarse geestelijkheid was na de verschrikkingen van de Franse bezetting gereorganiseerd onder de bezielende leiding van bisschop Guilhabert de Castres. Hij vestigde zich in Fanjeaux, waar zich al sinds het einde van de 12e eeuw vele kathaarse gemeenschappen bevonden. Vele parfaits keerden terug uit hun schuilplaatsen in de bergen om de plaatsen in te nemen van al diegenen die op de brandstapels waren gestorven. In 1226 werd een vijfde bisdom gesticht, dat van de Razès. De Castres wijdde Benoît, broer van de faidit Raymond de Termes, tot bisschop.

De koninklijke kruistocht

Philips Augustus had zich nooit willen inlaten met de kruistocht, maar voor Lodewijk VIII lag de situatie anders. Hij had als kroonprins al twee keer – in 1215 en 1219 – een quarantaine in de Languedoc doorgebracht en besloot in februari 1224 opnieuw naar het zuiden af te reizen. Niet alleen om de katharen te bestrijden, maar deze keer ook om de door Amaury de Montfort aan de Franse kroon overgedragen gebieden in bezit te nemen. Voor de paus was uitroeiing van de ketterij uiteraard zeer belangrijk, maar nu het initiatief was overgenomen door de Franse koning, wilde Honorius daarvoor geen toestemming geven. Lodewijk stelde namelijk harde voorwaarden: toewijzing van alle veroverde gebieden en financiering van de gehele kruistocht door de kerk. Hij wees zelfs een eigen legaat aan om de paus te vertegenwoordigen in de Languedoc, de aartsbisschop van Bourges.
Honorius deelde Lodewijk in april mee, dat zijn bemoeienis niet meer nodig was. Raymond VII had zich inmiddels aan de kerk onderworpen en zou na zijn officiële verzoening worden erkend als graaf van Toulouse; hiermee werd de donatie van De Montfort ongedaan gemaakt. Rome gaf aan de herovering van het Heilige Land prioriteit boven een expeditie in het katholieke zuiden.
Op 3 juni 1224 ontbood Arnaud Amaury in Montpellier Raymond, Roger-Bernard van Foix en Raymond Trencavel, die het burggraafschap Carcassonne weer in bezit had genomen. Alleen al de dreiging van de komst van een nieuw kruisleger onder leiding van hun Franse opperleenheer bleek genoeg om van de Occitaanse edelen gedaan te krijgen wat in bijna twintig jaar bloedige oorlog niet was gelukt. Zij beloofden het katholieke geloof te herstellen, de ketterij te bestrijden, hun huurlegers te ontbinden en de van de kerk geroofde bezittingen terug te geven. In ruil hiervoor zouden alle veroveringen van Simon en Amaury de Montfort ongedaan gemaakt worden. Op 11 juli ging Honorius met dit voorstel akkoord. De Montfort protesteerde heftig en liet weten zich nog altijd te beschouwen als de rechtmatige opvolger van zijn vader. Lodewijk stuurde onmiddellijk Guy de Montfort naar Rome, waar de definitieve beslissing over aanvaarding van de beloften nog niet was genomen. Niet iedereen bleek overtuigd van de goede trouw van de heren in wier gebieden het katharisme nog steeds zo'n belangrijke plaats innam.

De paus besloot begin 1225 een nieuwe legaat naar de Languedoc te sturen om de kwestie definitief af te handelen, kardinaal Romano Frangipani van San Angelo. Tijdens het Concilie van Bourges in november moest eindelijk de knoop worden doorgehakt: absolutie van de Occitaanse edelen na hun verzoening met de kerk, dan wel erkenning van de rechten van De Montfort met als consequentie een koninklijke kruistocht om deze af te dwingen. Raymond herhaalde nogmaals de beloften van Montpellier en was ervan overtuigd, dat hij in zijn rechten zou worden hersteld. Hoewel de paus al akkoord was gegaan, waren de prelaten alleen bereid vergiffenis te schenken als Raymond voorgoed afstand zou doen van de door De Montfort veroverde gebieden. Het was door deze opstelling duidelijk dat het besluit van de kerk tevoren al vaststond: de beloften werden genegeerd, er was gekozen voor de kruistocht. Hiermee werden de titels en gebieden geconfisqueerd van iemand die trouw had gezworen aan de kerk en zich onder directe bescherming had gesteld van de paus. Raymond weigerde dan ook zijn aanspraken op te geven, waardoor er geen sprake kon zijn van absolutie. Hij werd geëxcommuniceerd en tot vijand verklaard van de kerk en de Franse koning. De weg was vrij voor Lodewijk om, met toestemming van de paus en gesteund door zijn zeer vrome echtgenote Blanche van Castilië, zijn gebieden in de Languedoc in bezit te nemen. Er was dit keer geen sprake van een religieuze strijd, maar van een veroveringsoorlog.

Op 28 januari 1226 maakte Lodewijk officieel bekend dat hij het kruis aannam. Om de kruistocht te bekostigen, stelde de kardinaal van San Angelo hem voor een periode van vijf jaar een tiende deel van de inkomsten van de Franse kerk ter beschikking. Dit werd een belangrijk precedent voor latere koningen, die de kerk gingen zien als een belangrijke bron van inkomsten. In mei vertrok het indrukwekkende kruisleger, goed georganiseerd en aangevoerd door Lodewijk zelf, naar het zuiden. Dat had zwaar geleden onder de veroveringstochten van De Montfort en zich nog lang niet hersteld van de brandstapels, massamoorden, verwoestingen en plunderingen. Steden, dorpen en kastelen gaven zich massaal over nog voordat het leger was gearriveerd. De kruistocht leek voorspoedig te zullen verlopen, totdat Avignon werd bereikt. Deze stad stond aan de kant van Raymond VII, weigerde het leger over haar gebied – eigendom van de Duitse keizer Frederik II – te laten passeren en gaf zich pas op 12 september na een belegering van drie maanden over. Béziers bood geen tegenstand en Raymond Trencavel werd verjaagd uit Carcassonne, maar de graven van Toulouse en Foix gaven zich niet gewonnen. Door het onverwachte oponthoud bij Avignon was de quarantaine verstreken zonder dat een beslissing was gevallen en de meeste Franse ridders keerden terug naar het noorden.

De Franse koning woont een executie bij

Ook Lodewijk, die aan dysenterie leed, besloot zijn kruistocht af te breken om deze in het voorjaar te hervatten, maar onderweg naar Parijs stierf hij op 8 november 1226 in Montpensier. Het opperbevel over de achtergebleven troepen werd overgedragen aan zijn neef Humbert de Beaujeu, die zich wat meedogenloosheid betreft een waardig opvolger van Simon de Montfort zou tonen.
Beaucaire, Carcassonne en Albi kwamen onder gezag van seneschalken, koninklijke vertegenwoordigers die militair werden bijgestaan door veteranen van De Montfort zoals Guy de Lévis, Guy de Montfort en Pierre de Voisins. Men kwam al snel weer in opstand tegen de Franse bezettingsmacht. Veel van de Occitaanse edelen die zich hadden overgegeven aan Lodewijk, kozen na diens dood weer de kant van Raymond VII. Hun machtige opperleenheer was opgevolgd door de minderjarige Lodewijk IX (1226-1270) en het land werd bestuurd door een vrouw, koninginmoeder Blanche. Toen De Beaujeu de strijd gewapenderhand niet zo gemakkelijk bleek te kunnen winnen als verwacht, veranderde hij van strategie. Met instemming van de aartsbisschoppen van Auch, Narbonne, Bordeaux en Bourges ging hij over tot het plunderen en verwoesten van het land rond Toulouse om de tegenstander op de knieën te dwingen.

Het Verdrag van Parijs
De kruistocht eiste haar tol, zowel militair als financieel. Regentes Blanche besloot een einde te maken aan de oorlog en droeg de kardinaal van San Angelo, een van haar belangrijkste adviseurs, op te onderhandelen met Raymond VII. Men bood aan hem officieel te erkennen als graaf van Toulouse en vazal van de Franse koning. Hij had geen andere keus dan zich over te geven, zijn land was door de tactiek van de verschroeide aarde van De Beaujeu verwoest en de bevolking leed honger. In januari 1229 vertrok hij naar Meaux om de voorwaarden van overgave te bespreken, op 12 april tekende hij in Parijs het verdrag waarmee officieel een einde kwam aan de kruistocht. De Franse kroon was de grote overwinnaar. De prijs die Raymond moest betalen voor het behoud van zijn grafelijke kroon was exorbitant hoog: het graafschap Toulouse werd gereduceerd tot de stad met omgeving, de Agenais, de Quercy en de Rouergue. Mirepoix bleef in bezit van Guy de Lévis, het markizaat Provence kwam aan paus Gregorius IX en de rest van de Languedoc kwam in Franse handen. Als garantie voor handhaving van de vrede moesten de muren van Toulouse worden afgebroken, evenals die van dertig andere steden en dorpen. In het Château Narbonnais in Toulouse en acht andere steden werd op kosten van de graaf voor een periode van tien jaar een koninklijk garnizoen gevestigd. Raymond mocht niet hertrouwen zonder toestemming van de koning en zijn enige dochter Jeanne werd uitgehuwelijkt aan Alfons van Poitiers, Lodewijks jongere broer. Hij mocht Parijs niet verlaten voordat zij aan de Fransen was overgedragen. Na Raymonds dood zou Alfons hem opvolgen als graaf van Toulouse, in het geval Alfons eerder overleed verviel het graafschap aan de Franse kroon. In Toulouse moest hij een katholieke universiteit stichten om het ware geloof te bevorderen en het honorarium van veertien hoogleraren voor zijn rekening nemen.

Ook om zijn excommunicatie te doen opheffen moest Raymond aan harde voorwaarden voldoen. In 1209 was Raymond VI door Arnaud Amaury vernederd in Saint-Gilles, twintig jaar later onderging zijn zoon een zelfde lot door toedoen van de legaat San Angelo in Parijs. Hij werd in de Notre-Dame gegeseld in aanwezigheid van koning, aartsbisschoppen, legaten en hofhouding. De ketterij moest met alle mogelijke middelen worden bestreden en hij werd verplicht op kruistocht te gaan naar het Heilige Land, waar hij vijf jaar zou moeten blijven. Zijn huurlingenleger moest worden ontbonden en joden mochten niet langer op belangrijke posten worden benoemd. Om nakoming van de overeenkomst te garanderen, kwamen zeven belangrijke steden onder beheer van de legaten. Tenslotte moesten alle van de kerk afgenomen bezittingen worden teruggegeven en moest er een enorme schadevergoeding worden betaald. Net als zijn vader zou Raymond tot zijn dood in 1249 met wisselend succes proberen onder de voorwaarden van het verdrag uit te komen.

Het einde

De capitulatie van Raymond VII met het Verdrag van Parijs was door de strenge voorwaarden met betrekking tot de vervolging van ketters ook een zware slag voor de katharen. Veel parfaits zochten opnieuw een toevlucht op Montségur, dat zij na de herovering van het zuiden hadden verlaten om zich weer in hun gemeenschapshuizen te vestigen. Het betekende nog niet het einde van het katharisme, dat ondanks twintig jaar oorlog en vervolging sterker was dan in 1209. De kerk zag zich derhalve gedwongen nog hardere maatregelen te nemen. Het Concilie van Toulouse van november 1229 verplichtte de graaf en alle andere vertegenwoordigers van de wereldlijke macht tot medewerking met de kerkelijke tribunalen bij het opsporen en veroordelen van ketters en hun medeplichtigen.

Bisschop Foulque van Toulouse kreeg de opdracht de omvang van de ketterij in kaart te brengen. De gehele bevolking moest zich voor de kerkelijke rechters verantwoorden; niet gehoorzamen aan de inquisiteurs werd gezien als verraad en gelijkgesteld met ketterij. Schuld kon door ondervraging door een inquisiteur worden vastgesteld, maar ook de verklaring van twee anonieme getuigen was voldoende bewijs. Het was voor een verdachte bijna onmogelijk zijn onschuld te bewijzen: de aangeklaagde kreeg niet te horen welke beschuldigingen tegen hem waren ingebracht en door wie. Geheimhouding was noodzakelijk om represailles te voorkomen, maar dit leidde ook tot valse verklaringen uit angst dat men zelf slachtoffer zou worden. De verdachte mocht zich niet laten bijstaan door een advocaat of zelf getuigen oproepen. In de meeste gevallen wezen de inquisiteurs zelf vonnis en legden straffen op die varieerden van kleine boetes en het dragen van gele kruisen op de kleding tot het maken van een bedevaart of pelgrimstocht. Wie na bekering terugviel in het ketterse geloof – een *relaps* – kon op twee manieren gestraft worden, met de *murus strictus* – levenslange opsluiting in een cel zonder licht – of de brandstapel. De ter dood veroordeelde werd aan de seculiere rechter uitgeleverd voor de voltrekking van het vonnis. Als de rechter weigerde mee te werken, werd hij geëxcommuniceerd en zelf schuldig verklaard aan ketterij. De kerk rechtvaardigde de doodstraf vanuit de stelling, dat de ziel van een ketter toch al was verdoemd. De maatregelen hadden ingrijpende gevolgen voor de samenleving. De grote solidariteit maakte plaats voor wantrouwen en verraad.

De pauselijke inquisitie

Paus Lucius III had in 1184 de bisschoppelijke inquisitie ingevoerd; tijdens het Lateraans Concilie van 1215 was medewerking van seculiere overheden verplicht gesteld. In april 1233 ging Gregorius IX nog een stap verder door de pauselijke inquisitie in te stellen. Speciale onderzoeksrechtbanken werden ingesteld op basis van het oude Romeinse strafrecht voor geloofszaken. De inquisiteurs – *inquisitor hereticae pravitatis*, onderzoeker van ketterse verdorvenheid – vielen rechtstreeks onder het pauselijk gezag. De inquisitie werd in handen gegeven van de Orde der Predikheren. In de loop der jaren hadden de dominicaner monniken een reputatie opgebouwd met hun fanatieke bestrijding van de ketters. Overigens had Dominicus zelf niets met de inquisitie te maken, hij overleed in 1221.

Een ondervraging door de inquisitie

De bevolking van het graafschap Toulouse verzette zich steeds meer tegen het strenge vervolgingsbeleid en Raymond VII beklaagde zich bij Gregorius over het meedogenloze optreden van de inquisiteurs. Op 3 juni 1234, de herdenkingsdag van de heiligverklaring van Dominicus, werd een doodzieke kathaarse vrouw met bed en al op de brandstapel gegooid. Het aantal veroordelingen groeide en zelfs overledenen waren niet veilig. Honderden lijken werden opgegraven en postuum veroordeeld, waarna de stoffelijke resten alsnog werden verbrand. In 1235 werd inquisiteur Guillaume Arnaud door een aantal capitouls verbannen, vervolgens verdreven zij ook de andere dominicanen uit Toulouse. Bisschop Raymond du Fauga – opvolger van de in 1231 overleden

Foulque – ontvluchtte de stad en Arnaud week uit naar Carcassonne, vanwaar hij de capitouls in de ban deed. Raymond slaagde erin de gemoederen tot bedaren te brengen. De dominicanen mochten terugkeren, terwijl Pierre Seilan, de meest gehate inquisiteur, werd vervangen. De paus hoopte door de franciscaan Étienne de Saint-Thibéry te benoemen het beleid te verzachten, maar deze deed niet onder voor de dominicanen.

De opstand van Raymond II Trencavel

In 1240 kwam het zuiden opnieuw in opstand toen Raymond II Trencavel met een leger vanuit Aragón de Pyreneeën overstak. Hij werd als bevrijder ingehaald en veel voormalige vazallen van zijn vader, waaronder Olivier de Termes, Pierre-Roger de Mirepoix, Guillaume de Peyrepertuse en Pierre de Fenouillet, schaarden zich aan zijn zijde. Op 8 september stonden zij voor de muren van Carcassonne, dat verdedigd werd door seneschalk Guillaume des Ormes. De Fransen werden echter ontzet door koninklijke troepen en op 11 oktober moest Trencavel het beleg opgeven. Vele faidits volgden hem in ballingschap terug naar Aragón, waar hij koning Jaime I op 17 oktober 1241 leenhulde betuigde voor zijn burggraafschap Carcassonne en Béziers: hij gaf zijn erfgoed nog niet op. De opstand was mislukt, omdat de graven van Toulouse en Foix zich afzijdig hielden. Raymond VII wilde zijn verbeterde relatie met Frankrijk en Rome niet op het spel zetten en liet Trencavel in de steek, net zoals zijn vader in 1209 Raymond-Roger aan zijn lot had overgelaten. Roger-Bernard II van Foix had zich teruggetrokken in de abdij van Boulbonne, waar hij in 1241 overleed. Roger IV (1241-1265) was zijn opvolger.

Avignonet – de moord op de inquisiteurs

Op rondreis door de Languedoc kwamen de inquisiteurs Arnaud en Saint-Thibéry op 28 mei 1242 aan in Avignonet in de Lauragais. Zij verbleven in het kasteel van Raymond VII, waar zijn halfbroer Raymond d'Alfaro baljuw was. Vanuit Montségur kwam een groep van zestig ridders onder leiding van Pierre-Roger de Mirepoix naar Avignonet. D'Alfaro liet de mannen in de nacht het grafelijk kasteel binnen, waar zij de inquisiteurs en hun gevolg in hun slaap afslachtten en de registers van de inquisitie vernietigden. Pierre-Roger, die zelf niet aan de moordpartij deelnam maar het

Lodewijk IX de Heilige (Saint-Louis)

moordcommando buiten het dorp opwachtte, was teleurgesteld dat niet zoals beloofd de schedel van Arnaud was meegebracht. Die had hij als drinkbeker willen gebruiken, maar de schedel was door een slag met een bijl gekloofd... Zoals te verwachten was, werd Raymond beschuldigd van het aanzetten tot de moord en geëxcommuniceerd.

De moord was het sein voor een nieuwe opstand. Raymond zocht en vond steun, niet alleen bij de Occitaanse adel, maar ook buiten de Languedoc. De koningen van Engeland, Aragón, Navarra en Castilië sloten zich bij hem aan. Nadat de Fransen uit de Razès, de Minervois en de Corbières waren verdreven, trok Raymond op 20 juli Narbonne binnen, waar aartsbisschop Pierre Amiel werd verjaagd. De alliantie viel echter snel uiteen. Het kleine leger van Hendrik III van Engeland – met in zijn gevolg Simon, zoon van De Montfort – werd verslagen bij Taillebourg. Roger IV van Foix sloot in oktober vrede met Lodewijk IX en ook de overige bondgenoten lieten het afweten. Raymond moest zich overgeven aan Humbert de Beaujeu, aanvoerder van het Franse leger, en tekende in januari 1243 het Verdrag van Lorris, waarin de voorwaarden van het Verdrag van Parijs werden bevestigd. Het was de definitieve overgave van de Languedoc aan de Franse kroon. Tijdens het Concilie van Béziers van 21 april verzoende Raymond zich met de kerk. Paus Innocentius IV hief de ban op, op voorwaarde dat hij zich aansloot bij de strijd tegen de katharen. Er was besloten eens en voor altijd met hen af te rekenen door hun bolwerk Montségur te veroveren. Raymond belegerde het kasteel voor korte tijd, maar hier was eerder sprake van een gebaar van goede wil naar koning en paus dan van een serieuze poging het in te nemen.

De val van Montségur

Het kasteel van Montségur had vanaf het begin van de kruistocht een belangrijke rol gespeeld als symbool van het kathaarse verzet. In 1206 was de burcht – niet veel meer dan een ruïne – op verzoek van een aantal parfaits gerestaureerd door Raymond de Péreille. Hij was kasteelheer, zijn schoonzoon Pierre-Roger de Mirepoix voerde het bevel over het garnizoen, dat voornamelijk bestond uit faidits. In 1232 gaf De Péreille bisschop Guilhabert de Castres toestemming de hoofdzetel van de kathaarse kerk te vestigen op Montségur, daarom ook wel het Vaticaan van de katharen genoemd. In opdracht van het Concilie van Béziers trokken in mei 1243 Hugues d'Arcis, seneschalk van Carcassonne, en Pierre Amiel, aartsbisschop van Narbonne, met een leger van naar schatting tienduizend kruisridders op naar Montségur. De belegeraars waren ver in de meerderheid, maar het leek vrijwel onmogelijk de op een steile rots gelegen burcht te bezetten en van de buitenwereld af te sluiten. Het beleg zou tien maanden duren en werd – hoewel dit zeer ongebruikelijk was – zelfs tijdens de wintermaanden voortgezet. De toegangspaden waren moeilijk begaanbaar, maar de bevoorrading en aanvoer van versterkingen verliepen zonder veel problemen. In december slaagden de Fransen er met hulp van Baskische bergbeklimmers in de strategisch gelegen voorpost Roc de la Tour in te nemen. Vanaf deze plaats was het mogelijk het kasteel te bestoken met grote stenen projectielen, afgeschoten door een enorme katapult die ontworpen was door bisschop Durand de Beaucaire van Albi. Een onafgebroken bombardement richtte grote schade aan en maakte binnen de muren veel slachtoffers, maar toch hield het garnizoen nog twee maanden stand.

De winter was streng, de voorraden raakten op en een groot aantal verdedigers was gesneuveld of door verwondingen uitgeschakeld. Na een mislukte uitval in de nacht van 29 februari 1244 zag Pierre-Roger zich uiteindelijk gedwongen te onderhandelen over de voorwaarden voor overgave. Het garnizoen kreeg een vrije aftocht en de deelnemers aan de moordpartij in Avignonet kregen amnestie, op voorwaarde dat zij eerst een getuigenis aflegden voor de inquisitie. Ook katharen die zich bekeerden, zouden vrijuit gaan. Op 2 maart ging een wapenstilstand in van twee weken, het is niet duidelijk waarom deze bedenktijd werd bedongen. Hoopte men dat Raymond VII eindelijk zoals beloofd te hulp zou komen? Kennelijk wist men niet, dat hij zich in Rome bevond om te bemiddelen tussen de Franse koning en de Duitse keizer en pas maanden later zou terugkeren. Was het om de katharen tijd

Montségur (foto Philippe Contal)

te geven zich te bezinnen en te verzoenen met de katholieke kerk? Dat zou niet gebeuren, integendeel. Vele croyantes – waaronder de echtgenote en dochter van De Péreille – ontvingen het consolament en kozen daarmee voor een zekere dood. Op 16 maart trokken de belegeraars de burcht binnen, die De Mirepoix overdroeg aan D'Arcis. De nieuwe kasteelheer was Guy II de Lévis, heer van Mirepoix, in wiens gebied Montségur lag; hij bracht Lodewijk IX in juli 1245 leenhulde voor het kasteel.

Aan de voet van de rots, op de *Prat dels Cremats* (Weide van de verbranden), was een enorme brandstapel in gereedheid gebracht voor diegenen die niet bereid waren hun geloof af te zweren. Bisschop Bertrand Marty, opvolger van Guilhabert de Castres, leidde ruim tweehonderd katharen naar de wachtende vlammen. De inquisitie was er niet aan te pas gekomen, geen bisschoppelijk tribunaal had vonnis gewezen. Het doodvonnis was geveld door Hugues d'Arcis en Pierre Amiel, respectievelijk in naam van de koning en de paus.

De schat van de katharen

De verhalen over de schat van de katharen vinden een grondslag in de verslagen van de verhoren van de inquisitie. Rond kerstmis 1243 zouden Pierre Bonnet, de kathaarse diaken van Toulouse, en de parfait Mathieu de schat van de kathaarse kerk in veiligheid hebben gebracht op de nabijgelegen burcht Châteauverdun. Vlak voor de overgave van Montségur op 16 maart 1244 wisten nog vier anderen – Amiel Aicart, Hugon, Peytavi en Pierre Sabatier – te ontsnappen en zij ontkwamen met de schat naar Lombardije, waarheen veel katharen waren uitgeweken. Voor zover deze schat al bestaan zou hebben, is deze nooit teruggevonden. Hij is wel de bron van talrijke legenden, waaronder die van de Heilige Graal. Waarschijnlijker dan een grote hoeveelheid goud zijn het hun inwijdingsgeschriften die de katharen – die immers geen waarde hechtten aan materiële zaken – op deze manier in veiligheid hebben gebracht. Bertrand Marty, die had toegezegd dat niemand tijdens de wapenstilstand zou vluchten, moet wel een heel goede reden hebben gehad om zijn woord te breken en daarmee de gunstige voorwaarden voor de overgave van Montségur op het spel te zetten: woordbreuk was immers een van de zwaarste zonden waaraan een parfait zich kon schuldig maken.

Het verzet gebroken

Raymond VII gaf na de opheffing van zijn excommunicatie zijn verzet op. Hij nam zelfs actief deel aan de vervolgingen, in de stad Agen liet hij tachtig katharen op de brandstapel ter dood brengen. Op 27 september 1249 overleed hij, er kwam met zijn dood een einde aan de roemruchte dynastie van de graven van Toulouse en Saint-Gilles. Raymond werd opgevolgd door Alfons van Poitiers, echtgenoot van zijn dochter Jeanne, zoals was verordonneerd in het Verdrag van Parijs van 1229. Het echt-

Zegel van Jeanne van Toulouse

Zegel van Alfons van Poitiers

paar stierf in 1271 zonder nakomelingen en zo verviel in dat jaar het graafschap Toulouse aan de Franse kroon. Raymond II Trencavel deed op 7 april 1247 formeel afstand van zijn aanspraken op Carcassonne en Béziers ten gunste van Lodewijk IX. Hij vergezelde de koning zelfs op kruistocht naar Egypte; ook de bekeerde Olivier de Termes bevond zich onder de kruisridders. Als tegenprestatie ontving Raymond een afkoopsom en werd hem een aantal van zijn bezittingen teruggegeven, hij overleed in 1263. Met zijn zoon Roger stierf het geslacht Trencavel in 1270 uit. Roger-Bernard III van Foix, die in 1265 Roger IV was opgevolgd, was de enige Occitaanse edele die zich nog tegen de Fransen verzette. Hij kwam in conflict met Lodewijks opvolger Philips III de Stoute (1270-1285), die persoonlijk met een leger naar het zuiden trok om hem aan te pakken.

Quéribus, het laatste bolwerk
Quéribus was een van de laatste kastelen waar faidits en katharen nog bescherming vonden en het zou na de val van Montségur nog elf jaar standhouden. Na zijn terugkeer uit het Heilige Land in 1255 was Lodewijk IX zeer ontstemd toen hij vernam dat er nog steeds katharen verbleven op het kasteel, dat hij in 1239 van Jaime I van Aragón had gekocht. Chabert de Barbaira had als militair adviseur van de Spaanse koning het beheer gekregen over diens vestingen in de Fenouillèdes en hield deze nog steeds bezet. Een leger onder bevel van Pierre d'Auteuil, seneschalk van Carcassonne, kreeg de opdracht Quéribus eindelijk daadwerkelijk in bezit te nemen. De omstandigheden waaronder De Barbaira zich overgaf, zijn onduidelijk. Werd hij door Olivier de Termes, ooit zijn wapenbroeder maar nu trouw metgezel van de Franse koning, overgehaald zich zonder een lange belegering over te geven in ruil voor een vrije aftocht van de gehele bezetting? Of werd hij door hem verraden en uitgeleverd? Hoe dan ook, De Barbaira werd gevangengenomen en moest als losgeld al zijn bezittingen afstaan. Na zijn vrijlating ging hij in ballingschap in Aragón. De inname van Quéribus was de laatste militaire campagne in de strijd tegen de katharen: het kasteel viel zonder bloedige strijd, zonder brandstapel in Franse handen. Over het lot van de kathaarse gemeenschap is niets bekend, maar waarschijnlijk mochten zij in ruil voor de overgave van Quéribus ongedeerd vertrekken en zochten zij een toevlucht in Spanje of Noord-Italië.

Het Verdrag van Corbeil
Lodewijk was er eindelijk in geslaagd het verzet van de Occitaanse adel te breken. Hij begreep dat er een einde moest komen aan de wreedheid waarmee de bezetting

van de Languedoc gepaard was gegaan. De inquisiteurs kregen zowel van hem als van de paus de opdracht minder hard en onrechtvaardig op te treden. De burgers van Carcassonne kregen toestemming hun stad te herbouwen op de linkoever van de Aude. Veel bezittingen van voormalige ketters werden teruggegeven aan de rechtmatige erfgenamen en de weinige families die niet geheel geruïneerd of uitgeroeid waren, berustten in de nederlaag. Op 11 mei 1258 maakte Lodewijk een einde aan de grensstrijd met Aragón. Hij sloot met Jaime I het Verdrag van Corbeil, waarmee de grens verder naar het zuiden kwam te liggen. De Roussillon werd in tweeën gedeeld: het grootste deel bleef Spaans, de ten noorden van de Pyreneeën gelegen Fenouillèdes en de Peyrapertusès kwamen aan Frankrijk. Dit betekende het einde van Occitanië als culturele eenheid. Lodewijk IX de Heilige overleed in 1270 op kruistocht in Tunis.

De laatste katharen

Hoewel het katharisme door de val van Montségur een grote klap was toegebracht, betekende dit nog niet het einde. Dat kwam voor rekening van de inquisitie, in de loop der jaren uitgegroeid tot een buitengewoon efficiënte opsporingsorganisatie. Een van de opvolgers van de in Avignonet vermoorde inquisiteurs was Bernard de Caux, die een uitgebreid handboek schreef, *Processus Inquisitionis*. Paus Innocentius IV vaardigde in 1252 het decreet *Ad extirpanda* (Ter vernietiging) uit, waarmee hij toestond verdachten van ketterij te martelen. Zolang er geen bloed vloeide en de slachtoffers in leven bleven, stond het de inquisiteurs vrij deze techniek naar eigen goeddunken toe te passen. Als een ketter zich pas bekeerde tijdens het folteren, werd hij veroordeeld tot levenslange gevangenis en verbeurdverklaring van zijn goederen. De angst was zo groot, dat steeds meer mensen hun familieleden, vrienden of buren aangaven om zichzelf te beschermen. Dankzij de geperfectioneerde technieken leverden de ondervragingen vele nieuwe namen van slachtoffers op. Een aantal parfaits wist men over te halen zich te bekeren tot de kerk van Rome.
Vele katharen doken onder in de Ariège of vluchtten naar Spanje en Noord-Italië, waar de paus in beslag werd genomen door zijn machtsstrijd met de Duitse keizer.[19] Zij vonden bescherming in de steden die tegen de paus waren. Twee belangrijke kathaarse gemeenschappen waren die van Concorezzo bij Milaan en van Desenzano aan het Gardameer, onder leiding van bisschop Giovanni di Lugio. Na zijn overwinning op de keizer kon de paus zijn aandacht volledig richten op het bestrijden

van de ketterij en de inquisitie werd ook in Italië actief. In 1276 werden in Sirmione de laatste kathaarse bisschoppen gearresteerd, op 12 februari 1278 kwamen meer dan tweehonderd katharen om in de vlammen van een brandstapel in de arena van Verona.

De inquisiteurs Geoffroy d'Ablis van Carcassonne, Jacques Fournier van Pamiers en Bernard Gui van Toulouse speelden een belangrijke rol bij het uitschakelen van de laatste katharen. Aan het einde van de 13e en het begin van de 14e eeuw wisten zij door intensieve opsporingsacties, zoals in Montaillou, het katharisme eindelijk uit te roeien.
De gebroeders Pierre en Guillaume Authié, notarissen uit Ax-les-Thermes, zorgden voor een laatste opleving. In 1296 waren zij naar Italië gevlucht, maar rond 1300 keerden zij terug naar de Ariège om te preken en stervenden het consolament toe te dienen. In 1309 vielen zij in Castelnaudary in handen van de inquisitie, met Pasen 1310 stierven de Authié's op de brandstapel voor de Cathédrale Saint-Etienne in Toulouse. Hun opvolger was Guillaume Bélibaste, afkomstig uit Cubières in de Corbières. Hij wist uit de gevangenis van de inquisitie van Carcassonne te ontsnappen en vluchtte naar Catalonië. Door verraad kon hij worden overgedragen aan Bernard de Farges, aartsbisschop van Narbonne, die hem veroordeelde tot de brandstapel. Bélibaste stierf op 24 augustus 1321 op de binnenplaats van het aartsbisschoppelijk kasteel in Villerouge-Termenès, hij was de laatste parfait.

Noten deel I

1. Slachting.
2. *Albigens: gens d'Albi*, mensen uit Albi. *Albigeois*, de regio waarin Albi is gelegen.
3. Latijn: *barbarus*, vreemdeling, geen Romein. Hiermee werden de stammen aangeduid, die buiten de grenzen van het Romeinse Rijk woonden.
4. Clovis of Chlodovech = Lodewijk.
5. Genoemd naar hun stamvader Merovech, aanvoerder van de Salische Franken, die zich in 458 tot koning uitriep.
6. *Orthodoxe,* juiste leer, zoals vastgesteld door het Concilie van Nicea.
7. Door het hoofd van de kerk bijeengeroepen vergadering van alle kardinalen en bisschoppen.
8. Keltisch: *vassal,* jongen.
9. *Homagium*: hulde doen. De leenman legde zijn handen in die van de leenheer, waarbij hij de eed van trouw uitsprak.
10. Graaf: *comte*, van het Latijnse *comes*, hoge keizerlijke bestuursambtenaar. Hertog: *duc*, van het Latijnse *dux*, leider, militair opperbevelhebber.
11. De door de Frankische koning Clovis ingestelde Lex Salica, het belangrijkste Germaanse wetboek, opgesteld om de orde te handhaven in het Merovingische rijk, waarin verschillende stammen samenleefden. Er werden zaken in geregeld als erfenissen, diefstal, geweldpleging en moord.
12. Herovering van Spanje op de Arabieren door de christenen.
13. Pauselijke gezant.
14. Omdat parfait in de Franse literatuur de meest gebruikte benaming is voor kathaarse geestelijken, is ervoor gekozen deze ook in dit boek te gebruiken. Waar geschreven wordt over parfaits, worden ook parfaites bedoeld.
15. Aan het hoofd van de kathaarse kerk stond geen paus zoals de rooms-katholieke kerk die kent. Nicétas werd gerespecteerd als 'vader', hoofd van een oudere kerk.
16. Uitsluiting uit de kerkgemeenschap. In geval van excommunicatie van een persoon, in geval van interdict van een groep of regio, waardoor gelovigen geen sacramenten mochten ontvangen als doopsel, biecht en eucharistie. Zij mochten niet begraven worden in gewijde grond.

17 Een periode waarin de kerk onder paus Gregorius VII de invloed van de wereldlijke macht binnen de kerk terugdrong en de oude christelijke waarden in ere wilde herstellen: religieuze ijver, gebed, barmhartigheid en afstand doen van materiële goederen.

18 Het Romeinse Rijk was niet alleen staatkundig gescheiden, met in het westen en oosten een keizer aan het hoofd. De deling had ook gevolgen voor de kerk, in het westen onder gezag van de paus van Rome en in het oosten van de patriarch van Constantinopel. Hun strijd om de suprematie resulteerde in 1054 in een wederzijdse excommunicatie en een schisma (scheuring): het ontstaan van de oosters-orthodoxe en rooms-katholieke kerken.

19 Drie eeuwen strijd om de macht tussen de paus en de Duitse keizer als uitvloeisel van de investituurstrijd, het recht op de benoeming van bisschoppen. De overwinning van de paus betekende een versteviging van zijn positie ten koste van het keizerlijk gezag in Italië.

Deel II

De locaties

Puilaurens

Het land der katharen

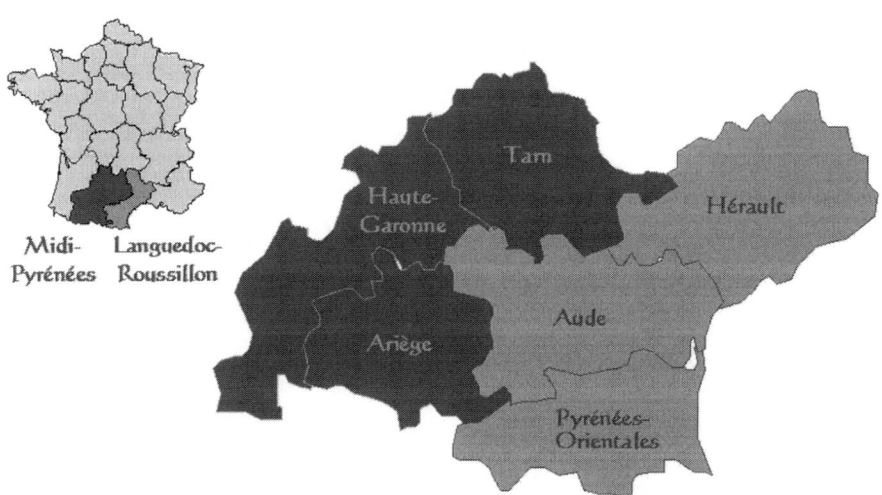

Le Pays Cathare, het vroegere Occitanië, beslaat de departementen Hérault, Aude en Pyrénées-Orientales van de regio Languedoc-Roussillon en de departementen Tarn, Haute-Garonne en Ariège van de regio Midi-Pyrénées. De Languedoc, die al in de 13e eeuw in Franse handen kwam, is duidelijk Provençaals. In de Roussillon, Frans-Catalonië, is de Spaanse invloed groot: dit gebied kwam pas in 1659 aan Frankrijk. Toen werd na eeuwen onderlinge strijd met het Verdrag van de Pyreneeën de huidige Frans-Spaanse grens definitief vastgesteld. Veel plaats- en straatnamen zijn er nog tweetalig.

De Languedoc, het land en de taal van de troubadours

Het begrip Languedoc is voor het eerst gebruikt in de 13e eeuw: ambtenaren van de Franse kroon duidden er de gebieden mee aan tussen de Rhône en de Garonne die rechtstreeks aan de koning toebehoorden. Uit de taal van de Galliërs en het Latijn van de Romeinen waren twee romaanse talen ontstaan, genoemd naar het Latijnse woord dat ja[1] betekent. De Langue d'*Oïl* – het huidige Frans – werd gesproken ten noorden van de Loire en de Alpen, de Langue d'*Oc* – Occitaans – ten zuiden daarvan tot over de Pyreneeën.

In het noorden werden officiële stukken in het Latijn opgesteld, in het zuiden gebruikte men hiervoor de volkstaal. De Langue d'Oc was van de 11e t/m de 13e eeuw vooral de taal van de dichtkunst en de liefdesliederen van de troubadours.[2] Deze verbleven aan de hoven van de Zuid-Franse edelen en bezongen in zelfgeschreven en gecomponeerde liederen hun *fin' amor*, zuivere liefde, voor gehuwde en dus onbereikbare edelvrouwen. Liefde speelde in de middeleeuwse feodale maatschappij slechts zelden een rol, huwelijken werden vooral om strategische redenen gesloten en om voor nageslacht te zorgen.

Troubadours waren net als de katharen afkomstig uit alle lagen van de samenleving, maar waren vaak van hoge adellijke afkomst, zoals bijvoorbeeld hertog Willem IX van Aquitanië, een van de eerste troubadours. Zij verkeerden in dezelfde kringen, reisden langs dezelfde wegen en bezochten dezelfde plaatsen: de eersten spraken over liefde, de laatsten over God. De kathaarse bijbel, het Nieuwe Testament, was in de volkstaal vertaald. Door de Albigenzer Kruistocht raakte niet alleen de Occitaanse cultuur in verval, ook de taal werd met de komst van de Fransen verdrongen. De Langue d'Oc kreeg de genadeslag door de Ordonnance de Villers-Cotterêts van 1539, toen op bevel van koning Frans I officiële stukken niet meer in de landstaal, maar in het Frans moesten worden opgesteld. Dat werd de voertaal in geheel Frankrijk. De Langue d'Oc heeft grote invloed gehad op de uitspraak van het Frans in het zuiden Het Occitaans wordt steeds populairder en wordt inmiddels gesproken door 10 miljoen mensen. Het verwante Catalaans, zoals gesproken tot in de Roussillon, lijkt meer op Frans dan op het Castiliaans, dat in de 16e eeuw door koning Philips II tot officiële taal van Spanje werd uitgeroepen.

De Occitaanse waarden waren geworteld in de gehele samenleving en verenigden de bevolking in de strijd tegen de kruisridders:
- *paratge:* gelijkheid/gelijkwaardigheid, was het devies van de Occitaanse samenleving: geen onderscheid door geboorte, maatschappelijke positie of geslacht, maar respect voor het individu. Het gaat hier om gelijkheid van 'ziel', hetgeen echter niet betekende dat men ook gelijke rechten had. Vrouwen waren volgens de Occitaanse wet gelijk aan de man en konden door het heersende erfrecht – nalatenschappen werden over alle kinderen gelijkelijk verdeeld – ook onafhankelijk van hun echtgenoot land in eigendom hebben en erover beschikken. Zijn bezittingen waren zelfs een waarborg voor teruggave van de bruidsschat in geval hij eerder kwam te overlijden,
- *pretz:* ridderlijke waarden als eergevoel, respect voor een gegeven woord en bescherming van zwakken,
- *convivencia:* vreedzame coëxistentie van godsdiensten en rassen, religieuze tolerantie.

Le Pays Cathare

De toeristische ontwikkeling van Le Pays Cathare is een initiatief van Aude, Ariège en Hérault en vooral gericht op de grote historische monumenten. De Association des Sites du Pays Cathare stelt zich ten doel het erfgoed van het gebied te bewaren en zo goed mogelijk aan bezoekers te presenteren door op de aangesloten locaties lezingen, tentoonstellingen, festivals, concerten en evenementen te organiseren. De *Carte Inter-Sites* biedt de mogelijkheid om met 1 euro korting de volgende plaatsen te bezoeken: de kastelen van Saissac, Termes, Lastours, Villerouge-Termenès, Arques, Usson, Puilaurens, Quéribus en Peyrepertuse, de abdijen van Lagrasse, Fontfroide, Saint-Papoul, Caunes-Minervois, Saint-Hilaire en Villelongue, het museum van Puivert (niet het kasteel) en de ommuring en het grafelijk kasteel van Carcassonne. De kaart kost 4 euro, is bij elk van de deelnemende monumenten te koop en blijft vanaf de datum van eerste gebruik een jaar geldig. In deze reisgids worden niet alleen deze belangrijke locaties uit de kathaarse geschiedenis beschreven, maar ook veel minder bekende plaatsen zoals Fenouillet, Lagarde, Miglos, Montaillou en Roquefixade.
Het gevarieerde landschap heeft van de uitlopers van het Massif Central tot aan de voet van de Pyreneeën veel te bieden, van de donkere bossen van de Montagne Noire

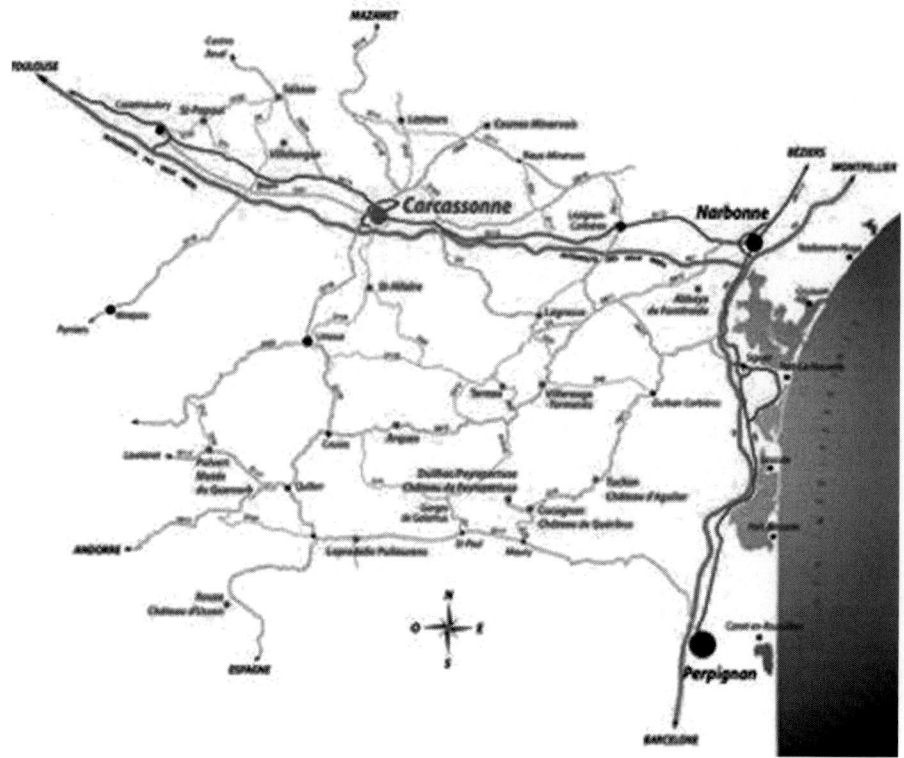

in het noorden via heuvels met wijngaarden, olijfbomen en de voor de Languedoc zo karakteristieke garrigue tot de bergruggen van de Corbières en de Ariège in het zuiden.

Tussen de Montagne Noire en de Corbières ligt de Carcassès, in tweeën gedeeld door de Via Aquitania, de Romeinse weg die de Atlantische Oceaan verbond met de Middellandse Zee. Middelpunt van de Carcassès is Carcassonne, de Cité is een van de grootste toeristische trekpleisters van Frankrijk. Het was zowel politiek als militair de hoofdstad van de burggraven Trencavel, die een prominente rol speelden in het drama van de kruistocht tegen de katharen. De Lauragais is het gebied tussen Carcassonne en Toulouse, een heuvelachtig landschap waar vooral maïs en zonnebloemen worden geteeld. Deze streek was in de 12e en 13e eeuw het meest ontvankelijk voor het nieuwe geloof, meer dan de helft van de bevolking was kathaar. Net als in de Minervois, tussen Béziers en Carcassonne, wordt in de Corbières wijnbouw steeds belangrijker, meegebracht door de Grieken en verder ontwikkeld door de Romeinen. De Visigoten vestigden zich hier nadat zij door de Franken uit de Haut-Languedoc waren verdreven. In de Karolingische tijd vonden er beslissende veldslagen plaats tussen de Franken en de Arabieren, die in 732 door Karel Martel bij Poitiers hun opmars naar het noorden zagen gestuit. Maar er zijn in de Corbières niet alleen overblijfselen van de wereldlijke macht te vinden, ook de rooms-katholieke kerk was hier sterk vertegenwoordigd. Grote abdijen als die van Fontfroide en Lagrasse hadden behalve religieuze invloed ook economisch grote betekenis.

Ten zuiden van de Corbières beginnen de uitlopers van de Pyreneeën. De Ariège – *La Terre Courage* – is het op een na dunst bevolkte departement van Frankrijk en nog nauwelijks toeristisch ontwikkeld. De natuur is indrukwekkend, met beschermde natuurgebieden en bossen waar nog beren leven. Het was het gebied

van de *transhumance:* herders brachten hun kudden schapen in het najaar van de zomerweiden over de Pyreneeën naar Catalonië om daar te overwinteren en kwamen in het voorjaar weer terug. Hier vindt men ook de grotten waar de katharen een toevlucht zouden hebben gezocht toen zij door de inquisitie tot in de kleinste dorpen werden opgejaagd en volgens hardnekkige verhalen ook hun inwijdingsrituelen hielden.

Tussen de Corbières en de Ariège liggen de Razès en de Quercorb, het kleinste van de Pays de l'Aude, gelegen tussen de valleien van de Aude en de Ariège. De Razès heeft een afwisselend landschap met heuvels, bos, wijngaarden en garrigue, maar ook bergplateaus zoals dat van de Pech de Bugarach. De Donjon van Arques, een van de hoogtepunten van militaire middeleeuwse architectuur, is hier te vinden. De geneeskrachtige bronnen van Alet-les-Bains, met de onlangs opengestelde overblijfselen van een machtige middeleeuwse abdij, werden door de Romeinen ontdekt en geëxploiteerd.

De Fenouillèdes, gelegen tussen de Corbières en de Pyreneeën, geeft toegang tot Catalonië. Nadat de streek gedurende drie eeuwen door de Visigoten was bewoond, maakte de Fenouillèdes in de 9e eeuw deel uit van de Spaanse Mark, het gedeelte van Catalonië dat Karel de Grote had veroverd op de Arabieren en dat het zuiden van het Karolingische rijk moest beschermen. Op de toppen van de bergketen die de overgang vormt van de Fenouillèdes naar de Corbières, geven de imposante ruïnes van de kastelen Quéribus, Peyrepertuse en Puilaurens aan waar de grens met Aragón lag in de periode van de Albigenzer Kruistocht.

Les Routes du Pays Cathare

Er zijn veel manieren om het gebied te verkennen. Voor de automobilist worden op borden langs de wegen de belangrijkste locaties aangegeven. Voor wandelaars zijn er talrijke voettochten – de *Grandes Randonnées (GR)* – uitgezet en ook fietsroutes doorkruisen het landschap.

Le Sentier Cathare
Het Sentier Cathare, een van de meest bekende wandelroutes, is een tocht in twaalf etappes. De route van circa 200 km lang loopt van de Middellandse Zee naar Foix en voert langs de grote kastelen die aan de voet van de Pyreneeën de grens met Aragón beschermden:
1 Port-la-Nouvelle – Durban-Corbières (90 m), 29 km, 7 uur:
    van de kust van de Middellandse Zee naar het oosten van de Corbières. Hier nog geen herinneringen aan de katharen, maar een wandeling door de geschiedenis van de Gallisch-Romeinse oudheid naar de middeleeuwen.

2   Durban-Corbières – Tuchan, 25,5 km, 7 uur:
    door wijngaarden, garrigue en beboste plateaus voert de wandeling langs de kastelen van Nouvelles, Aguilar, Domneuve en Padern, hier begint wat eens de grens met Aragón was.
3   Tuchan – Duilhac-sous-Peyrepertuse (336 m), 24 km, 6,5 uur:
    door het mooiste gedeelte van de Corbières langs het laatste bolwerk van de katharen: het kasteel van Quéribus.
4   Duilhac-sous-Peyrepertuse – Camps-sur-l'Agly, 20 km, 5,5 uur:
    het meest pittoreske deel van de route, met als absolute hoogtepunten het kasteel van Peyrepertuse en de Gorges de Galamus.
5   Camps-sur-l'Agly – Bugarach (740 m), 14,5 km, 4 uur:
    het massief van de Hautes-Corbières, met kalksteenrotsen zoals de Pech de Bugarach van 1231 meter hoog.
6   Bugarach – Quillan (285 m), 24,5 km, 6,5 uur:
    door de laatste wijngebieden van de Haute-Vallée de l'Aude naar de voet van de Pyreneeën.
7   Quillan – Puivert (483 m), 21 km, 6 uur:
    de grens van het Middellandse Zeegebied en de Pyreneeën, de vlakte van de Quercorb die wordt gedomineerd door het kasteel van Puivert.
8   Puivert – Espezel (896 m), 17 km, 4,5 uur:
    door het Pays de Sault met de bossen van Picaussel en Lescale.
9   Espezel – Comus (1166 m), 20,5 km, 5,5 uur:
    over het Plateau van Languerail met pijnboombossen en zomerweiden, met een eerste blik op Montségur.
10 Comus – Montségur (920 m), 14,5 km, 3,5 uur:
    via de Gorges de la Frau naar het kasteel van Montségur, symbool van het kathaarse verzet tegen de rooms-katholieke kerk.
11 Montségur – Roquefixade (760 m), 16,5 km, 4,5 uur:
    door het Pays d'Olmes naar een van de mooiste kastelen van de Ariège: Roquefixade.
12 Roquefixade – Foix (760 m), 18,5 km, 4,5 uur:
    door de bossen van Pradières en de pas van Porte-Pa eindigt de route bij het kasteel van Foix.

Le Chemin des Bonhommes
Behalve het Sentier Cathare, dat van oost naar west loopt, is er ook Le Chemin des

Bonhommes (GR 107). Dit is de route van de laatste katharen, die naar Spanje vluchtten om aan de inquisitie te ontsnappen. Deze tocht van 229 km van noord naar zuid telt elf etappes, van Foix over de Pyreneeën naar Berga in Catalonië:

1   Foix (370 m) – Roquefixade (750 m), 15 km
2   Roquefixade – Montségur (690 m), 15 km
3   Montségur – Camurac (1224 m), 16 km
4   Camurac – Orgeix (823 m), 20 km
5   Orgeix – Mérens (1060 m), 18 km
6   Mérens – Porté (1623 m), 20 km
7   Porté – Can Jan (1540 m), 24 km
8   Can Jan – Bellver (1032 m), 15 km
9   Bellver – Baga (786 m), 25 km
10 Baga – Gosol (1423 m), 26 km
11 Gosol – Berga (725 m), 35 km

De Katharen-Baskenroute
Peter van Rossum en Kees Mieras beschrijven in de Katharen-Baskenroute een fietstocht van ruim 600 km van Narbonne naar Biarritz, van de Middellandse Zee naar de Atlantische Oceaan. Het katharengedeelte van de hoofdroute gaat langs steden en dorpen zoals Minerve, Carcassonne, Bram, Mirepoix en Foix. De zuidelijke route – 200 km – gaat langs de kastelen Peyrepertuse, Quéribus en Montségur. Het is geen route voor een ongetrainde fietser; goed materiaal en een goede conditie zijn absolute voorwaarden, met name als het gaat om de zuidelijke route. Verkrijgbaar bij de Fietsvakantiewinkel: www.fietsvakantiewinkel.nl.

SNP Natuurreizen: Chemin des Cathares – Camí dels Bons Homes
SNP Natuurreizen organiseert de themawandelreizen 'Te voet door het land van de katharen'. Er worden twee trektochten aangeboden, langs gemarkeerde en goed beschreven wandelpaden. De bagage wordt dagelijks vervoerd naar de gereserveerde chambres d'hôte en gîtes d'étape waar overnacht wordt. Daar wordt ook ontbeten en gedineerd, terwijl overdag voor lunchpakketten wordt gezorgd.

Door het Land van de Zuiveren en de Ketters
De Chemin des Cathares is een negendaagse reis die loopt van Perpignan door de Franse heuvels naar de voet van de Pyreneeën en begint niet ver van de Middellandse Zee in de Corbières. Door een kalklandschap met wijngaarden en

mediterrane vegetatie voert de route langs de ruïnes van de grote kastelen waar de katharen bescherming zochten. De indrukwekkende *pog* (berg) van Montségur is het eindpunt van de reis.

De lengte van de dagtochten varieert van 13 tot 24 km, de wandelingen duren ongeveer 5 tot 7 uur. De paden zijn goed begaanbaar en lopen door heuvelachtig tot bergachtig landschap, met hoogteverschillen van 300 tot 900 meter per dag.

Op de vlucht voor de inquisitie
De twaalfdaagse reis El Camí dels Bons Homes volgt de kathaarse vluchtroute over de Pyreneeën naar Spanje. Het is een voettocht van 135 km, van Montaillou in Zuid-Frankrijk door de beboste valleien van de Ariège over twee hoge bergpassen in het grensgebied met Andorra naar Berga in Catalonië. De reis bestaat uit wandelingen van 3,5 tot 8 uur, met hoogteverschillen tussen 300 en 1225 meter, door een zeer gevarieerd landschap. Een goede conditie en enige ervaring met wandelen in de bergen zijn vereist.
Voor nadere informatie: www.snp.nl; www.camidelsbonshomes.com; www.sentiers-pyreneens.com.

Peyrepertuse

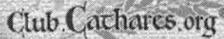

Voyage virtuel en Terres Cathares: www.cathares.org

Philippe Contal, initiatiefnemer van en bezielende kracht achter deze Franstalige website, publiceerde zijn eerste beschrijvingen van katharenkastelen in oktober 1996. Cathares.org is inmiddels een van de belangrijkste elektronische informatiebronnen over Le Pays Cathare. Op de vele duizenden webpagina's zijn beschrijvingen te vinden van steden, kastelen, abdijen en kloosters met historische achtergronden, foto's, plattegronden, toeristische informatie en links naar andere relevante websites. In de Boutique zijn onder meer boeken, CD's, DVD's, video's en houten modellen van middeleeuwse belegeringswerktuigen te koop.

In oktober 2002 is Club.Cathares.org opgericht, die inmiddels leden telt in de gehele wereld. De filosofie achter de Club is de leden een platform te bieden waar niet alleen veel extra informatie is te vinden, maar waar zij ook interactief via de *Tribunes* eigen kennis en ervaringen kunnen uitwisselen. Iedere week verschijnt een nieuwsbrief met onder meer reportages, foto's en een agenda met data van evenementen, lezingen, tentoonstellingen, etc. De Club is verdeeld in vele rubrieken, zoals:

- *L'Espace Découverte:* een van de hoogtepunten is de mogelijkheid kastelen als Montségur, Quéribus en Peyrepertuse een virtueel bezoek te brengen, waarbij men zelf de camera kan sturen. Er is een chronologisch overzicht te vinden van de Albigenzer Kruistocht en ook veel foto's en tekeningen,
- *Le Cercle Historique:* aandacht voor het katharisme, reconstructies van de kastelen Montségur, Quéribus en Peyrepertuse en van belegeringswerktuigen, maar ook interviews met en eigen bijdragen van schrijvers als Michel Roquebert en Anne Brenon, met de mogelijkheid daarover met hen van gedachten te wisselen,
- *Le Cercle Philosophique:* in deze rubriek geeft een aantal columnisten blijk van een andere kijk op het katharisme dan gebruikelijk is, hetgeen leidt tot levendige discussies met de leden. De kathaarse filosoof Yves Maris, burgemeester van Roquefixade, geeft in zijn *Lettres de Roquefixade* een eigentijdse visie op het katharisme.

Lidmaatschap: vanaf € 39,- per jaar. Het is mogelijk met de gebruikersnaam (identifiant) *cathares* en het wachtwoord (mot de passe) *katharen* beperkt toegang te krijgen tot www.club.cathares.org om een indruk te krijgen van het aanbod. Op www.cathares.org/anolen is (in het Engels) te lezen hoe de voorbereiding van een vakantie kon uitgroeien tot deze reisgids.

www.katharen.be

In 1999 ging in België de Nederlandstalige website www.katharen.be van start. Net als cathares.org biedt deze site een grote hoeveelheid informatie over de katharen, hun geschiedenis en Le Pays Cathare. Een aantal bronteksten, zoals *Bernard Délicieux en de Inquisitie van Albi* en *Het Inquisitieregister van Jacques Fournier (Béatrice de Planissoles)*, zijn in het Nederlands vertaald en als PDF-document beschikbaar. Het Studiecentrum Als Catars verenigt mensen met niet alleen een passie voor middeleeuwse geschiedenis en ketterijen, maar ook voor de Occitaanse taal en cultuur. Ontwikkelingen op het gebied van historisch onderzoek worden op de voet gevolgd, in samenwerking met Franse organisaties als het Centre d'Études Cathares in Carcassonne en Les Compagnons de Paratge (Jean-Louis Gasc, Anne Brenon) in Caunes-Minervois. Het Studiecentrum is geen esoterisch genootschap, maar kiest voor een historisch-wetenschappelijke aanpak. Het katharisme wordt objectief benaderd, gebaseerd op bestaande historische bronnen.

Lidmaatschap: € 15,- per jaar. Hiervoor ontvangt men driemaal per jaar (in april, september en december) een elektronisch magazine, waarin onder meer studies, vertalingen en recensies van nieuwe boeken. Leden krijgen 10% korting op bestaande uitgaven van Als Catars, de mogelijkheid tot voorintekening met een aanzienlijke korting op nieuwe uitgaven en korting op de deelnameprijs voor door het Studiecentrum georganiseerde themadagen, lezingen en colloquia.

De locaties

De katharenkastelen

Hoewel zij in hun huidige vorm pas na de kruistocht door de Franse bezetters zijn gebouwd, worden de kastelen van Le Pays Cathare *châteaux cathares* genoemd. De oorspronkelijke burchten werden rond het jaar 1000 gebouwd door Occitaanse edelen, die voortdurend in onderlinge feodale conflicten waren verwikkeld. In het begin van de 13e eeuw werden de *castels* vanwege de kathaarse gezindheid van hun eigenaren doelwit van het kruisleger. Het waren niet alleen toevluchtsoorden voor katharen, maar ook voor faidits.
Sommige kastelen werden zonder slag of stoot overgegeven. Van andere duurde de belegering maanden en dan werden er grote legerkampen rond de in te nemen vestingen gebouwd. De gebruikte belegeringsmethoden hadden echter meestal weinig succes. Dat de burchten uiteindelijk toch vielen, was te wijten aan gebrek aan voedsel en vooral water (Carcassonne, Minerve), ziekte (Termes) of verraad (Quéribus). Veel kastelen zijn, toen ze in bezit waren gekomen van de Franse kroon, herbouwd en versterkt ter verdediging van het Franse grondgebied tegen Aragón. Ook zijn ze in de loop der tijd aangepast aan nieuwe militaire technieken. Kastelen die geen strategische betekenis meer hadden, werden ontmanteld of verlaten. Zij vervielen tot ruïnes, die door de bewoners van omliggende dorpen als steengroeven werden gebruikt, zoals Roquefixade en Durban-Corbières.

Het gebied had zwaar te lijden van de Honderdjarige Oorlog (1337-1453) tussen Frankrijk en Engeland. Koning Philips IV de Schone was in 1314 gestorven en zijn drie zonen Lodewijk X, Philips V en Karel IV overleden zonder mannelijke nakomelingen. In 1328 was daardoor het huis Capet in de mannelijke lijn uitgestorven. Er ontstond een strijd om de kroon tussen Karels neef Philips VI van Valois, aangewezen als zijn opvolger, en Edward III van Engeland, die als zoon van Karels zuster Isabella aanspraak maakte op de Franse troon. Een groot deel van Frankrijk viel in Engelse handen, waarbij veel slachtoffers vielen en grote schade werd aangericht. Uiteindelijk slaagde Frankrijk erin het gebied te heroveren; Jeanne d'Arc speelde een belangrijke rol bij de overwinning van Karel VII.

Ook de godsdienstoorlogen (1562-1598) zaaiden dood en verderf. Katholieken en hugenoten bestreden elkaar totdat de hugenoot graaf Henri III van Foix en Navarra als Henri IV (1589-1610) koning van Frankrijk werd en zich bekeerde tot het katholicisme. Met het Edict van Nantes gaf hij de hugenoten in 1598 vrijheid van godsdienst en kwam er een einde aan de oorlogen.

Pas in de jaren tachtig van de twintigste eeuw ontdekte men de belangrijke toeristische waarde van de katharenkastelen voor het gebied. Er wordt waar mogelijk gerestaureerd of in ieder geval getracht verder verval te voorkomen. Hoewel er in feite van de ruïnes heel weinig resteert uit de tijd van de katharen, is Le Pays Cathare doordrongen van herinneringen aan deze inktzwarte periode uit de Franse geschiedenis, die zulke diepe sporen achterliet: de ruïnes zijn er de indrukwekkende, stille getuigen van.

Roquefixade (foto René Gijsbertse)

AGUILAR
Aude, Corbières

Geschiedenis
Waarschijnlijk stond er al in de Romeinse tijd een wachttoren op de Puig Aguilar, een strategisch gelegen heuvel (296 meter) op de vlakte van Tuchan. In 1020 wordt het kasteel voor het eerst vermeld: in het testament van Bernard Taillefer (989-1020), graaf van Bésalu, die het naliet aan zijn oudste zoon en opvolger Guillaume. In 1084 kwam Le Puy d'Aguilar in bezit van de Trencavels, de machtige burggraven van Carcassonne, die het in leen gaven aan de heren van Termes. De vesting, gelegen in het grensgebied tussen de Occitaanse en Catalaanse graafschappen, moest de toegang uit het zuiden tot de Corbières bewaken.

Na de val van Termes in 1210 werd Aguilar belegerd en in bezit genomen door Simon de Montfort. Kasteelheer Raymond de Termes (1191-1213) werd gevangengenomen en overgebracht naar de gevangenis van Carcassonne, waar hij drie jaar later stierf. Raymonds zoon Olivier (1213-1274) wist te ontkomen naar het koninkrijk Aragón. De Montfort droeg Aguilar in 1215 over aan zijn luitenant Alain de Roucy en het speelde geen rol van betekenis meer in de periode van de kruistocht. Toen het zuiden onder leiding van burggraaf Raymond II Trencavel in 1240 voor de laatste keer in opstand kwam tegen de Franse overheersing, was Olivier een van de

Occitaanse edelen die een poging deed zijn onteigende erfgoederen te heroveren. Aguilar kwam korte tijd weer in zijn bezit en hij bood hier veel faidits een toevluchtsoord. Toen de opstand mislukte, omdat de graven van Toulouse en Foix zich afzijdig hielden, kwam het kasteel in 1241 opnieuw in Franse handen. Er werd een garnizoen gelegerd onder leiding van Hugo de Trimouillis. Op 7 april 1247 onderwierp Olivier zich definitief aan koning Lodewijk IX en hij werd een van diens trouwste vazallen. Hij vergezelde hem op diens kruistochten naar het Heilige Land en als dank hiervoor beval Lodewijk in juli 1250 zijn seneschalk in Carcassonne Aguilar weer aan de rechtmatige eigenaar over te dragen. Olivier liet het bij het opmaken van zijn testament in 1257 na aan de Franse koning, maar deze kreeg het al eerder in bezit. Lodewijk kocht het in oktober 1260 met de dorpen Termes, Davejean en Vignevieille voor een bedrag van 3320 *livres tournois,* waarmee Olivier de schulden kon voldoen die hij had moeten maken om op kruistocht te kunnen gaan. Het bij het kasteel gelegen dorp Tuchan kwam in bezit van de abdij van Fontfroide.

Met het Verdrag van Corbeil van 1258 kwam er een einde aan de grensconflicten tussen Frankrijk en Aragón door een nieuwe, zuidelijker grens vast te stellen. Aguilar kreeg hierdoor een nieuwe strategische betekenis en werd met de kastelen Peyrepertuse, Puilaurens, Quéribus en Termes als de vijf 'zonen van Carcassonne' onderdeel van de grensverdedigingslinie, met Carcassonne als 'moeder'. Omdat het van alle kanten gemakkelijk te bereiken kasteel moeilijk was te verdedigen, gaf koning Philips III de Stoute opdracht het te vergroten en te versterken.

Ondanks het verdrag bleef het gebied voortdurend inzet van strijd tussen noord en zuid. Zo lijfde Karel VIII in 1463 de Aragónese graafschappen Roussillon en Cerdagne in, maar moest hij het veroverde gebied dertig jaar later weer afstaan aan Ferdinand van Aragón en Isabella van Castilië. De burcht werd in 1543 bezet door Duitse huurlingen in dienst van de Spaanse koning Karel V. In 1659 bepaalde het Verdrag van de Pyreneeën dat de grens tussen Frankrijk en Spanje nog verder naar het zuiden kwam te liggen. Aguilar verloor definitief zijn militaire functie en raakte in verval.

Bezienswaardigheden
De overblijfselen van het kasteel stammen uit twee perioden. Uit de 12e eeuw, de tijd van de heren van Termes, dateert de binnenste, vijfhoekige ommuring van de oorspronkelijke burcht, die gelegen was op het hoogste punt van de heuvel. De vooruitstekende punt van de muur – op die plaats 2,80 meter dik – verdedigde de meest kwetsbare oostkant. De poterne in het noordoostelijke deel van de muur diende voor

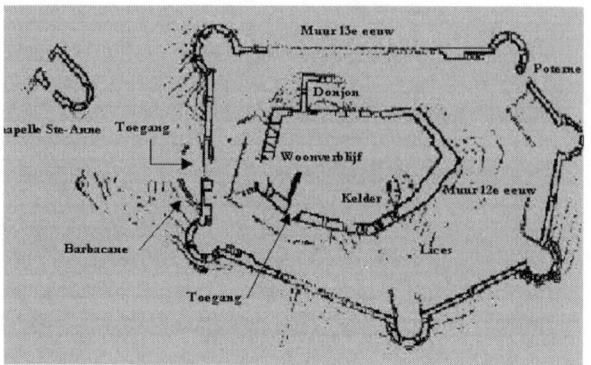

de dagelijkse toegang. Binnen de ommuring bevonden zich de Tour de l'Hommage – een vierkante donjon van twee verdiepingen boven een ondergrondse citerne – en een binnenplaats met woongebouwen en een kelder, waarvan de toegangsboog van rode bakstenen nog is te zien. Het verblijf van de kasteelheer telde twee verdiepingen, waarvan de onderste diende voor de verdediging en daarom was voorzien van vijf schietgaten.

Philips de Stoute liet in de 13e eeuw de tweede, zeshoekige muur bouwen, met op iedere hoek een halfronde toren van twee verdiepingen hoog. Deze torens waren aan de binnenkant open en voorzien van veel schietgaten, waardoor boogschutters de vijand konden belagen. Om de oostzijde beter te kunnen verdedigen, was de afstand tussen de torens aan die kant kleiner dan aan de overige zijden. De belang-

Chapelle Sainte-Anne

rijkste toegangspoort, waarvan de steunmuren nog overeind staan, werd beschermd door een halfronde barbacane. In de ruimte tussen de twee muren – de *lices* – zijn nog resten te zien van woongebouwen en magazijnen. Buiten de ommuring, bij de toegangspoort, staat de romaanse Chapelle Sainte-Anne. De kapel verkeert na restauratie van het dak weer in goede staat en bestaat uit een vierkant schip met een 4 meter hoog tongewelf.

Iets verderop aan de weg van Tuchan naar Durban-Corbières ligt de donjon van het kasteel van Nouvelles (zie onder Nouvelles).

Openingstijden
15 juni tot 15 september: 10.30-12.30 en 15.00-19.00 uur. Buiten deze uren en de rest van het jaar is Aguilar vrij toegankelijk.

Neem in Quillan de D117 richting Perpignan en vervolgens na Maury de D611 richting Tuchan/Durban-Corbières. Bij het uitrijden van Tuchan richting Durban bevindt zich rechts een weg, die door de wijngaarden naar de parkeerplaats aan de voet van Aguilar leidt.

Albi
Tarn, Albigeois

Geschiedenis

Albi, gelegen op de oevers van de Tarn, wordt al bewoond vanaf de bronstijd. In de tweede helft van de 4e eeuw vestigden zich hier de Gallische Ruthenen uit Zuid-West-Rusland. Toen rond 120 v.Chr. de Romeinen verschenen, werd Albi een belangrijke handelsstad. In de tijd van de kruistocht tegen de katharen maakte de rijke, invloedrijke stad met Agde, Béziers, Carcassonne en Nîmes deel uit van de bezittingen van de burggraven Trencavel. De macht over Albi moest worden gedeeld met de bisschop.

Dat de naam katharen synoniem werd met Albigenzen,[3] is mogelijk een gevolg van de vijandige ontvangst die de pauselijke legaat Bernardus van Clairvaux op 28 maart 1145 ten deel viel toen hij in Albi kwam prediken tegen de katharen. Hoewel de stad zelf altijd trouw bleef aan de kerk van Rome, was de streek eromheen sterk beïnvloed door het ketterse geloof: Albi was een van de vier bisdommen die in 1167 door het kathaarse Concilie van Saint-Félix-de-Camaran – nu Saint-Félix-Lauragais – werden gesticht. Patriarch Nicétas wijdde de parfait Sicard Cellerier tot bisschop. Om aan het afschrikwekkende lot van Béziers te ontkomen, legde bisschop Guillaume Peyre het kruisleger onder leiding van Simon de Montfort in mei 1211 geen strobreed in de weg. Om dezelfde reden zou Albi zich later net zo gemakkelijk weer onderwerpen aan graaf Raymond VII van Toulouse als aan koning Lodewijk VIII. Met het Verdrag van Parijs kwam er in 1229 officieel een einde aan de kruistocht en viel de stad definitief onder Frans bestuur. De vervolging van de katharen kwam in handen van de gevreesde inquisiteurs Arnaud Cathala en Guillaume Pellisson, die in Albi een waar schrikbewind voerden. Talloze ketters kwamen op de brandstapel, zelfs de lijken van degenen die postuum alsnog waren veroordeeld, werden opgegraven en verbrand om de 'reinigende vlammen' hun werk te laten doen.

De bisschoppen namen actief deel aan de vervolging, waardoor hun macht groeide. De Cathédrale Sainte-Cécile is het symbool van hun geestelijke en wereldlijke macht en de overwinning van de katholieke kerk op de gehate ketters. De bouw is voor een groot deel bekostigd uit door de inquisitie verbeurdverklaarde bezittingen van katharen en hun beschermheren. In 1678 werd Albi verheven tot aartsbisdom.

Bezienswaardigheden

De meeste huizen van Albi – hoofdstad van het departement Tarn, met 64.000 inwoners – zijn bij gebrek aan natuursteen in de omgeving gebouwd van rode baksteen. De stad wordt daarom ook wel *Albi la Rouge* genoemd. Albi kan bezichtigd worden via een aantal wandelroutes, te verkrijgen bij het Office de Tourisme (Palais de la Berbie, Place Sainte-Cécile):
- het *Circuit Pourpre* is een wandeling door de oude stad langs historische plaatsen, monumenten en smalle straatjes met vakwerkhuizen,
- het *Circuit Or* volgt de ontwikkeling van de stad door twintig eeuwen geschiedenis,
- het *Circuit Azur* volgt de oevers van de Tarn,
- het *Patrimoine Réligieux* leidt langs religieuze monumenten zoals de Cathédrale Sainte-Cécile en het Palais de la Berbie.

Palais de la Berbie

Bisschop Bernard de Combret (1254-1271) begon in 1265 naast de oude kathedraal met de bouw van het bisschoppelijk paleis, het Palais de la Berbie.[4] Later veranderde bisschop Bernard de Castanet (1276-1308) het gebouw in een vesting met een zware donjon en versterkte ommuring; het hoofdgebouw dateert uit de 15e eeuw. Met het Edict van Nantes van 1598, dat een einde maakte aan de godsdienstoorlogen, verloor het paleis de militaire functie. De muur werd afgebroken en langs de oever van de Tarn werd een grote tuin aangelegd. Van de middeleeuwse vestingwerken resteren twee torens en een gedeelte van de weergang. In het paleis is het Musée Toulouse-Lautrec gevestigd, gewijd aan de beroemde schilder.

Openingstijden

Januari, februari	10.00-12.00 en 14.00-17.00 uur
Maart	10.00-12.00 en 14.00-17.30 uur
April, mei	10.00-12.00 en 14.00-18.00 uur
Juni	09.00-12.00 en 14.00-18.00 uur
Juli, augustus	09.00-18.00 uur
September	09.00-12.00 en 14.00-18.00 uur
Oktober	10.00-12.00 en 14.00-17.30 uur
November, december	10.00-12.00 en 14.00-17.00 uur
Gesloten	Van oktober tot april op dinsdag; 1 januari, 1 mei, 1 november, 25 december

De tuin van het Palais de la Berbie aan de oever van de Tarn

Cathédrale Sainte-Cécile

Bisschop Bertrand de Castanet had door zijn fanatieke vervolging van de katharen veel vijanden gemaakt en voelde zich zo onveilig, dat hij zich niet alleen in zijn paleis, maar ook in de kerk tegen hen wilde kunnen verdedigen. Hij gaf opdracht voor de bouw van de versterkte Cathédrale Sainte-Cécile, die op 15 augustus 1282 aanving en bijna 200 jaar zou duren: de kerk is pas op 23 april 1480 gewijd. Het is het grootste bakstenen gebouw ter wereld en ziet er met de dikke muren en donjons meer uit als een vesting dan als een kerk. Het contrast van de sobere buitenkant met het rijk beschilderde interieur – een breed schip zonder pilaren – is groot. Het koorhek met beeldhouwwerk is het grootste van Frankrijk en dateert uit de 15e eeuw, evenals de hoofdingang. Deze was oorspronkelijk bereikbaar via een ophaalbrug, maar is later vervangen door een poort in de vorm van een stenen baldakijn, gebouwd door Louis I d'Amboise. Deze is ook verantwoordelijk voor de drie verdiepingen op de vierkante klokkentoren, die oorspronkelijk deel uitmaakte van de stadsmuur. Vanaf de Pont Vieux, de brug over de Tarn die in de 11e eeuw in opdracht van de Trencavels werd gebouwd, is er een mooi uitzicht op de imposante kathedraal.

Openingstijden

Juni tot oktober	08.30-18.45 uur
Oktober tot juni	09.00-12.00 en 14.30-18.30 uur

Neem in Carcassonne de D118 naar Mazamet en daar de N112 naar Albi.

Sainte-Marie d'Alet (foto Philippe Contal)

ALET-LES-BAINS
Aude, Razès

Geschiedenis
Het gebied rond Alet-les-Bains, gelegen tussen Limoux en Couiza, wordt al vanaf de prehistorie bewoond. De Galliërs – de Romeinse naam voor de Kelten – bouwden er de burcht Alektha, waarvan de Romeinen een militaire post maakten als halteplaats op de weg door de strategische vallei van de Aude, toen nog Atax geheten. Al in de Romeinse tijd was Alet onder de naam Pagus Electensis (uitverkoren plaats) bekend vanwege de geneeskrachtige bronnen. In de 5e eeuw maakte het gebied deel uit van het Visigotische koninkrijk Septimanië. In Alet werd een burcht met ommuring gebouwd, die zwaar beschadigd raakte door de Arabieren die in de 8e eeuw vanuit Spanje het gebied veroverden. Zij werden weer verdreven door de Franken.
In 813 stichtten Béra en Romella, graaf en gravin van de Razès, de benedictijner abdij Sainte-Marie d'Alet. Ter bescherming tegen annexatie door de machtige abdij van Lagrasse of de aartsbisschop van Narbonne, kwam Alet onder rechtstreeks

gezag van de Heilige Stoel. Paus Leo III schonk een splinter van het 'ware kruis' en de abdij stond in zodanig hoog aanzien, dat paus Urbanus II haar op 18 juni 1096 met een bezoek vereerde. In 1059 kwam er een einde aan de goede betrekkingen tussen de abt van Alet en beschermheer graaf Pierre-Raymond door een conflict tussen de burggraaf en de aartsbisschop van Narbonne, Béranger en Guifred. De graaf koos partij voor de aartsbisschop en liet twee ridders van Béranger, die asiel hadden gezocht in de Église Notre-Dame d'Alet, gevangen nemen. Deze schending van de godsvrede – een kerk mocht niet worden aangevallen en personen die er een toevlucht zochten, mochten niet tegen hun wil worden meegenomen – werd door de abt hoog opgenomen.

Van 1167 tot 1197 restaureerde en versterkte abt Pons Amiel het kasteel en de oude Visigotische muren die dorp en abdij moesten beschermen. Burggraaf Roger II Trencavel van Carcassonne, waaronder Alet inmiddels viel, verzette zich tegen deze bouwplannen, maar Amiel voerde aan dat Alet zich moest kunnen verdedigen tegen koning Peter II van Aragón die, tot in 1192 vrede gesloten werd, pogingen ondernam het gebied in te nemen.

Na de dood van Pons Amiel in 1197 ontstond er een conflict over zijn opvolging. Bertrand de Saissac, die na de dood van Roger II was benoemd tot voogd van diens 9-jarige zoon Raymond-Roger, steunde de kandidatuur van zijn vriend Boson die, evenals De Saissac, een fervent aanhanger was van het katharisme. Toen de meerderheid van de monniken de kandidatuur bleek te steunen van Bernard de Saint-Ferréol, abt van Saint-Polycarpe, verscheen De Saissac met een leger in Alet en nam De Saint-Ferréol gevangen. Vervolgens liet hij het lijk van Pons Amiel opgraven, plaatste dit op de bisschoppelijke zetel en organiseerde een nieuwe verkiezing. Boson werd gekozen en zou trouw blijven aan de Trencavels. Na de val van Carcassonne in 1209 stelde hij zich onder bescherming van de graaf van Foix, waarmee hij zich keerde tegen het kruisleger. Het Concilie van Puy van 1222 zette Boson af wegens verraad en wanbeleid, de paus bekrachtigde de uitspraak. De benedictijner monniken werden uit Alet verjaagd en vervangen door lekenpriesters, de abdij kwam onder gezag van de Cathédrale de Saint-Just-et-Saint-Pasteur van Narbonne. De monniken weigerden zich hierbij neer te leggen en na een strijd van tien jaar werden zij door paus Gregorius IX in hun rechten hersteld. Zij moesten echter een deel van hun bezittingen afstaan, de abdij zou nooit meer zo machtig worden als voorheen. Om tegenwicht te bieden aan de macht van de aartsbisschoppen van Toulouse en Narbonne, werd Alet in 1318 door paus Johannes XXII verheven tot zetel van een bisdom; de 11e eeuwse romaanse abdijkerk werd kathedraal.

Tijdens de godsdienstoorlogen viel de abdij in 1573 in handen van de hugenoten. Zij staken de kathedraal in 1577 in brand, stenen werden gebruikt om de verdedigingswerken van het dorp te herstellen.

Bezienswaardigheden

Het oude centrum van het dorp is de Place de la République, met huizen die dateren uit de Renaissance. Van het Visigotische kasteel staat nog de Porte Cadène en ook een deel van de 12e eeuwse stadsmuren is intact. Van de abdij resteren delen van de kapittelzaal en de abdijkerk.
Als de abdij gesloten is, is deze voor een deel te bekijken vanaf het naastgelegen kerkhof en van de achterzijde.

Foto René Gijsbertse

Openingstijden

Januari	09.30-12.30 en 13.30-17.30 uur
Februari t/m juni	10.00-13.00 en 14.00-18.00 uur
Juli, augustus	09.00-19.00 uur
September	10.00-13.00 en 14.00-18.00 uur
Oktober, november, december	09.30-12.30 en 13.30-17.30 uur

Alet-les-Bains ligt aan de D118, tussen Carcassonne en Quillan.

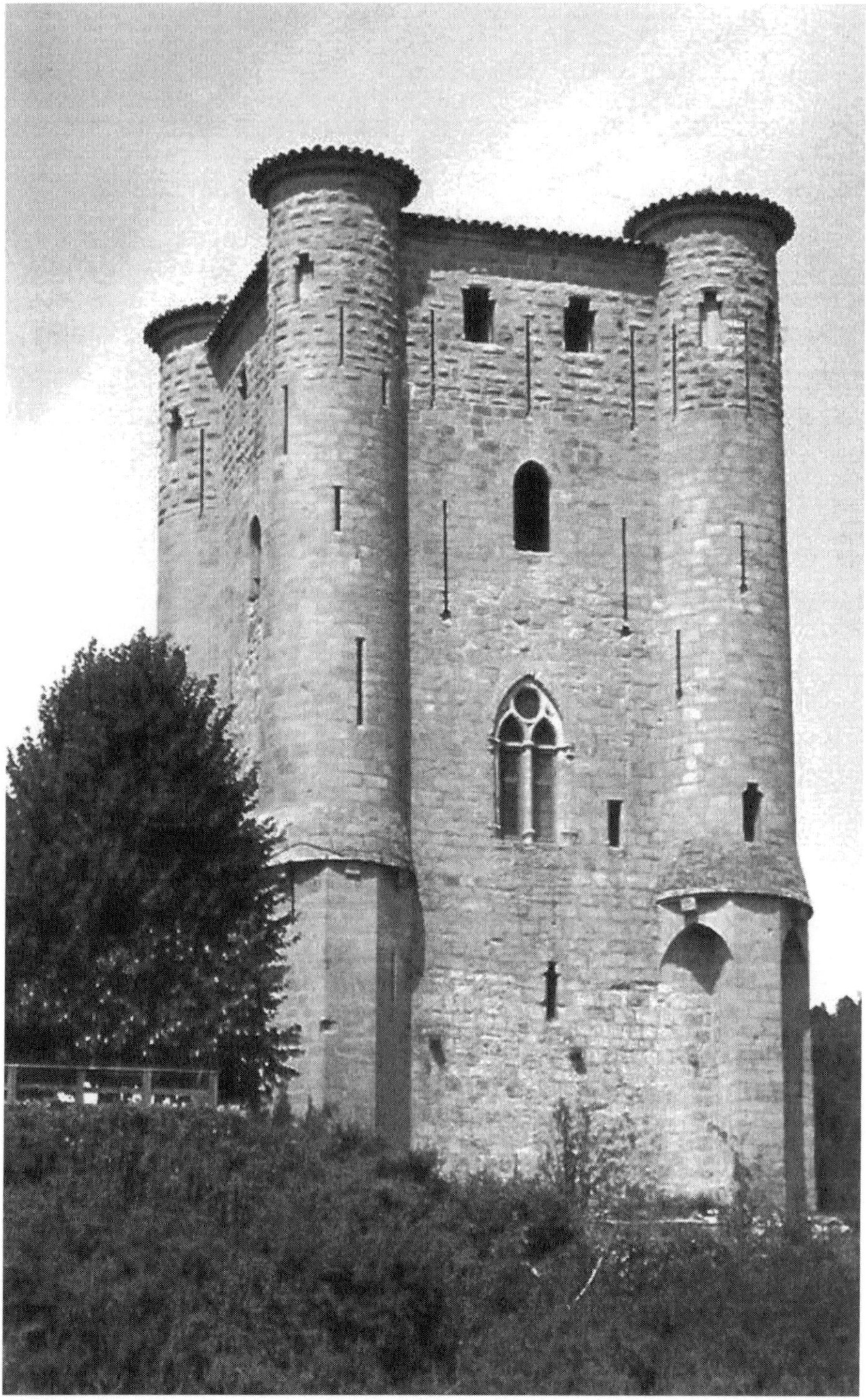

ARQUES
Aude, Razès

Geschiedenis

De vallei van de Rialsesse, op de grens van de Razès en de Termenès, wordt al vanaf 7.000 jaar voor onze jaartelling bewoond. In de Romeinse tijd lag Arques aan de Via Domitia, die Rome via de vallei van de Aude verbond met Spanje. In de 5e eeuw bezetten de Visigoten het gebied; hun hoofdstad was Rhedae, het latere Rennes-le-Château. Zij versterkten hun grenzen met verdedigingswerken, waaronder Arques. Oude namen voor Arques zijn Villa de Arquis, Arcis en Arcas.

In het begin van de 9e eeuw gaf Karel de Grote de vesting in beheer aan de graaf van de Razès; de bijbehorende priorij en kerk kwamen onder gezag van de abdij van Lagrasse. In een akte uit 1011 wordt melding gemaakt van een villa in bezit van Bernard-Amélius d'Arques. Eigendom van de heerlijkheid Arques werd betwist door de graven van Barcelona en de Trencavels, burggraven van Carcassonne. In 1118 verwierf Bernard-Aton IV Trencavel de heerschappij na een conflict met Béranger d'Arques. Hij gaf het kasteel in leen aan Guillaume de Termes, die in 1154 leenhulde bracht aan Roger I Trencavel. Arques werd ommuurd en groeide van villa naar *castrum*, versterkt dorp. Toen Guillaume in 1163 overleed, konden zijn zonen Raymond, Guillaume en dochter Rithivinde het niet eens worden over de verdeling van het erfgoed, waarop zij volgens het Occitaanse erfrecht alledrie recht hadden. Zij wendden zich tot hun leenheer, die besliste dat het moest worden toegewezen aan de beide broers.

Na de invasie door het kruisleger in 1209 onderging Arques hetzelfde lot als veel andere lenen van de Trencavels. Het viel in handen van Simon de Montfort en zowel het kasteel als het castrum werd verwoest, alleen de priorij en de kerk bleven gespaard. De inwoners werden verjaagd en mochten niet meer meenemen dan ze dragen konden, zij zochten hun toevlucht in de omliggende bossen. Ene Béranger d'Arques was in 1217 bondgenoot van Guillaume de Peyrepertuse in diens strijd tegen het kruisleger: was hij de *seigneur faidit* van Arques? Volgens de verhoren van inquisiteur Jacques Fournier, bisschop van Pamiers, bevond zich in het begin van de 14e eeuw nog een kleine kathaarse gemeenschap in de omgeving van Arques. Pierre Maury, een herder uit Montaillou, die samen met de laatste parfait Guillaume Bélibaste (†1321) naar Spanje trok om aan de inquisitie te ontkomen, verbleef er regelmatig. Hij hoedde de schapen van een aantal bekeerde katharen, die in 1305 naar Avignon reisden om vergiffenis voor hun dwaling te vragen aan paus Clemens V.

In 1229 kwam de Languedoc met het Verdrag van Parijs in handen van de Franse kroon. Als beloning voor zijn trouwe dienst ontving Pierre de Voisins, een van de getrouwen van De Montfort, in 1231 Arques en de steden Limoux, Rennes, Couiza en Coustaussa. Toen hij in 1268 stierf, werden zijn bezittingen verdeeld over zijn vier zonen. Zijn derde zoon Gilles erfde Arques en verliet het kasteel in Couiza, dat zijn vader had laten bouwen, om zich te vestigen in de oude priorij van Arques. In 1284 begon op de plaats van het oude Visigotische fort de reconstructie van het kasteel en het dorp, gebouwd volgens het plan van een bastide. De werkzaamheden werden in 1316 door Gilles II voltooid. De wederzijdse rechten en plichten van heer en inwoners van Arques werden in 1332 vastgelegd in een charter.

Op 22 november 1518 trouwde Françoise, dochter van Jean IV en laatste telg van de dynastie der De Voisins, met hertog Jean de Joyeuse, die zo Arques en Couiza in bezit kreeg. Het echtpaar gaf de voorkeur aan het kasteel van Couiza als residentie boven dat van Arques. In 1546 werd het dorp door Spanjaarden aangevallen en in brand gestoken. Het kasteel is in 1575 tijdens de godsdienstoorlogen bijna helemaal verwoest door hugenoten, alleen de donjon bleef gespaard. Arques wisselde nog vele malen van eigenaar; tijdens de Franse revolutie werd de vesting verlaten en verviel daarna al snel tot ruïne. In 1887 kreeg de donjon de status van historisch monument, waardoor het na restauratie behouden bleef.

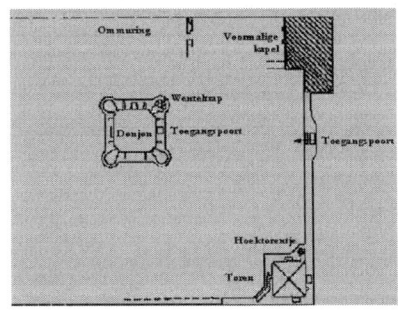

Bezienswaardigheden
Donjon van Arques

Het kasteel was omgeven door een droge gracht en een rechthoekige ommuring van 60 x 50 meter. Het was toegankelijk via een ophaalbrug en een toegangspoort met valhek en machicoulis. In de poort is het wapenschild van de familie De Voisins aangebracht. In een hoek van de zwaar beschadigde ommuring staat een *tour logis* (woontoren), die bestaat uit twee verdiepingen die door een wenteltrap in een hoektorentje zijn verbonden. In een andere hoek staat een toren, die waarschijnlijk vroeger diende als kapel en nu privé-bezit is. De indrukwekkende gotische donjon met okergele muren is een van de mooiste van Frankrijk. Hij is 24 meter hoog en bijna vierkant, de muren zijn aan de voet twee meter dik. Het bovenste gedeelte bestaat uit bossagemetselwerk, net zoals de Tour Narbonnaise, de belangrijkste toegangspoort van Carcassonne. De vierkante hoeken (trompen) gaan over in ronde wachttorens, die eveneens waren voorzien van machicoulis. Er zijn vier verdiepingen, de plafonds van de onderste twee zijn gewelfd met spitsbogen, de derde en vierde zijn van hout. De derde verdieping is een achthoekige zaal waar het garnizoen van veertig man verbleef, er zijn twee vensternissen met *coussièges:* stenen banken aan weerskanten van het raam. De bovenste zaal diende voor de verdediging, de muren hebben veertien schietgaten voor boogschutters. In een van de wachttorens bevindt zich een wenteltrap, die de verdiepingen met elkaar verbindt. Door de ronde wachttorens waren er geen dode hoeken en was de donjon zo goed te verdedigen, dat hij nooit is ingenomen.

Openingstijden

Maart	11.00-17.00 uur
April, mei	11.00-18.00 uur
Juni	10.30-18.30 uur
Juli, augustus	10.00-19.00 uur
September	10.30-18.30 uur
Oktober, half november	11.00-17.30 uur
Gesloten	Half november t/m februari

Musée Déodat-Roché

In het centrum van het dorp staat het geboortehuis van Déodat-Roché (1877-1978), de 'paus van de katharen', schrijver over en kenner van de kathaarse geschiedenis. Het is nu het Musée du catharisme et de ses interprétations, met een permanente audiovisuele tentoonstelling over het katharisme.

Openingstijden

Maart	11.30-17.30 uur
April, mei	11.30-18.30 uur
Juni	11.00-19.00 uur
Juli, augustus	10.30-19.30 uur
September	11.00-19.00 uur
Oktober, half november	11.30-18.00 uur
Gesloten	Half november t/m februari

Neem in Quillan de D118 richting Carcassonne en in Couiza de D613 richting Mouthoumet.

AURIAC
Aude, Corbières

Geschiedenis
Het kasteel van Auriac, ten zuidwesten van Mouthoumet, ligt hoog boven het ravijn van de Orbieu. Het wordt in 1028 voor het eerst vermeld onder de naam Castello de Auriago, het is dan eigendom van de graaf van Carcassonne; gravin Rangarde verkocht de burcht in 1070 aan graaf Ramón Berenguer I van Barcelona. In 1107 wees de paus de toen Auriag geheten burcht toe aan de aartsbisschop van Narbonne. Diens vazal Bernard-Aton IV Trencavel, burggraaf van Carcassonne en op zijn beurt leenheer van de heren van Auriac, bracht hem in 1121 leenhulde voor het kasteel. Vanaf 1173 was het in bezit van de heren van Termes, eveneens vazallen van de Trencavels. Tijdens de Albigenzer Kruistocht werd het kasteel door Simon de Montfort veroverd, maar op bevel van paus Honorius III moest Auriac in 1227 worden teruggegeven aan de rechtmatige eigenaar, de aartsbisschop van Narbonne.

Bezienswaardigheden
De ruïne van het kasteel verkeert in zo'n slechte staat, dat hij niet meer toegankelijk is voor publiek en alleen aan de buitenkant kan worden bekeken. Er zijn resten van twee ommuringen, een vierkante donjon van minstens drie verdiepingen en een citerne uit de 13e eeuw.

Neem vanuit Quillan de D618 richting Carcassonne, in Couiza de D613 richting Mouthoumet en vervolgens na Albières de D212 naar Auriac.

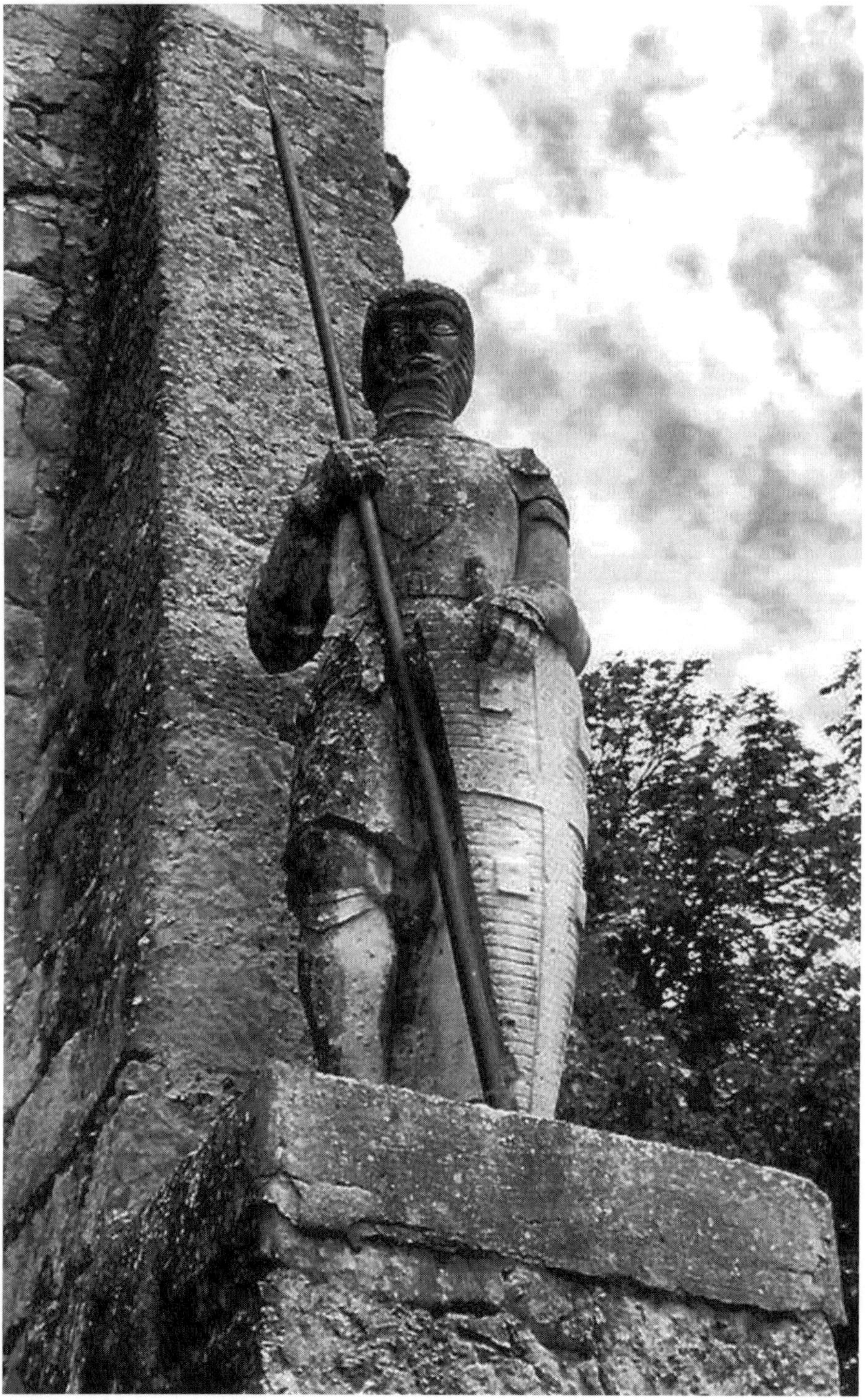

Avignonet
Haute-Garonne, Lauragais

Geschiedenis

Avignonet was al voor de Gallo-Romeinse tijd bewoond. De Romeinen vestigden zich in 118 v.Chr. in Narbonne en legden de Via Aquitania aan, die via Toulouse de Middellandse Zee met de Atlantische Oceaan verbond. Ter verdediging van deze weg – niet alleen van belang voor snelle verplaatsing van de Romeinse legioenen, maar ook voor de handel met Engeland – bouwden zij versterkte plaatsen als Sostomagus (Castelnaudary) en Elusiodunum (Montferrand). In de middeleeuwen werd Avignonet voor hetzelfde doel versterkt met dikke muren en twee poorten, de Porte de Cers en de Porte d'Auta. Op het hoogste punt van de heuvel lag het kasteel van graaf Raymond VI van Toulouse, dat in 1212 werd ingenomen door Simon de Montfort.

Vanaf begin januari 1242 waren de pauselijke inquisiteurs Guillaume Arnaud en Étienne de Saint-Thibéry op rondreis door de Lauragais, waar het katharisme meer dan de helft van de bevolking had 'besmet'. Arnaud was een dominicaner monnik uit Montpellier, een voormalig waldenzer die in 1233 tot inquisiteur was benoemd in Toulouse. Saint-Thibéry, afkomstig uit Narbonne, voegde zich in 1237 bij hem. Hij was de enige franciscaner inquisiteur die werd benoemd in de Languedoc; de inquisitie was door de paus aanvankelijk exclusief in handen gegeven van de dominicanen. Het tweetal had in onder meer Auriac, Saint-Félix-Lauragais, Labécède, Fanjeaux en Sorèze vele ketters verhoord en tot de brandstapel veroordeeld. Ook de resten van postuum veroordeelde ketters lieten zij opgraven uit gewijde grond en alsnog verbranden.

Op 20 mei arriveerden de inquisiteurs met hun metgezellen in Avignonet. In de nacht van 27 op 28 mei, Hemelvaartsdag, kwam onder leiding van Pierre-Roger de Mirepoix en Jourdanet du Mas-Saintes-Puelles een groep van zestig faidits uit Montségur aan in Avignonet. Zij begaven zich naar het kasteel, waar baljuw Raymond d'Alfaro hen binnenliet. Hij was de zoon van Guillemette, een bastaarddochter van Raymond VI en dus halfzuster van Raymond VII. De inquisiteurs en negen dominicanen werden in hun slaap verrast en met bijlen en knuppels gedood. Arnaud had zich zo gehaat gemaakt, dat de faidits zijn tong uitrukten. De dossiers van de inquisitie, die vele belastende verklaringen bevatten, werden verbrand. Pierre-Roger, die zelf niet deelnam aan de moordpartij maar de daders buiten het dorp opwachtte, was teleurgesteld dat de daders niet zoals beloofd de schedel van Arnaud hadden meegebracht: hij had deze als drinkbeker willen gebruiken. De pauselijke legaten wezen Raymond VII aan als het brein achter de moord en hij werd hiervoor geëxcommuniceerd. De opvolgers van de vermoorde inquisiteurs waren niet minder fanatiek. Alle inwoners van de Lauragais werden verhoord – meer dan 5500 getuigenissen zijn bewaard gebleven – en tussen 1242 en 1246 veroordeelden zij circa 130 parfaits tot de brandstapel.

Naar aanleiding van de moord in Avignonet besloot het Concilie van Béziers in april 1243 dat Montségur, de plaats waar de aanslag was beraamd en de daders een schuilplaats hadden gevonden, moest worden uitgeschakeld. Het symbool van het kathaarse verzet werd op 16 maart 1244, na een beleg van tien maanden, overgedragen aan de Fransen.

Bezienswaardigheden
Er zijn grote delen bewaard gebleven van de stadsmuren – goed zichtbaar vanaf de N113 van Carcassonne naar Toulouse, de toegangspoorten en een verdedigingstoren. Van het grafelijk kasteel waar de moord op de inquisiteurs plaatsvond, is nog slechts een stuk muur over.

Le Croisé d'Avignonet
Bij de 'peperbus' aan de voet van de Église Notre-Dame des Miracles staat het standbeeld van een kruisridder.

Avignonet ligt aan de Autoroute des Deux Mers van Carcassonne naar Toulouse.

Beaucaire
Gard, Provence

Geschiedenis

In de Provence, waar de sporen van menselijke bewoning meer dan 40.000 jaar oud zijn, hebben zich in de loop der tijd onder anderen de Galliërs en de Romeinen gevestigd. Ugernum, het latere Beaucaire, was een welvarende plaats, dankzij de gunstige ligging aan de Via Domitia van Rome naar Spanje. Er werd handel gedreven met het gehele Middellandse Zeegebied. Toen de Visigoten in de 5e eeuw in het zuiden van Frankrijk hun rijk Septimanië stichtten, lag Beaucaire in het noordelijke grensgebied. Daar werd veel strijd geleverd met de oprukkende Franken, die het Visigotische rijk uiteindelijk zouden veroveren. Op de plaats van het Romeinse castrum lieten zij op een heuvel boven de rechteroever van de Rhône een vesting bouwen, vanwege de vierkante vorm Belli-Cadrum genoemd.

In de 11e eeuw kwam Beaucaire in bezit van Guillaume III Taillefer (998-1037), graaf van Toulouse. Hij verwierf door huwelijk ook de helft van het bisdom Nîmes en de helft van Saint-Gilles-du-Gard. Toen zijn zoon Guillaume IV in 1093 kinderloos overleed, volgde Taillefers broer Raymond VI van Saint-Gilles hem op onder de naam Raymond IV van Toulouse. Deze was onder meer ook markies van de Provence en hertog van Narbonne en twee eeuwen lang zouden de machtige graven van Toulouse heersen over het gebied langs de Middellandse Zee van de Rhône tot Barcelona. Het kasteel van Beaucaire was een van hun belangrijkste residenties. Raymonds zoon Alphonse-Jourdain I kwam in conflict met Ramón Berenguer III van Barcelona toen deze door zijn huwelijk in 1112 met Douce ook aanspraak maakte op de Provence. Op 15 september 1125 sloten zij vrede: het markizaat ten noorden van de Durance kwam aan Toulouse en Barcelona kreeg het gebied ten zuiden van de rivier. In 1162 werd Ramón Berenguer IV officieel als graaf van de Provence erkend door keizer Frederik I Barbarossa, het graafschap maakte deel uit van het Duitse keizerrijk.

Graaf Raymond VI verloor tijdens de kruistocht tegen de katharen een groot deel van zijn grondgebied aan Simon de Montfort. Ook Beaucaire viel in Franse handen en kwam onder bestuur van seneschalk Lambert de Thury. Nadat Raymond in 1215 zijn titel had moeten afstaan aan De Montfort, vertrok hij met zijn zoon Raymond VII naar de Provence, waar zij door hun vazallen daar werden onthaald als de rechtmatige heren van het gebied. In 1216 opende Beaucaire de poorten voor beide Raymonds; het Franse garnizoen onder leiding van Lambert de Thury moest zich terugtrekken in het kasteel. Veel Occitaanse edelen waarvan de bezittingen waren verbeurdverklaard, waren naar de Provence gevlucht. Zij sloten zich aan bij de troepen van de jonge Raymond toen deze het kasteel – waar hij in 1197 geboren was – belegerde. Zijn vader vertrok naar het zuiden om in Aragón versterkingen te halen. Simon en zijn broer Guy de Montfort haastten zich naar Beaucaire om de belegerde seneschalk te ontzetten. De onoverwinnelijk geachte commandant van de kruistocht kon echter niet voorkomen, dat De Thury zich moest overgeven aan de pas 17-jarige Raymond. Uiteindelijk zou deze de stad in 1229 op grond van de voorwaarden van het Verdrag van Parijs toch moeten overdragen aan de Franse kroon. De godsdienstoorlogen van de 16e eeuw troffen ook Beaucaire zwaar. Kardinaal Richelieu liet de vesting in 1632 in opdracht van koning Lodewijk XIII grotendeels ontmantelen. De gouverneur van de Languedoc, Henri de Montmorency, was tegen de koning in opstand gekomen en Beaucaire had de kant van de vijand gekozen.

Bezienswaardigheden
De oudste gedeelten van de grafelijke residentie dateren uit de 11e en 12e eeuw; van de oorspronkelijk vier ronde torens is er nog een over. Uit de tijd van Raymond VI dateren de woonverblijven en de grote driehoekige donjon.

Het kasteel is alleen op de eerste en derde woensdag van de maand (10.00 uur) via het Office de Tourisme (VVV) te bezichtigen; het park is vrij toegankelijk. Op de binnenplaats worden dagelijks voorstellingen gegeven met roofvogels.

Neem op de A9 (E15) tussen Orange en Nîmes de afslag naar Beaucaire/Tarascon.

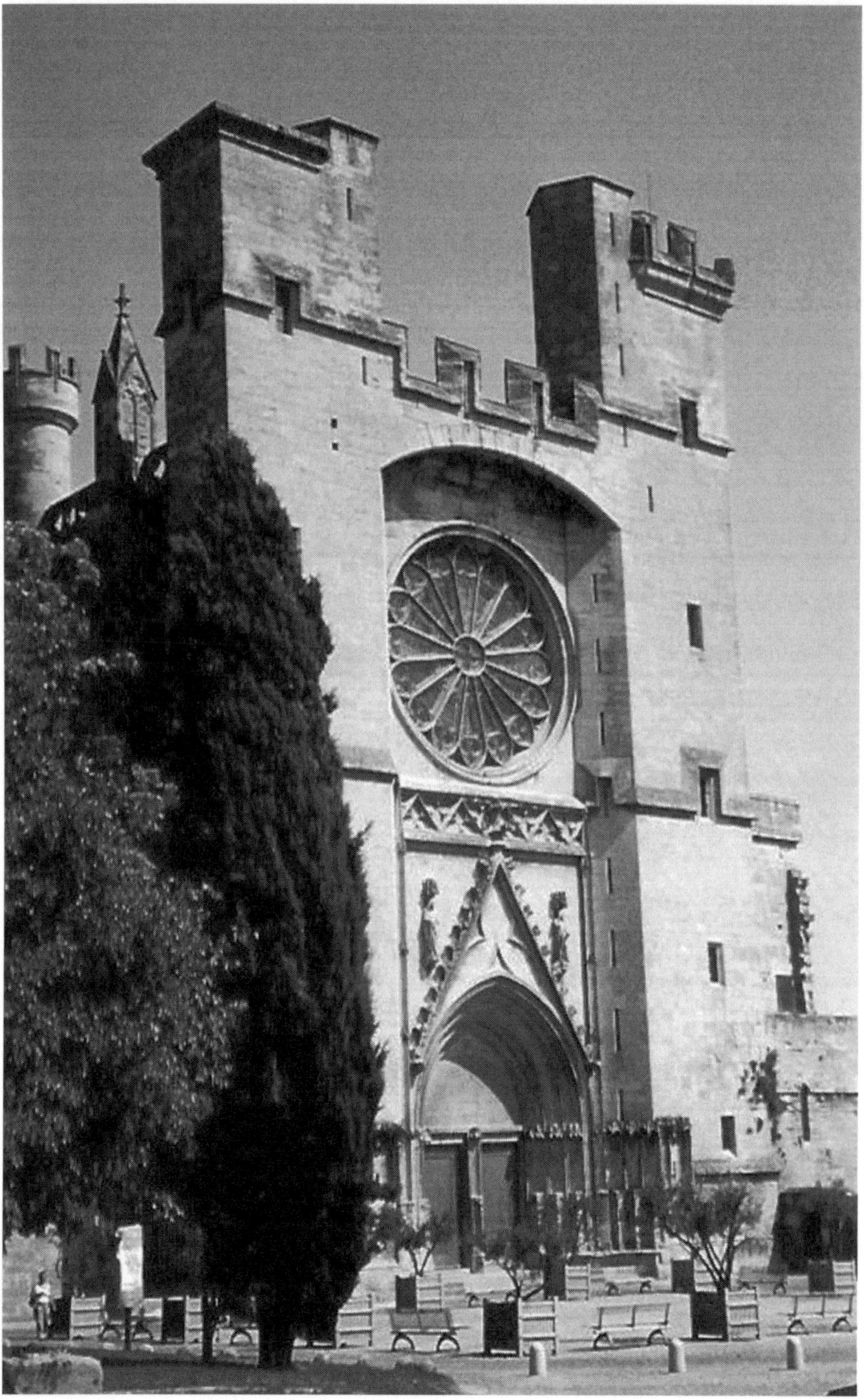

BÉZIERS
Hérault, Minervois

Geschiedenis

Béziers, gelegen op een plateau boven de linkeroever van de Orb, was al in het neolithicum bewoond. Vanaf de 7e eeuw v.Chr. werden er contacten onderhouden met de Grieken, Etrusken en Feniciërs. Gallische stammen zoals de Volcae Tectosagen vermengden zich met de inheemse bevolking en vanaf 118 v.Chr. verschenen ook de Romeinen. De provincie Gallia Narbonensis werd onderdeel van het Romeinse Rijk en de inwoners van de hoofdstad Narbonne en Béziers kregen dezelfde rechten als die van Rome. Béziers – Colonia Julia Baeterra Septimanorum – was vanaf 36 v.Chr. de vestigingsplaats van de soldaten van het 7e legioen. De stenen van het Romeinse amfitheater zijn later gebruikt om een vestingmuur te bouwen, die de stad tegen invasies van Germanen uit het noorden moest beschermen. In de 5e eeuw stichtten de Visigoten in Zuid-Frankrijk hun rijk Septimanië, dat in de 8e eeuw werd veroverd door de Arabieren. Deze werden in 732 door de Franken onder aanvoering van Karel Martel verslagen en teruggedreven naar het Iberisch schiereiland.
In 1112 verwierf graaf Ramón Berenguer III van Barcelona door zijn huwelijk met Douce de Provence ook de titel van burggraaf van Narbonne. Samen met de

bisschop bestuurde hij Béziers tot 1131, toen namen consuls – uit de burgerij gekozen raadsleden – het bestuur over. Op 12 juli 1167 werd burggraaf Raymond I Trencavel in de Église de la Madeleine door woedende burgers gedood, omdat hij weigerde een vazal te bestraffen die een misdrijf had gepleegd. Zijn zoon Roger II nam in 1169 bloedig wraak door de mannen van de stad uit te leveren aan troepen van Aragón: zij werden allen vermoord.

Aan het begin van de 13e eeuw telde de stad circa 20.000 inwoners. Béziers was geen kathaars bastion, de katharen vormden slechts een tiende deel van de bevolking. Zij genoten niet alleen bescherming van burggraaf Raymond-Roger, maar ook van bisschop Guillaume de Roquessels, die hiervoor uit zijn ambt werd gezet. Er was grote solidariteit en verdraagzaamheid onder de burgers, de Biterrois. Zo was de vertegenwoordiger van de burggraaf hier een jood, een opmerkelijke benoeming in een tijd waar in de rest van Europa joden werden vervolgd.

Béziers was in 1209 het eerste doelwit van het kruisleger onder aanvoering van Simon de Montfort. Raymond-Roger liet de verdediging van de stad met haar indrukwekkende muren over aan de consuls en vertrok naar zijn hoofdstad Carcassonne om daar de verdediging op zich te nemen. Op 21 juli begon de belegering en bisschop Renaud de Montpeyroux onderhandelde met Arnaud Amaury, geestelijk leider van de kruistocht. Deze bood aan de stad te sparen als de 210 van ketterij verdachte inwoners zouden worden uitgeleverd. De katholieke inwoners weigerden echter de katharen aan hun vijanden over te dragen. Toen een aantal Biterrois in de ochtend van 22 juli een overmoedige uitval waagden via de Porte Saint-Jacques bij de Orb, werden zij

Église de la Madeleine

door aan de oever gelegerde huurlingen achtervolgd. Voordat zij de poort weer achter zich hadden kunnen sluiten, waren de huurlingen de onneembaar geachte stad binnengedrongen. In een paar uur tijd werden alle inwoners afgeslacht (Occitaans: *gran mazel*, grote slachting), zelfs in de Cathédrale Saint-Nazaire en de Église de la Madeleine waren zij niet veilig. De schattingen lopen uiteen van 17.000 tot 20.000 doden. Arnaud Amaury gaf als antwoord op de vraag hoe de katholieken van de katharen onderscheiden konden worden: *"Tuez-les tous, Dieu reconnaîtra les siens"* (Doodt hen allen, God zal de Zijnen herkennen). Deze uitspraak wordt hem toegeschreven door de Keulse cisterciënzer monnik Caesarius von Heisterbach in zijn *Dialogus Miraculorum*. Pierre des Vaux-de-Cernay deed verslag van de gebeurtenissen in zijn *Hystoria Albigensis*, hij was van mening dat de dood van de vele Biterrois in de Église de la Madeleine de straf was voor de moord op hun burggraaf in 1167. Guillaume de Tudèle schreef in zijn *La Canso de la Crozada*, dat de slachtpartij vooral het werk was van de huurlingen die deel uitmaakten van het kruisleger. Toen de Franse ridders binnentrokken, verjoegen zij de plunderende huurlingen om zelf de buit in bezit te kunnen nemen. Daarna werd de stad in brand gestoken. In 1247 vestigde de Orde der Dominicanen zich in de oude residentie van de burggraven.

In Béziers vond het grootste bloedbad plaats van de Albigenzer Kruistocht, een afschrikwekkend voorbeeld van de meedogenloosheid waarmee de Languedoc op de knieën gedwongen zou worden.

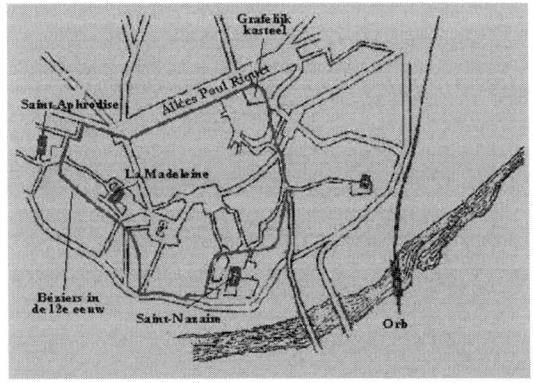

Bezienswaardigheden
Cathédrale Saint-Nazaire
De kathedraal was van 760 tot 1789 het symbool van de macht van de bisschoppen van Béziers. Door de brand van 1209 werd het gebouw zeer zwaar beschadigd, de wederopbouw begon in 1215. Van het oorspronkelijke romaanse gebouw resteren slechts de voet van de 48 meter hoge klokkentoren en een gedeelte van het koor. De versterkte voorgevel met twee torens heeft een roosvenster met een diameter van 10 meter, de 14e eeuwse kloostergang is versierd met beeldhouwwerk.

Vanaf de Belvédère, het terras bij de kathedraal, is er een schitterend uitzicht op de omgeving: de Orb, de wijngaarden, het Canal du Midi, het Oppidum d'Ensérune en in de verte de Mont Caroux, de Pic de Nore en de Canigou. Vanuit de Jardin des Évêques, de bisschoppelijke tuin, is er een mooi uitzicht op de Église Saint-Jude en de Pont Vieux. Het fundament van deze brug dateert uit de Romeinse tijd, toen de Via Domitia met zestien bogen de Orb overbrugde; de rest van het bouwwerk stamt uit de 13e eeuw.

Openingstijden
Dagelijks   09.00-12.00 en 14.30-17.30 uur

Église de la Madeleine
De kerk wordt voor het eerst vermeld in 1092. Een deel van de kerk, die net als de kathedraal grotendeels werd verwoest door de brand van 1209, stamt nog uit deze tijd.

Openingstijden
Dagelijks   10.00-13.00 en 15.00-18.00 uur
Gesloten   Maandag tot 15.00 uur

Béziers ligt aan de A9 (E15) tussen Montpellier en Narbonne.

LE BÉZU
Aude, Razès

Geschiedenis

Op een hoogte van 823 meter werd op de plaats van een Gallische vesting een kasteel gebouwd. Het moest de strategische route van de Visigotische hoofdstad Rhedae (Rennes-le-Château) naar Spanje bewaken. Er wordt in 1067 voor het eerst melding gemaakt van de heerlijkheid Albedunum, een leen van Ramón Berenguer I, graaf van Barcelona. Later werden de heren D'Albedun vazallen van de burggraaf van Carcassonne.

Het kasteel van Albedun of Albézu wordt nu Le Bézu genoemd, naar het nabijgelegen dorp. Het kwam na de val van het kasteel van Termes in de herfst van 1210 zonder enige tegenstand in handen van het kruisleger onder leiding van Simon de Montfort. Nadat Bernard Sermon le Vieux d'Albedun zijn bezit weer had heroverd, bood hij vele katharen onderdak op zijn kasteel, waaronder de kathaarse bisschop Guilhabert de Castres. Bernard onderscheidde zich door zijn moedige deelname aan vele confrontaties met de kruisridders. Uiteindelijk moest hij vluchten naar Montségur, toen zijn bezit in 1231 in handen viel van Pierre de Voisins, een van de luitenants van De Montfort. Omdat Le Bézu te ver van de grens met Aragón lag om strategisch van belang te zijn, werd het door de Fransen niet versterkt.

Bezienswaardigheden
Er staan alleen nog fundamenten van een veelhoekige ommuring met vierkante torens. De donjon, voor een deel uitgehouwen in de rots, is bijna helemaal verdwenen. Het kasteel is niet meer dan een ruïne, maar het schitterende uitzicht maakt de behoorlijke klim zeker de moeite waard.

Neem uit Quillan de D118 naar Carcassonne, vervolgens de D109 richting Saint-Ferriol. Dan de D509 richting Granès en tenslotte de D609 naar Le Bézu. Links in het dorp ligt naast het fabrieksterrein een smalle grintweg. Volg deze tot het bord *Propriétée Privée*, houd bij de vorksplitsing links aan en parkeer bij de volgende splitsing. Daar begint een pad dat naar de overblijfselen van het kasteel leidt.

Bouan
Ariège, Sabarthès

Foto Philippe Contal

Geschiedenis

De spoulga[5] van Bouan wordt voor het eerst vermeld in 1272. De grot was toen in bezit van de heren van Châteauverdun, vazallen van de graaf van Foix. Pons-Arnaud de Châteauverdun zou in 1243 rond kerstmis de schat van de kathaarse kerk van Montségur op zijn kasteel in veiligheid hebben gebracht. Na de val van Montségur zouden de kostbaarheden zijn overgebracht naar kathaarse gemeenschappen in Spanje of Noord-Italië. Maar bronnen zoals inquisitieverslagen spreken elkaar hierover tegen, zowel met betrekking tot de aard van de schat – goud, kathaarse geschriften? – als tot de personen en de locaties die erbij waren betrokken.

Toen de inquisitie in de loop van de 13e eeuw zo goed was georganiseerd dat de katharen tot in de meest afgelegen dorpen werden vervolgd, zochten velen hun toevlucht in de spoulga's. Althans, dat is het verhaal van Antonin Gadal, een onderwijzer uit Tarascon-sur-Ariège, later voorzitter van het Syndicat d'Initiative (VVV) in Ussat-les-Bains. Gadal heeft een aantal boeken geschreven over deze schuilplaatsen van de katharen, waar zij volgens hem ook hun inwijdingsrituelen zouden hebben gehouden. Hoewel hij met zijn boeken veel geïnteresseerden naar het gebied heeft getrokken, is er geen enkele historische bron die een dergelijk gebruik van de grotten door de katharen bevestigt. Van een aantal grotten was de ingang versterkt, maar dat had alleen een militaire betekenis: het waren voorposten van kastelen langs de grens met Aragón. Ook in de bronnen waarin naar de grotten wordt verwezen als tijdelijke schuilplaats voor de schat van Montségur, is geen sprake van enige religieuze betekenis

In de grot van Lombrives bevindt zich het *Grand Cimetière* (Grote kerkhof), waar de laatste katharen zich in 1328 zouden hebben teruggetrokken. De stadhouder van Carcassonne liet de ruimte dichtmetselen en er de wacht houden tot er niets meer was te horen. De Franse koning Hendrik IV liet de grot in 1578 openbreken en trof de beenderen aan van meer dan vijfhonderd mannen, vrouwen en kinderen. Archeologisch onderzoek heeft inmiddels uitgewezen dat de stoffelijke resten – die werden bijgezet op het kerkhof van Ornolac – veel ouder zijn en daarom niet van katharen afkomstig kunnen zijn.

Bezienswaardigheden

Na de afslag van de N20 bevindt zich bij de ingang van het dorp Bouan een pad, dat door het bos (ga bij de splitsing van het pad naar rechts) naar de grot leidt. Voor de toegangspoort wordt bereikt, zijn er resten van muren te zien. De spoulga ziet er aan de buitenkant uit als een in de rotswand gebouwde vesting. In de grot komen *cheminées* uit, omhooglopende schachten naar andere ruimtes. De ruïne van het kasteel van De Châteauverduns ligt aan de N20, op dezelfde oever van de Ariège als Bouan.

Bouan ligt aan de N20 van Tarascon-sur-Ariège naar Ax-les-Thermes.

BURLATS
Tarn

Het Paviljoen van Adélaïde

Geschiedenis

Burlats wordt voor het eerst genoemd in een legaat van Garsinde, echtgenote van graaf Guillaume III Taillefer van Toulouse (998-1037), aan de aanvankelijk kleine benedictijner priorij van het dorp, die door schenkingen steeds belangrijker werd. In 1118 wordt in een akte melding gemaakt van een villa in Burlats. Het was toen een groot herenverblijf, er was nog geen sprake van een kasteel. Schitterend gelegen aan de oever van de Agoût was het een van de favoriete verblijfplaatsen van de Trencavels, burggraven van Albi, Nîmes, Carcassonne en Béziers. Veel door hen ondertekende akten getuigen van hun aanwezigheid in Burlats. Ook hun leenheren, de graven van Toulouse, verbleven er graag. De villa werd vergroot en versterkt door een ommuring met torens. Toen hij in 1118 op kruistocht ging, droeg Bernard-Aton IV Trencavel Burlats en het omliggende land over aan zijn echtgenote Cécile de Provence.

Hier vond gravin Constance van Toulouse, dochter van de Franse koning Lodewijk VI, een toevluchtsoord nadat zij door haar echtgenoot Raymond V was verstoten.

Zij schonk in Burlats het leven aan Adélaïde, de toekomstige echtgenote van Roger II Trencavel, die wegens zijn kathaarse sympathieën door paus Alexander III werd geëxcommuniceerd. Adélaïde, de beeldschone gravin met de violette ogen, was met haar *Cour d'Amour* (Hof der Liefde) niet alleen een bron van inspiratie voor Occitaanse troubadours als Arnaud de Mareuil en Alfonso II van Aragón, zij speelde ook een politieke rol. In 1178 ontving de gravin in het nabijgelegen Castres een pauselijke delegatie, die op verzoek van de koningen van Frankrijk en Engeland haar echtgenoot opdroeg de sterk toenemende ketterij op zijn grondgebied te bestrijden. In 1181 liet zij de poorten van Lavaur openen, toen de kardinaal van Albano met een gewapend escorte de uitlevering vroeg van de kathaarse bisschop van Toulouse Bernard Raymond, die daar met zijn *filius major*[6] een toevlucht had gezocht. Zij overleed op 20 december 1200 en werd naast haar echtgenoot begraven in het klooster van Cassan. Hun enige zoon Raymond-Roger werd in 1185 geboren in Burlats. Toen zijn vader in 1194 overleed, werd Bertrand de Saissac benoemd tot voogd van de minderjarige burggraaf. In 1209 werd Raymond-Roger door de kruisridders gevangengenomen tijdens onderhandelingen over de overgave van zijn hoofdstad Carcassonne; hij overleed een paar maanden later onder verdachte omstandigheden in een kerker van zijn eigen kasteel.

Tijdens de godsdienstoorlogen werd Burlats in 1573 door hugenoten geplunderd en verwoest. In 1628 werd het gebied heroverd door de troepen van de katholieke prins van Condé. Op bevel van koning Lodewijk XIII gaf kardinaal Richelieu in 1632 opdracht de verdedigingswerken te ontmantelen.

Bezienswaardigheden
In de donjon van het kasteel is nu een hotel gevestigd. De stadsmuren uit de 14e eeuw zijn voor een deel nog intact, van de vier torens resteert alleen de Tour de la Bistoure. De romaanse kapittelkerk Saint-Pierre is gebouwd op de plaats van de oude benedictijner abdij.

Pavillon d'Adélaïde
Van het verblijf van Adélaïde in Burlats getuigt een akte uit 1180, waarin een schenking van haar echtgenoot aan de abdij van Sylvanès wordt bevestigd. Dankzij het feit dat het paviljoen in gebruik genomen werd door de prior van de abdij, is het een van de zeldzame romaanse woonverblijven uit de 12e eeuw die bewaard zijn gebleven. De woonvertrekken van de burggravin bevonden zich op de derde verdieping.

Openingstijden
Dagelijks   14.30-18.30 uur
Gesloten   Dinsdag

Neem in Carcassonne de D118 naar Mazamet, dan de D612 naar Castres, daar de D4 naar Roquecourbe en vervolgens de D58 richting Burlats.

Tour de la Bistoure

CAMON
Ariège, Pays d'Olmes

Geschiedenis

De naam Camon is afgeleid van het Gallische Cambo, dat bocht in een rivier betekent. Karel de Grote liet hier in 778 aan de oever van de Hers een kerk en een benedictijner klooster bouwen, die in de 10e eeuw eigendom werden van de abdij van Lagrasse.

In 1215 kwam Camon in bezit van Guy de Lévis, een van de belangrijkste onderbevelhebbers van Simon de Montfort. Veel inwoners namen onder bevel van Hugues d'Arcis, seneschalk van Carcassonne, deel aan de belegering van Montségur in 1244. Net als Mirepoix en veel andere dorpen in de vallei van de Hers werd Camon op 16 juni 1279 getroffen door een overstroming als gevolg van de dambreuk van het meer van Puivert. De wat hoger gelegen abdij had hiervan minder te lijden dan het aan de oever gelegen dorp. Om het klooster te beschermen tegen aanvallen van rondtrekkende huurlingen, gaf in de 15e eeuw Philippe de Lévis, bisschop van Mirepoix, opdracht een muur om het dorp te bouwen.

Bezienswaardigheden

Camon is een versterkt middeleeuws dorp, met een abdijkasteel waarin nu een hotel-restaurant is gevestigd. Van de ommuring is een groot deel bewaard gebleven.

Neem in Quillan de D117 richting Foix, dan bij Puivert de D16 naar Mirepoix.

Capendu
Aude, Minervois

Geschiedenis
Op deze plaats aan de voet van de Montagne Alaric wordt in een akte van 1071 melding gemaakt van een *castellum* uit de Gallo-Romeinse tijd, genaamd de Campendu. De heren van Capendu steunden hun leenheer, burggraaf Raymond-Roger Trencavel van Carcassonne, in de strijd tegen het kruisleger.

Na de val van Béziers nam Simon de Montfort – onderweg naar Carcassonne – Capendu in en confisqueerde het kasteel. Pierre-Raymond de Capendu en zijn broer Raymond probeerden na de dood van De Montfort in 1218 tevergeefs hun bezit terug te krijgen van diens zoon en opvolger Amaury. De Capendu's waren overtuigde katharen: Raymond liet zijn bezittingen na aan de kathaarse kerk, zoals blijkt uit zijn testament, dat is gevonden in de commanderij van de tempeliers in Douzens. De echtgenote van Guirard de Capendu, Jourdane de Saissac, ontving in 1270 het consolament.

Bezienswaardigheden
Capendu is een *village circulaire*, de straten zijn in een cirkel rond het kasteel en de kerk gebouwd. De ruïnes van het kasteel dateren uit de 14e eeuw, de romaanse kapel uit de 12e eeuw.

Capendu ligt aan de N113 tussen Carcassonne en Narbonne.

CARCASSONNE
Aude, Carcassès

Porte d'Aude

De Cité van Carcassonne

Geschiedenis

De vroegste sporen van bewoning op deze plaats dateren uit de steentijd. Er zijn circa 2 km ten zuidwesten van de Cité van Carcassonne overblijfselen gevonden van een oppidum,[7] omringd door een aarden wal en een gracht: Karsac. Rond 300 v.Chr. trokken de Gallische Volcae Arecomici en Volcae Tectosagen uit Midden-Europa de Languedoc binnen en verjoegen de Iberiërs. Veel dolmen, menhirs en steencirkels getuigen nog van hun aanwezigheid. Carcassonne – Carcasum Volcarum Tectosagarum, Colonia Julia Carcaso – werd onder de Romeinse keizer Augustus in 118 v.Chr. als militair steunpunt gebouwd aan de oever van de Atax (Aude). Het lag op een zeer strategische plaats in de provincie Gallia Narbonensis, tussen de Middellandse Zee in het oosten en de Atlantische Oceaan in het westen, de Montagne Noire in het noorden en de Pyreneeën in het zuiden. Naarmate de wegen beter en veiliger werden, werd handel steeds belangrijker. Toen Germaanse stammen de grenzen van het Romeinse Rijk overschreden, kwam er een einde aan de Pax Romana, een periode van 200 jaar vrede en voorspoed. Carcassonne viel in 436 onder aanvoering van koning Theodorik in handen van de Visigoten, die er een zwaar ommuurde vestingstad van maakten; in 462 bezetten zij ook Narbonne. Plaatsnamen die eindigen op *-ens*, zoals Pézens en Douzens, herinneren nog aan deze tijd. De Franken, afkomstig uit het gebied boven de Loire, breidden hun gebied uit en onder bevel van koning Clovis versloegen zij in 507 de Visigoten bij Vouillé.

Koning Alarik II sneuvelde en zijn volk moest zich terugtrekken ten zuiden van Toulouse. Carcassonne werd belegerd door Gondebaud, koning van de Bourgondiërs en bondgenoot van Clovis, maar wist de aanval te weerstaan.
In 725 werd de Languedoc vanuit Spanje veroverd door de Arabieren: Carcassonne werd Carchachouna. Karel Martel verdreef hen in 737 uit Béziers en Nîmes door de steden in brand te steken. In 752 werden zij door Pepijn de Korte ook uit Carcassonne en Narbonne verjaagd. Hij was de vader van Karel de Grote, die Carcassonne in 778 veroverde. Dit was het begin van het feodale tijdperk, waarin de graven van Toulouse namens de koning het land zouden besturen. Naarmate het koninklijk gezag in het Karolingische rijk afnam door een opeenvolging van zwakke vorsten, wonnen de graven aan macht en zelfstandigheid; hun titels en bezittingen werden erfelijk. Roger I le Vieux van Carcassonne (949-1012) tekende zijn aktes met *Deo regnante* (God regeert), niet de in het hoge noorden zetelende Franse koning.

De eerste graaf van Carcassonne was Oliba I (817-837), de laatste graaf Roger III stierf in 1067 zonder mannelijke nakomelingen. Zijn zuster Ermengarde (†1105), burggravin van Agde en Béziers, erfde Carcassonne, dat zij verkocht aan graaf Ramón Berenguer I van Barcelona. In 1067 trouwde zij met burggraaf Raymond-Bernard Trencavel[8] (†1074) van Albi en Nîmes. Hun zoon Bernard-Aton IV (1074-1129) erfde een gebied dat de huidige departementen Gard, Hérault, Aude en Tarn besloeg. Carcassonne kwam in 1083 in zijn bezit en werd de hoofdstad van het enorme burggraafschap. De machtige burggraven waren voortdurend in conflict met hun leenheren, de graven van Toulouse en Barcelona. De laatsten werden in 1162 tevens koning van Aragón. Raymond I Trencavel werd in 1153 gevangen genomen door Raymond V van Toulouse en pas een jaar later tegen losgeld weer vrijgelaten. De verhoudingen verbeterden toen zijn zoon Roger II (1167-1194) trouwde met Raymonds dochter Adélaïde. De Trencavels bouwden rond 1130 het grafelijk kasteel en, op de plaats van een Karolingische kerk, de Basilique Saint-Nazaire. De stad werd verdeeld in zestien gebieden met een of twee torens, die in leen werden gegeven aan trouwe vazallen. Twee ommuurde bourgs waren verbonden met de stad: Saint-Michel in het zuidoosten en Saint-Vincent in het noorden. Dankzij de belasting op doorvoer van goederen – die soms wel de helft van de waarde bedroeg – was de stad zeer welvarend.
Net als in het graafschap Toulouse vond het snel groeiende katharisme in de gebieden van de tolerante burggraven veel aanhang. Carcassonne was onder leiding van

bisschop Guiraud Mercier een van de vier kathaarse bisdommen die in 1167 door het Concilie van Saint-Félix-de-Camaran waren gesticht. Hoewel Roger II zelf

Château Comtal

katholiek was, werd hij in 1178 geëxcommuniceerd omdat hij de bisschop van Albi gevangen hield. In 1181 stuurde paus Alexander III een gewapende pauselijke delegatie op hem af, omdat hij weigerde de katharen te vervolgen en in Lavaur onderdak bood aan de kathaarse bisschop van Toulouse.

Raymond-Roger Trencavel (1194-1209) was nog minderjarig toen zijn vader overleed en hij kwam onder voogdij van Bertrand de Saissac, een notoir kathaar. De jonge Trencavel was net als zijn leenheer Raymond VI van Toulouse katholiek, maar ook hij bood katharen en andersdenkenden bescherming en de vrijheid hun eigen geloof te belijden. In 1204 werd in Carcassonne op initiatief van koning Peter II van Aragón (1196-1213) en onder leiding van Dominicus een debat georganiseerd tussen katholieken en katharen. Het lukte niet de partijen tot elkaar te brengen.

Toen paus Innocentius III na de moord op zijn legaat Pierre de Castelnau in 1208 opriep tot de kruistocht, was Raymond VI het voornaamste doelwit. Hij werd ervan verdacht opdracht te hebben gegeven voor de moord en gaf geen gevolg aan herhaalde oproepen om de katharen van zijn grondgebied te verjagen. Om het dreigende gevaar af te wenden, verzoende hij zich in 1209 met de kerk en sloot zich aan bij het kruisleger. Dat richtte zich vervolgens op de gebieden van de burggraaf van Carcassonne. Raymond-Roger wilde het voorbeeld van zijn leenheer volgen en ging naar Montpellier om zich eveneens te onderwerpen aan de pauselijke legaten, maar de onderhandelingen liepen op niets uit. Zij trokken zijn oprechte bedoelingen in twijfel en bovendien waren de voorbereidingen voor de kruistocht inmiddels te ver gevorderd om deze nog te kunnen en willen afbreken.

Na de val van Béziers verscheen het kruisleger op 1 augustus voor de muren van Carcassonne. Er begon een beleg onder leiding van Arnaud Amaury en Simon de Montfort. De bourg Saint-Vincent werd op 3 augustus zonder veel moeite bezet en in brand gestoken, maar Saint-Michel (ook genoemd Castellar) bood meer weerstand. Ondanks de inzet van belegeringswerktuigen en grote katapulten, waarmee de muren werden bestookt, boekten de kruisridders geen resultaat. Peter II bood aan te bemiddelen, maar hij had geen succes: Raymond-Roger weigerde de katharen uit te leveren. Een nieuwe aanval op Saint-Michel mislukte, maar de aanvallers slaagden er wel in een bres in de muur te slaan. In de nacht van 8 augustus staken de soldaten van Trencavel de bourg in brand, zodat de daar opgeslagen voorraden niet in handen zouden vallen van de vijand.

Simon de Montfort had een positie ingenomen aan de voet van de heuvel tussen de Cité en de Aude, waardoor de belegerden waren afgesneden van hun belangrijkste watervoorziening. Door de toevloed van vluchtelingen uit de bourgs en het omringende land was de Cité overbevolkt en de watervoorraden raakten snel op. Het was een extreem hete zomer, de dorst was ondragelijk en er brak bovendien dysenterie

uit. De situatie was onhoudbaar en de jonge burggraaf hoopte een eervolle overgave te kunnen bewerkstelligen door zich aan te bieden als gijzelaar in ruil voor een vrije aftocht van zijn onderdanen. Ondanks de aanwezigheid van zijn leenheer Raymond VI – hij hield zich afzijdig – en tegen alle feodale regels van die tijd namen de kruisridders Raymond-Roger tijdens de onderhandelingen gevangen. Hij zou op 10 november in een van zijn eigen kerkers zijn gestorven aan dysenterie, maar het is waarschijnlijker dat hij is vermoord.

Op 15 augustus trok het kruisleger de Cité binnen. De inwoners mochten ongedeerd vertrekken, maar moesten al hun bezittingen achterlaten. Volgens kroniekschrijver Pierre des Vaux-de-Cernay waren 'hun zonden hun enige bagage'. Simon de Montfort werd benoemd tot burggraaf van Béziers en Carcassonne en binnen twee jaar veroverde hij het gehele burggraafschap Trencavel.

Na de dood van De Montfort voor de muren van Toulouse in 1218 volgde zijn zoon Amaury hem op. Deze had niet de ervaring en het briljante strategisch inzicht van zijn vader en slaagde er niet in het veroverde gebied te behouden. Hij droeg zijn rechten over aan koning Philips II Augustus en verliet Carcassonne op 15 januari 1224. Raymond II Trencavel (1209-1263) nam de stad triomfantelijk in bezit, maar zijn verblijf was van korte duur. Koning Lodewijk VIII trok met een nieuw kruisleger naar de Languedoc en viel op 26 juli 1226 de Cité binnen. Een jaar later werd Pierre Isarn, de kathaarse bisschop van Carcassonne, in Caunes-Minervois verbrand. Toen Raymond VII van Toulouse zich in 1229 met het Verdrag van Parijs overgaf aan de Franse kroon, betekende dit het einde van het burggraafschap Carcassonne. Het bestuur kwam in handen van een Franse seneschalk, Humbert de Beaujeu.

In 1240 riep Raymond VII het zuiden voor de laatste keer op tot een opstand tegen de Franse bezetting. Raymond Trencavel deed een nieuwe poging zijn erfgoederen te heroveren, maar het Franse leger was sterker. Hij moest het beleg van Carcassonne op 8 oktober opgeven en sloeg op de vlucht, maar werd door seneschalk Guillaume des Ormes bij Montréal gevangengenomen; na zijn vrijlating ging hij in ballingschap in Aragón.

Koning Lodewijk IX liet alle huizen aan de voet van de vestingmuren afbreken en als straf voor hun steun aan de opstand werden de bewoners voor zeven jaar verbannen. Na terugkomst mochten zij zich niet meer in de inmiddels dubbel ommuurde Cité vestigen; zo ontstond op de linkeroever van de Aude de Bastide Saint-Louis (Ville Basse). Op 1 september 1246 onderwierp Raymond Trencavel zich aan Lodewijk IX en hij begeleidde de koning op de zevende kruistocht naar het Heilige Land.

Philips III de Stoute en Philips IV de Schone lieten de ommuring en torens verder versterken. Toen de werkzaamheden waren afgerond, was Carcassonne een onneembare vesting en het middelpunt van de Franse grensverdedigingslinie. De kastelen Aguilar, Peyrepertuse, Puilaurens, Quéribus en Termes moesten als vijf 'zonen' hun 'moeder' beschermen tegen aanvallen uit het zuiden.

Porte Narbonnaise

In 1303 kwamen de inwoners in opstand tegen de voortdurende terreur van de inquisitie. Toen zij katharen wilden bevrijden, stonden de deuren van hun kerkers open en bleken zij te zijn overgebracht naar de koninklijke gevangenis. De leiders van de opstand werden opgehangen. De franciscaan Bernard Délicieux, die de kant van het volk had gekozen, werd voor de rest van zijn leven opgesloten in de *murus strictus* – een cel zonder ramen, het voorportaal van de dood. Op 9 september 1329 vonden in Carcassonne voor het laatst katharen de dood op een brandstapel.

In 1348 werd de stad geteisterd door de pest. Tijdens de Honderdjarige Oorlog (1337-1453) tussen Engeland en Frankrijk trok Edward, de 'Zwarte Prins' van Wales, een spoor van vernieling door de Languedoc. Op 3 november 1355 vielen zijn troepen Carcassonne aan, de Bastide Saint-Louis werd geplunderd en in brand gestoken. De Cité bleef gespaard, omdat de Engelsen verder trokken naar Narbonne. In 1531 raakte Carcassonne betrokken bij de godsdienstoorlogen. De bewoners van de Bastide werden protestant, maar die van de Cité bleven trouw aan de katholieke kerk en de koning, hetgeen leidde tot bloedige conflicten tussen de stadsdelen.

Toen de Roussillon in 1659 met het Verdrag van de Pyreneeën werd ingelijfd bij Frankrijk en de grens verder naar het zuiden kwam te liggen, nam de militaire betekenis van Carcassonne af; de Cité raakte in verval. Tijdens de Franse revolutie werd de kapel van het kasteel vernietigd, de basiliek diende als opslagplaats voor het leger.

Op initiatief van de plaatselijke historicus Jean-Pierre Cros-Mayrevieille en Prosper Mérimée, schrijver en inspecteur van de Service des Monuments Historiques, kwam er in de 19e eeuw een einde aan het verval. De architect Eugène Viollet-le-Duc kreeg in 1844 opdracht de Cité te restaureren. Voordat met de werkzaamheden kon worden begonnen, moesten eerst de huizen aan weerszijden van de muren worden opgekocht, die daar in de 18e eeuw door de armste inwoners van Carcassonne waren gebouwd.

Bezienswaardigheden
La Cité (Ville Haute)

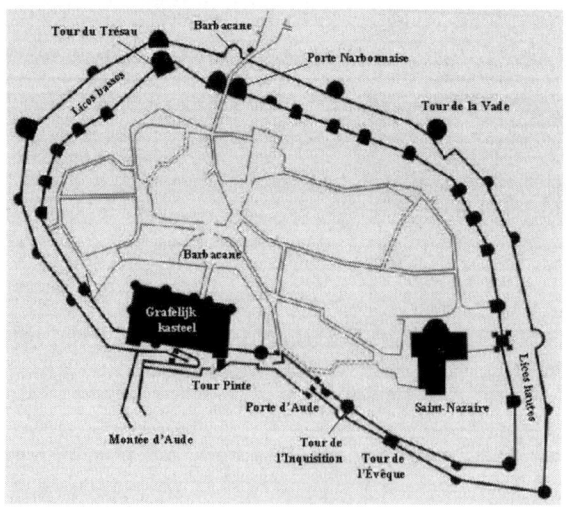

De Cité van Carcassonne, de grootste vestingstad van Europa, bestaat uit het grafelijk kasteel met daaromheen een dubbele ommuring met 48 torens, 4 toegangspoorten en een droge gracht. De binnenmuur dateert voor een deel uit de Gallo-Romeinse tijd, is 1287 meter lang en telt 34 torens. Gedeelten werden gerestaureerd door de Visigoten, die zelf geen bouwwerken achterlieten. De buitenmuur, 2672 meter lang met veertien torens, is gebouwd tussen 1230 en 1245.

Toegangspoorten
- *Porte Narbonnaise:* de barbacane met schietgaten, die de toegangspoort moest beschermen, dateert uit de tijd van Lodewijk IX. Aan weerszijden van de poort staan twee indrukwekkende torens – de Tours Narbonnaises uit 1280 – met val-

hekken en ijzeren deuren. Als de valhekken niet waren neergelaten, werd de poort afgesloten met een zware ijzeren ketting. In de torens bevonden zich twee citernes van 20.000 liter en een *saloire* (pekelzaal), waar honderden gezouten runderen en varkens konden worden opgeslagen;
- *Porte d'Aude:* de tweede grote toegangspoort, beschermd door twee poortgebouwen, ligt aan de kant van het grafelijk kasteel. De Montée d'Aude was een versterkte weg naar de rivier, de belangrijkste waterbron van de Cité.

Lices

De lices of dwingels zijn de ruimtes tussen de muren:
- *lices basses:* de laaggelegen dwingel loopt van de Porte Narbonnaise langs het grafelijk kasteel naar de Porte d'Aude en wordt steeds smaller tot de Tour Carrée de l'Évêque, de vierkante bisschopstoren, de weg verspert. De Tour de l'Inquisition dankt zijn naam aan het feit dat hier van 1240 tot de 15e eeuw hoorzittingen werden gehouden door het tribunaal van de inquisitie; een pilaar met kettingen herinnert aan de martelingen die de van ketterij verdachte gevange-

nen moesten ondergaan. Het oudste, Gallo-Romeinse gedeelte van de muren is herkenbaar aan het metselwerk van kleine bouwstenen met randen van rode bakstenen. Ook de bogen boven deuren en vensters van de torens zijn voorzien van dergelijke bakstenen. Deze torens hebben nog hun oorspronkelijke platte daken, de gerestaureerde torens hebben puntige daken;
- *lices hautes:* de brede, hooggelegen dwingel begint bij de Tour du Trésau. De Tour de la Vade, gebouwd tegen de buitenste muur, is een donjon met drie verdiepingen. De 600 meter lange muur van de Porte Narbonnaise naar de Porte d'Aude is gebouwd door Philips de Stoute en te herkennen aan het bossagemetselwerk.

Een wandeling door de lices geeft – vooral 's ochtends vroeg of 's avonds laat als er weinig toeristen zijn – een goede indruk hoe Carcassonne er in de middeleeuwen moet hebben uitgezien. Een spectaculair uitzicht op de Cité biedt de Belvédère de la Cité, langs de Autoroute des Deux Mers van Toulouse naar Carcassonne.

Le Château Comtal
Op het hoogste punt van de 150 meter hoge heuvel waarop de Cité ligt, liet

Toegangspoort van het grafelijk kasteel

Bernard-Aton IV Trencavel in 1130 de grafelijke residentie bouwen. De 4e eeuwse Gallo-Romeinse muur maakt over een lengte van 80 meter deel uit van het kasteel en drie van de torens. De Tour Pinte of Tour de Guet, de oudste toren, is gebouwd op een Romeins fundament uit de 1e eeuw v.Chr. Hij is 30 meter hoog, telt zeven verdiepingen en grenst aan de Cours du Midi, de binnenplaats tussen een vleugel van het kasteel en de muur. Hier stond een gebouw met een grote zaal op de eerste verdieping, in een muur zijn nog de resten te zien van een schouw en een gotisch venster. Het kasteel telde oorspronkelijk drie verdiepingen, waarvan de bovenste twee dienden als woonverblijf van de burggraven. Van de gevel is het onderste gedeelte romaans, het middelste gotisch en het bovenste dateert uit de Renaissance. Op de eerste verdieping bevindt zich in de grote zaal (13e eeuw) het *Musée Lapidaire* met overblijfselen uit de oude stad en omgeving, 'kathaarse' grafstenen uit de Lauragais en een zaal waar de geschiedenis van de oude stad in beeld wordt gebracht. Er wordt ook uitgebreid aandacht besteed aan de bouwplannen van Viollet-le-Duc. In de *Chambre des Comtes* (Ridderzaal) werden aktes ondertekend; de muren van deze zaal zijn beschilderd met gevechten tussen Frankische ridders en Arabieren.

De belangrijkste toegangspoort van het kasteel bestaat uit twee torens met machicoulis, valhek en zware houten deuren. Na de inname door Lodewijk VIII in 1226 werd de muur met kantelen en halfronde torens gebouwd, van de Cité gescheiden door een brede, droge slotgracht en beschermd door een grote, halfronde barbacane met een eerste toegangspoort. De stenen brug over de gracht naar de ingang is gebouwd in de 18e eeuw. Behalve de twee toegangspoorten zijn er nog vier torens van drie verdiepingen, die bereikbaar waren via ladders vanaf de grote binnenplaats, de Cour d'Honneur. Muren en torens werden in tijden van oorlog voorzien van *hourds* (hordijzen): houten, overkapte omlopen.

Openingstijden

April, mei	09.30-18.00 uur
Juni t/m september	09.30-19.30 uur
Oktober	09.30-18.00 uur
November t/m maart	09.30-17.00 uur

De kassa is geopend tot een half uur voor sluitingstijd. Er zijn verschillende rondleidingen mogelijk onder begeleiding van een gids.

Steen van het beleg

Basilique Saint-Nazaire-et-Saint-Celse
De basiliek is gebouwd op de plaats van een Karolingische kerk, waarvan alleen de crypte nog resteert. De eerste vermelding stamt uit 925, de tijd van bisschop Gimer. Het bouwmateriaal voor de romaanse kerk werd op 12 juni 1096 gezegend door paus Urbanus II. Hij onderbrak daarvoor zijn terugreis naar Rome uit Clermont, waar hij zijn oproep tot de kruistocht deed. Van deze kerk is alleen het schip over. De romaanse absis en de koorkapellen zijn in de Franse tijd vervangen door een gotisch dwarsschip en koor. Het was de bedoeling de hele kerk te vernieuwen, maar hiervoor ontbraken de financiële middelen: de kerk is daardoor een unieke

combinatie van twee bouwstijlen. De gebrandschilderde ramen uit de 13e en 14e eeuw worden beschouwd als de mooiste van Frankrijk, het orgel uit 1680 is een van de oudste.

In de kerk bevindt zich de *Pierre du Siège* (Steen van het beleg) met een afbeelding van het beleg van Toulouse van 1218. Te zien zijn de katapult waarmee een vrouw de steen werpt waardoor Simon de Montfort op 25 juni werd gedood en zijn ziel die, begeleid door een engel, naar de hemel stijgt. Naast de steen staat de dekplaat van een graftombe, mogelijk die van Simon de Montfort; hij werd aanvankelijk in de basiliek begraven. Later werden zijn stoffelijke resten door zijn zoon Amaury overgebracht naar Montfort-l'Amaury en bijgezet in de kerk van de abdij van Hautes-Bruyères.

Openingstijden

Maandag t/m zaterdag	09.00-11.45 en 13.45-18.00 uur
Zondag	09.00-10.45 en 14.00-16.30 uur
Gesloten	1 januari, 1 mei, 1 en 11 november, 25 december

Église Saint-Sernin

In de 12e eeuw werd op de plaats van de tuin bij de Place Marcou de Église Saint-Sernin gebouwd. De kerk was gewijd aan de heilige die naar Carcassonne kwam om te prediken, maar werd gevangen gezet in de Tour du Sacraire-Saint-Sernin. De kerk is verwoest tijdens de Franse revolutie, er staat alleen nog een stuk van de muur met twee romaanse vensters.

Bastide Saint-Louis (Ville Basse)

De kern van het moderne Carcassonne, verbonden met de Cité door de Pont Vieux, wordt gevormd door de Bastide Saint-Louis, het dorp dat Lodewijk IX liet bouwen op de linkeroever van de Aude. De huidige boulevards zijn gebouwd op de plaats van de vroegere vestingmuren.

Overige bezienswaardigheden
- *Imaginarium (3-5, Rue Saint-Jean):* een virtuele reis door de tijd in het Pays Cathare;
- *Musée Mémoires du Moyen Age (Espace Saint-Louis, Chemin des Anglais):* presentatie van de geschiedenis van de middeleeuwse stad, de Gallo-Romeinse tijd en middeleeuwse kastelen;

- *L'Espace Cathare (10, Rue du Plô):* de kathaarse geschiedenis vertoond op video en met maquettes;
- *Catha-Rama (Domaine de Sautès, RN 113, afslag Est A61):* een audiovisuele presentatie van de geschiedenis van de katharen;
- *La Maison des Mémoires, Centre d'Études Cathares René Nelli (53, Rue de Verdun, Ville Basse):* een bibliotheek geheel gewijd aan de katharen, dagelijks geopend van 9-12.30 en van 14.30-17 uur.

Evenementen

L'Embrasement de la Cité: op de Franse nationale feestdag 14 juli wordt jaarlijks een spectaculair vuurwerk afgestoken vanaf de muren van de Cité. In de zomermaanden worden er tussen de muren en in het theater bij de basiliek middeleeuwse spektakels, concerten en toneelvoorstellingen georganiseerd: het *Festival de Carcassonne* in juli en de *Fêtes Médiévales de Carcassonne* in augustus.

Carcassonne ligt aan de Autoroute des Deux Mers (A61-E80), tussen Narbonne en Toulouse.

Castelnau-de-Lévis
Tarn

Geschiedenis
Er zijn sporen van bewoning gevonden uit de prehistorie en ook uit de Gallo-Romeinse tijd. In 1235 gaf graaf Raymond VII van Toulouse het gebied in leen aan zijn vertrouweling Sicard d'Alaman, met de opdracht er een bastide te bouwen voor de inwoners van de omringende dorpen die door het kruisleger waren verwoest. Dat werd de Bastide Castelnau-de-Bonnafous, de oude naam van het kasteel. Toen Raymond stierf, droeg Alfons van Poitiers – broer van de Franse koning Lodewijk IX en door zijn huwelijk met Raymonds dochter Jeanne erfgenaam van het graafschap Toulouse – het kasteel weer over aan D'Alaman. In de 14e eeuw kwam het in handen van de machtige familie De Lévis, die het in de 15e eeuw liet restaureren. In de 19e eeuw deed de vesting dienst als kazerne en later als steengroeve.

Bezienswaardigheden
Van het kasteel is niet veel meer over, maar vanaf de heuvel is er een mooi uitzicht op Albi en de Tarn.

Neem in Carcassonne de D118 naar Mazamet en daar de N112 naar Albi. Castelnau-de-Lévis ligt aan de D600 van Albi naar Cordes-sur-Ciel.

CORDES-SUR-CIEL
Tarn

Geschiedenis

Cordes is gebouwd op de Puech de Mordagne, hoog boven de vallei van de Cerdou. De bastide werd op 4 november 1222 gesticht door graaf Raymond VII van Toulouse, kort na de dood van zijn vader Raymond VI. De stad moest de noordgrens van zijn graafschap beschermen tegen de Fransen en diende als vervanging van de vesting Saint-Marcel, die was geplunderd en verwoest door Simon de Montfort. Om inwoners naar de nieuwe stad te lokken, kregen zij privileges als het heffen van tolgelden en vrijstelling van belastingen.

Cordes werd al snel een toevluchtsoord voor de vele katharen – vooral wevers – die voor het kruisleger op de vlucht waren. Ook Sicard de Figueras, de kathaarse bisschop van Albi, woonde hier voordat hij zich rond 1244 bekeerde en in dienst trad van de inquisitie. In 1227 werd Cordes belegerd door seneschalk van Carcassonne Humbert de Beaujeu en Guy, broer van Simon de Montfort. Ondanks hun leger van tweeduizend man moesten zij het beleg na drie dagen opgeven: de stad bleek onneembaar.

De aanwezigheid van katharen maakte Cordes tot doelwit van de inquisitie, onder leiding van de bisschop van Albi. Volgens een getuigenis van de inquisiteur Pierre Durand zouden hier in 1233 drie inquisiteurs ter dood zijn gebracht. Hun lijken werden door de straten gesleurd en in een ruim 100 meter diepe put gegooid. Het was de vergelding voor hun veroordeling van een oude kathaarse vrouw, die levend werd verbrand.

Als een van de voorwaarden van het Verdrag van Parijs van 1229 droeg Raymond VII de stad over aan koning Lodewijk IX. De bevolking bekeerde zich massaal tot het katholicisme en vroeg de inquisiteurs om vergeving; als boetedoening moest een kapel worden gebouwd. Cordes kende een periode van grote bloei, waaraan een einde kwam door twee pestepidemieën en de godsdienstoorlogen.

Bezienswaardigheden
Een groot deel van de ommuringen van het indrukwekkende middeleeuwse Cordes - de stad met de honderd spitsbogen – is bewaard gebleven. La Ville Haute – de bovenstad, niet toegankelijk voor auto's – is de oorspronkelijke bastide uit de 13e eeuw, omringd door twee muren met drie toegangspoorten, de Porte de la Jane, de Porte des Ormeaux en de Porte du Vainqueur. Vooral de 13e en 14e eeuwse huizen langs de Grande Rue maken een bezoek aan Cordes zeer de moeite waard. Bij La Halle, de overdekte marktplaats, bevindt zich de put waarin de lijken van de inquisiteurs zouden zijn gegooid. La Ville Basse, de benedenstad, is een uitbreiding uit de 14e eeuw, toen er nog twee muren werden gebouwd; de Porte de l'Horloge is een restant van de vierde muur.

Neem in Carcassonne de D118 richting Mazamet en daar de N112 naar Albi. Cordes ligt 25 km ten noordwesten van Albi, aan de D600.

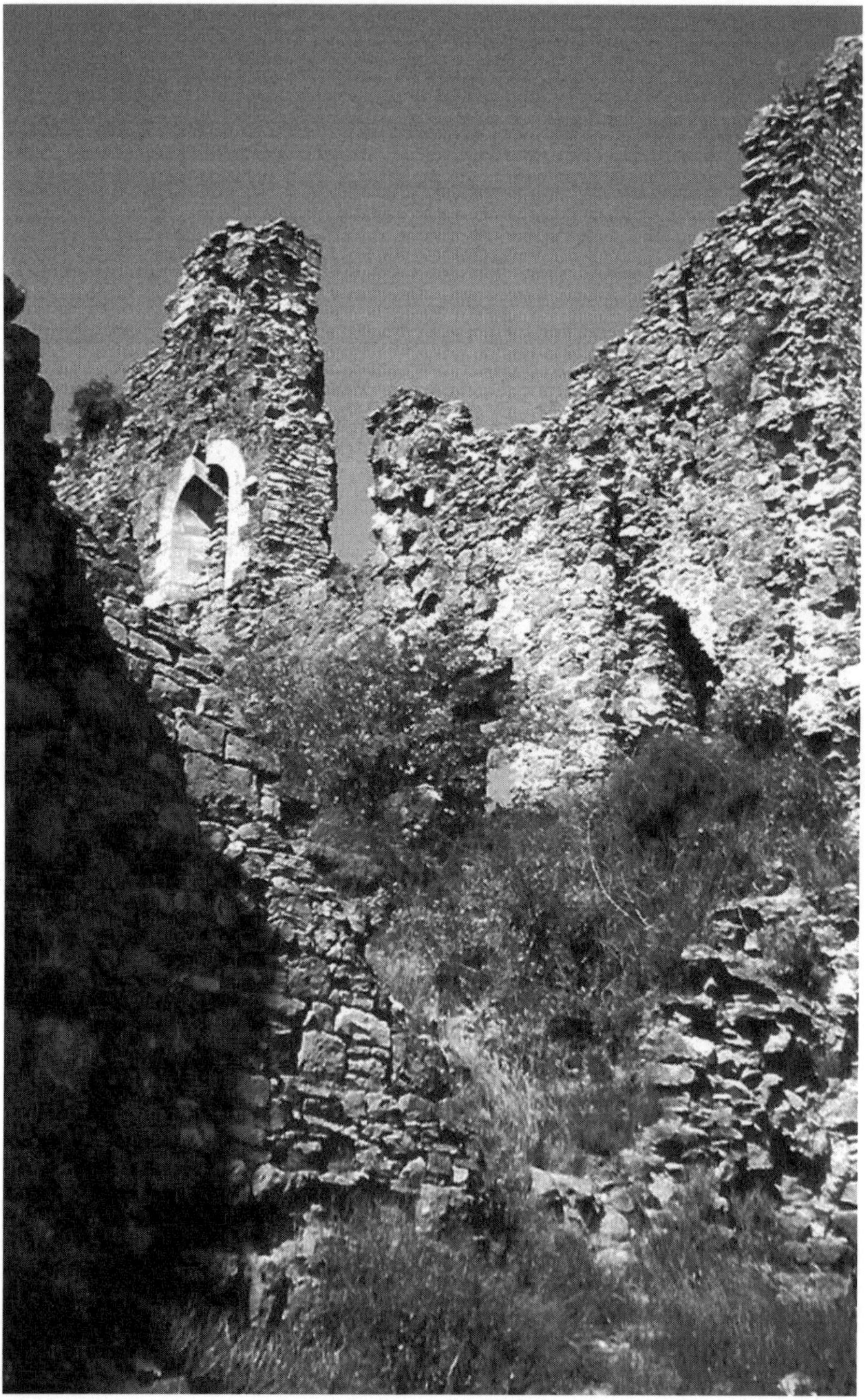

Coustaussa
Aude, Razès

Geschiedenis

Waarschijnlijk bouwden eerst de Galliërs en daarna ook de Visigoten hier al een versterkte plaats. De naam Coustaussa wordt voor het eerst vermeld in 730. Het kasteel op de rechteroever van de Sals, dat aanvankelijk Constantianum heette, werd in 1157 gebouwd in opdracht van Roger I Trencavel, bruggraaf van Carcassonne. Zijn vazal Pierre de Vilar kreeg als taak de vallei van de Sals onder controle te houden. Hoewel het een van de best verdedigbare kastelen van de Razès was, slaagde koning Alfonso II van Aragón er in 1170 toch in het te veroveren.

In de herfst van 1210 werd Coustaussa, toen eigendom van de achterkleinzoon van Pierre de Vilar, bezet door Simon de Montfort, die de vesting verlaten aantrof. De bewoners waren via een ondergrondse gang gevlucht, nadat zij hadden vernomen dat het kasteel van Termes was gevallen. In 1211 kwam het kasteel tijdelijk weer in handen van de rechtmatige eigenaar. Toen Castelnaudary in datzelfde jaar in opstand kwam tegen de Franse bezetting, volgden de inwoners van Coustaussa hun voorbeeld. Zij moesten zich echter al na een paar dagen weer overgeven aan De Montfort, wiens troepen de burcht verwoestten, het garnizoen doodden en de dorpsbewoners verdreven. Tussen 1214 en 1231 ging het door de Fransen herbouwde kasteel diverse malen over in andere handen, zo waren bijvoorbeeld de opstandige zuidelijke heren Sicard de Durfort en Pierre de Fenouillet voor korte tijd eigenaar. In 1231 droeg seneschalk van Carcassonne Humbert de Beaujeu Coustaussa over aan Pierre de Voisins, heer van Arques. Het werd tot het begin van de 17e eeuw bewoond, daarna raakte het in verval en werd gebruikt als steengroeve.

Bezienswaardigheden

Er staan resten van een muur – oorspronkelijk 100 x 40 meter en 10 meter hoog – en een groot woonverblijf uit de 13e eeuw, gebouwd op de fundamenten van een oude vierkante donjon. Vanwege de slechte staat van de ruïne is deze niet langer toegankelijk, maar via het pad tegenover de kerk bij het bordje *Acces interdit* (Verboden toegang), is het kasteel aan de buitenkant voor een deel toch te bekijken: het pad loopt langs het hek waarmee de ruïne is afgezet.

Neem in Quillan de D118 richting Limoux, dan in Couiza de D613 naar Coustaussa.

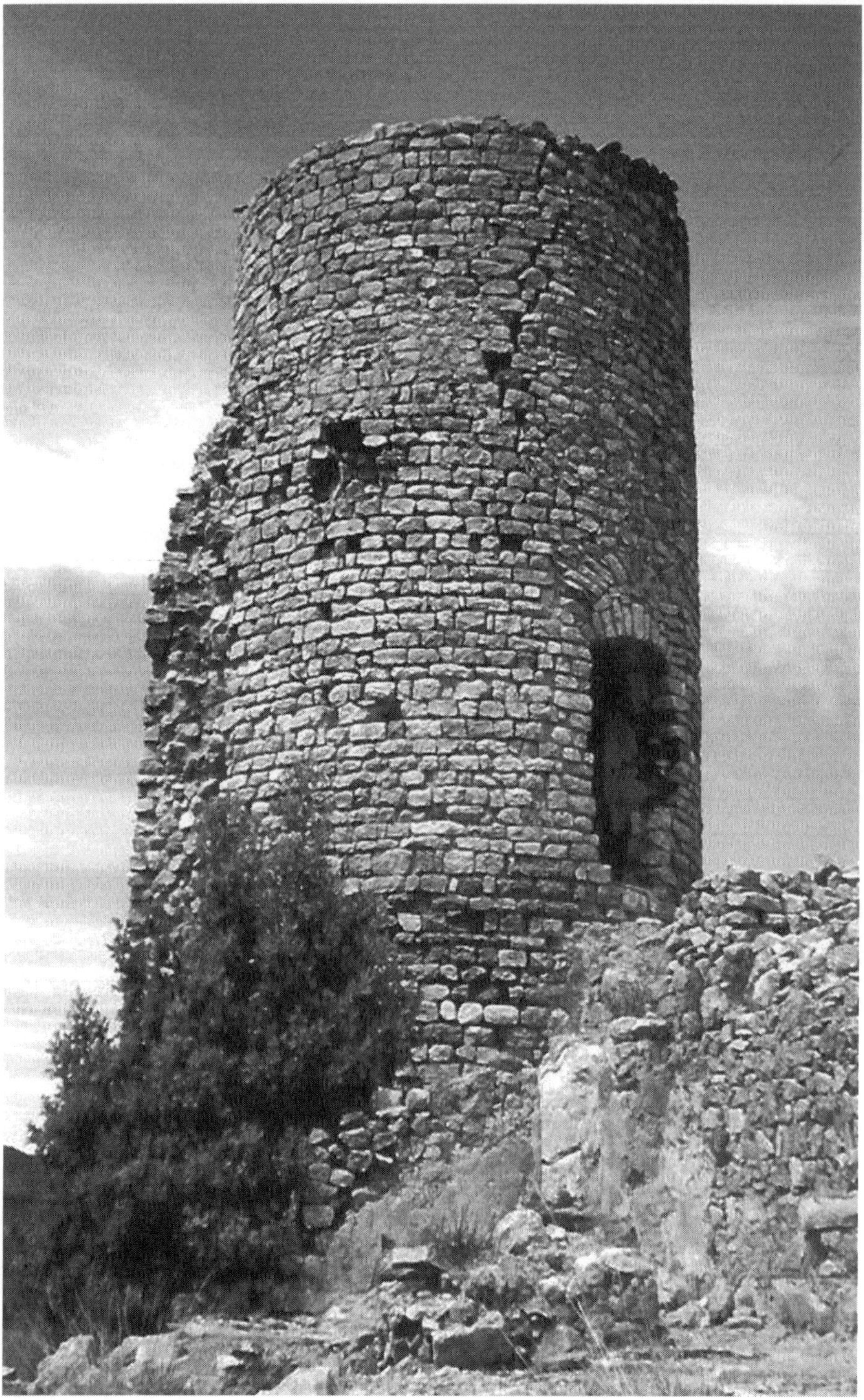

Durban-Corbières
Aude, Corbières

Geschiedenis
Het gebied rond Durban was al in de prehistorie bewoond. Galliërs, Romeinen en vooral de Visigoten drukten hun stempel op de regio. In de 10e eeuw staat Durban voor het eerst in schriftelijke bronnen vermeld, de naam komt van het Gallische *duro*, verdedigingswerk en *bann*, uitsteeksel.

De eerste heren van Durban waren bekend onder de naam Ibérinus, 'Spanjaard'. Het kasteel uit de 11e eeuw domineerde de valleien van de Berre en de Barrou en was leengoed van de familie De Durban-Gléons, die in de kruistocht de kant koos van Simon de Montfort. In 1229, na de overgave van graaf Raymond VII van Toulouse aan Frankrijk, zwoer Guillaume de Durban trouw aan koning Lodewijk IX. De vesting werd aangepast aan de eisen van de tijd en bleef tot 1787 in bezit van de familie. Daarna werden de stenen gebruikt om huizen te bouwen in het dorp en omgeving, een lot dat veel kastelen in het gebied ten deel viel.

Bezienswaardigheden
De oudste delen van de burcht dateren uit de 12e en 13e eeuw. Er staat nog een naar het dorp gerichte gevel, met op de eerste verdieping een raam uit de 16e eeuw. De grote vierkante donjon en de ommuring zijn voor een deel nog intact; in de ronde toren bevond zich een wenteltrap. In het dorp staat een van de toegangspoorten. De middeleeuwse Église Saint-Just-et-Saint-Pasteur is de oude kapel van het kasteel, gebouwd in de 11e eeuw. De aan Saint-Hippolyte gewijde gotische kapel, grenzend aan het kerkhof, zou een kelder bevatten die in verbinding stond met het kasteel.

Neem in Quillan de D117 richting Perpignan en na Maury de D611 naar Durban-Corbières.

DURFORT
Aude, Corbières

Geschiedenis

Het kasteel van Durfort ligt ten zuiden van Lagrasse, direct na de bocht waar de Orbieu en de Sou samenvloeien. Het kasteel wordt voor het eerst vermeld in 1093, in een akte waarin de heren van Durfort de abdij van Saint-Martin-des-Puits afstonden aan de abdij van Lagrasse. Zij stamden af van Foulques de Durfort, die als getuige wordt genoemd in een akte van 1068 inzake een transactie tussen de graven van Carcassonne en Barcelona.

Aan het begin van de 12e eeuw onderwierpen de heren van De Durfort zich aan Bernard-Aton IV Trencavel, burggraaf van Carcassonne. Later werden zij leenman van de heren van Termes, die in 1163 leenhulde brachten aan Raymond I voor het *castello quod vocatur Durfort*. Net als veel andere kastelen in bezit van vazallen van de Trencavels, was het een toevluchtsoord voor katharen. Het werd in 1215 ingenomen door de kruisvaarders en overgedragen aan Alain de Roucy, luitenant van Simon de Montfort. De bezittingen van de familie De Durfort werden verbeurdverklaard vanwege hun steun aan Raymond de Termes tijdens de belegering van diens kasteel in 1210. Toen zij in 1256 trouw zwoeren aan koning Lodewijk IX van Frankrijk, kregen de heren hun bezit weer terug. Het werd in de 17e eeuw grondig verbouwd en bleef bewoond tot in de 18e eeuw.

Bezienswaardigheden
Het kasteel wordt aan drie zijden omgeven door steile rotswanden, die een natuurlijke verdediging vormen. Er staan een kapel en overblijfselen van de gedeeltelijk Romeinse ommuring en een woongebouw met vierkante vensters uit de 17e eeuw. De kerk Saint-Etienne de Durfort, al genoemd in 1115, was tot 1802 de parochiekerk van het dorp. Het kasteel is in privé-bezit, maar men kan de eigenaar toestemming vragen voor bezichtiging.

Neem in Quillan de D118 en in Couiza de D613 richting Mouthoumet. Neem de D40 naar het kasteel van Termes, Durfort ligt 5 km voorbij Termes aan de D212 naar Lagrasse.

Fanjeaux
Aude, Lauragais

Le Seignadou

Geschiedenis

Op de plaats van Fanjeaux lag in de Romeinse tijd op een 360 meter hoge heuvel een tempel van Jupiter: Fanum Jovis. Fanjeaux werd in de loop der tijd op verschillende wijzen geschreven: in 1150 als Castrum de Fanjovis, in 1184 als Fanjos, in 1207 als Fhanumjovis en in 1425 als Fanojovis.

Onder bescherming van de burggraven Trencavel van Carcassonne, vazallen van de graven van Toulouse, telde het dorp aan het einde van de 12e eeuw een groot aantal kathaarse *maison communes,* gemeenschapshuizen. De vele adellijke families die er bezittingen hadden, waren bijna allemaal het katharisme toegedaan. Bisschop Guilhabert de Castres woonde vanaf 1193 in Fanjeaux, in 1204 ontvingen vier edelvrouwen daar van hem het consolament. Een van hen was de fameuze Esclarmonde, zuster van graaf Raymond-Roger de Foix. Hij woonde de plechtigheid bij, net als de toekomstige kasteelheren van Montségur Raymond de Péreille en Pierre-Roger de Mirepoix en zestig andere edelvrouwen en ridders.

Na de val van Béziers en Carcassonne in 1209 liet Simon de Montfort Fanjeaux bezetten door een groep huurlingen uit Aragón, die de stad in brand staken. De bewoners waren vertrokken zonder zich te verzetten; een aantal van hen vluchtte naar Montségur. Nadat graaf Raymond VII van Toulouse zich met het Verdrag van Parijs in 1229 had onderworpen aan koning Lodewijk IX, kreeg hij Fanjeaux weer in zijn bezit, maar de grachten moesten worden gedempt en de muren geslecht. In 1240 maakte de inquisitie jacht op de laatste katharen van Fanjeaux; de meeste inwoners hadden zich inmiddels bekeerd tot het katholicisme.

Dominicus
Domingo Guzmán – de Heilige Dominicus – en zijn bisschop Diégo de Azevedo uit het Castiliaanse Osma besloten na hun ontmoeting in 1206 in Montpellier met een aantal legaten van paus Innocentius III in de Languedoc te blijven om het katharisme te bestrijden. Zij ondernamen hun prediktochten vanuit het ketterse bolwerk Fanjeaux, waar Dominicus van 1206 tot 1214 pastoor was. Hij verbleef in de zadelmakerij van hetzelfde kasteel waar ook Simon de Montfort zijn hoofdkwartier had, voordat hij zich in 1215 in Toulouse vestigde. Daar vestigde hij de Orde der Dominicanen. Deze predikheren werden in 1233 door paus Gregorius IX belast met de beruchte inquisitie.
In 1207 vond in het nabijgelegen Montréal een bijeenkomst plaats waar katharen en katholieken discussieerden onder leiding van Guilhabert de Castres en Dominicus. Toen de scheidsrechters geen winnaar konden aanwijzen, werd de uitslag van het debat bepaald door een godsgericht: de betogen van beide sprekers werden in het vuur gegooid. Het geschrift van De Castres werd direct door de vlammen verteerd, terwijl dat van Dominicus tot drie keer toe uit de vlammen opsteeg naar het plafond, waar het op een van de balken een brandvlek achterliet.
In de winter van 1206-1207 zag Dominicus uit de hemel drie vuurballen neerdalen op Prouille, gelegen aan de voet van Fanjeaux. Hij zag hierin een teken van God en vestigde op die plaats een gemeenschap van bekeerde kathaarse vrouwen, het klooster Notre Dame de Prouille.

Bezienswaardigheden
La Maison Saint-Dominique
Het kasteel waar Dominicus zijn verblijf had is verdwenen, maar zijn kamer in de zadelmakerij is bewaard gebleven; er werd in 1948 een kapel van gemaakt. De oude balken en de schouw zijn nog aanwezig en in een relikwieënkastje wordt een stuk bot van zijn arm bewaard.

De balk waarop het betoog van Dominicus een brandvlek achterliet

Openingstijden
Dagelijks   10.00-10.30, 11.00-11.30, 15.00-15.30, 16.00-16.30,
                      17.00-17.30 uur
Gesloten   Zondag

Le Seignadou[9]
Op de plek waar Dominicus stond toen hij de vuurballen uit de hemel zag komen, staat een kruisbeeld. Vanaf deze plek heeft men een weids uitzicht op de Pyreneeën, van de Pic du Midi tot de Canigou.

Église Notre-Dame de l'Assomption
Deze gotische parochiekerk dateert uit 1278 en is in opdracht van Arnaud Séguier, abt van Prouille, gebouwd op de plaats van de Romeinse tempel van Jupiter. In de kapel van de Heilige Dominicus bevindt zich de balk met de brandvlek die zijn geschrift tijdens het dispuut van Montréal achterliet. De balk rust op de steen waarop het boek van Dominicus gelegen zou hebben tijdens het 'wonder van het vuur', met de inscriptie: *Hic e voracibus flammis, evangeliorum liber exiit incolumis, in nomine Jesu, Dominico jubente* (Hier steeg, toen Dominicus dat in naam van Jezus gebood, het boek der evangeliën ongerept op uit het alles verzengende vuur[10]).

Openingstijden
Juli en augustus   10.30-11.50 en 15.00-18.00 uur
Rest van het jaar   Zondagochtend

Notre-Dame de Prouille
Aan de voet van Fanjeaux lag het door Dominicus gestichte nonnenklooster. In 1715 werd het door brand verwoest en tijdens de Franse revolutie gesloopt en als steengroeve gebruikt. Tussen 1857 en 1878 is het in Byzantijnse stijl weer herbouwd. Het klooster is nog altijd als zodanig in gebruik, de openingstijden zijn aangepast aan die van de kerkdiensten.

Neem in Carcassonne de D119 richting Mirepoix of de afslag D4 van de N113 van Carcassonne naar Toulouse.

Uitzicht op Château Saint-Pierre vanuit de Tour Sabarda

Fenouillet
Pyrénées-Orientales, Fenouillèdes

Tour Sabarda

Geschiedenis

Saint-Pierre de Fenouillet ligt op een hoogte van 530 meter op de grens van de departementen Aude en Pyrénées-Orientales. In 904 worden de burggraven van Fenouillet voor het eerst genoemd. Zij waren vazallen van Bernard Taillefer (989-1020), graaf van Bésalu, die de Fenouillèdes naliet aan zijn zoon Guillaume. In 1173 stierf burggraaf Arnaud zonder een mannelijke erfgenaam, maar zijn vrouw schonk kort na zijn dood het leven aan dochter Ave. Zij erfde zijn bezittingen en trouwde met Pierre de Saissac (†1209). Hun zoon Pierre IV de Fenouillet liet zijn gebieden in het zuiden beheren door Guillaume de Peyrepertuse en Chabert de Barbaira, kasteelheer van Quéribus.

Hoewel het katharisme in dit gebied veel aanhang had, bleef het kasteel van Fenouillet – als eigendom van Aragón in leen gegeven aan de aartsbisschop van

Narbonne – tijdens de kruistocht gespaard en werd een haard van verzet tegen de Fransen. Toen de Languedoc in 1240 voor de laatste keer in opstand kwam tegen de Franse bezetting, was Pierre V de Fenouillet aan de zijde van burggraaf Raymond II Trencavel te vinden tijdens het beleg van Carcassonne. De Fransen waren echter sterker en zij versloegen het leger van Trencavel. Pierre onderwierp zich aan de aartsbisschop van Narbonne – formeel nog altijd eigenaar van het kasteel – en kreeg zo zijn burggraafschap weer in bezit. Hij overleed in 1243 na het consolament te hebben ontvangen; zijn zoon Hugues de Saissac († 1260) erfde de titel van burggraaf. Na de val van Quéribus in 1255 kwam de Fenouillèdes aan de Franse kroon, Saint-Pierre is een van de weinige kastelen in het gebied die na de kruistocht niet zijn herbouwd. In 1262 moest de familie De Fenouillet de prijs betalen voor hun steun aan de opstand van 1240. De stoffelijke resten van burggraaf Pierre, die waren begraven in de commanderij van de tempeliers te Mas-Deu, werden door de inquisitie opgegraven en verbrand.

Tijdens de godsdienstoorlogen had het kasteel het zwaar te verduren en ook aanvallen van Spaanse troepen lieten hun sporen achter. Toen met het Verdrag van de Pyreneeën van 1659 de grens met Spanje verder naar het zuiden kwam te liggen, verloor de burcht zijn strategische betekenis en verviel tot ruïne.

Bezienswaardigheden
Het dorp Fenouillet werd beschermd door drie kastelen: in het noorden Saint-Pierre, waar de burggraaf verbleef, Castel Fizel dat de vallei van de Boulzane bewaakte en in het zuiden Tour Sabarda, een uitkijkpost.

Château de Saint-Pierre
Het kasteel werd in de 12e eeuw gebouwd op de resten van een castrum uit de 11e eeuw, op een rots boven de Gorges de Saint-Jaume. De omtrek van de ommuring van 140 x 5 meter is nog te zien, evenals overblijfselen van de donjon en de kapel.

Castel Fizel
Deze vesting bestond uit een donjon van drie verdiepingen, omgeven door twee muren. Het bouwwerk werd in 1543 opgeblazen met explosieven, er is nog maar weinig van over.

Tour Sabarda
Tegenover het Château de Saint-Pierre ligt de ruïne van Tour Sabarda. Het was een

veelhoekig gebouw, geflankeerd door twee halfronde torens die aan de binnenzijde open waren. Sabarda is toegankelijk via een smalle asfaltweg, die begint tussen twee huizen tegenover de parkeerplaats bij het pad naar Château de Saint-Pierre.

Neem vanuit Quillan de D117 richting Perpignan en bij Caudiès-de-Fenouillèdes de D9 naar Fenouillet.

Château de Saint-Pierre

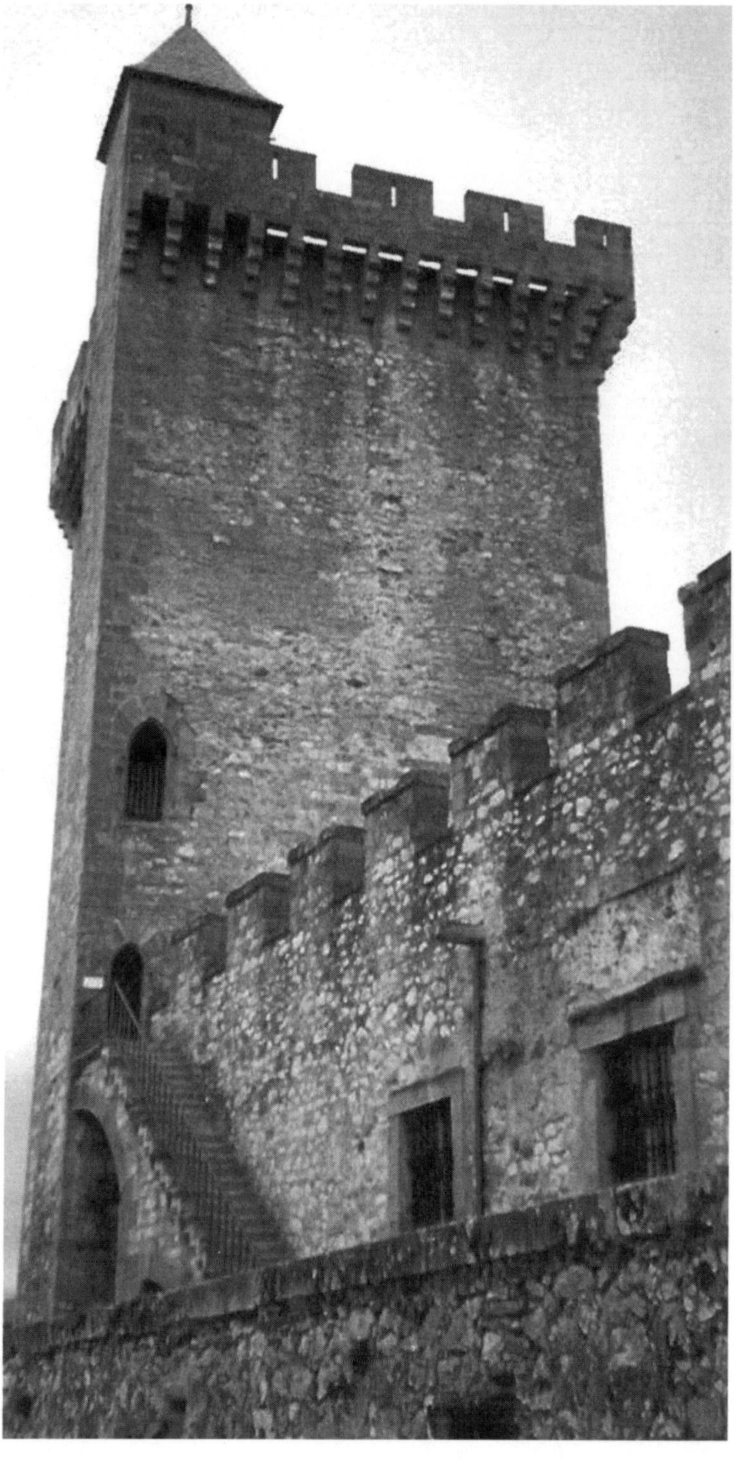

Foix
Midi-Pyrénées, Ariège

Geschiedenis

Foix, hoofdstad van de Ariège, ligt tussen de heuvels van de Plantauvel en de bergen van de Pyreneeën op een enorme rots boven de plaats waar de Arget en de Ariège samenvloeien. De grotten van de Roc de Foix waren al in de prehistorie bewoond; het gebied maakte in de Romeinse tijd deel uit van de Provincia Romania. Na de Visigoten veroverden de Arabieren het gebied, zij werden verdreven door de Franken. Rond 860 is de benedictijner abdij Saint-Volusien gesticht.

Arnaud, graaf van Comminges en Couserans en heer van Foix, was vazal van de graaf van Barcelona; de heerschappij over Foix moest hij delen met de abten van Saint-Volusien. Arnaud verwierf door zijn huwelijk met Arsinde in 956 tevens de graafschappen Carcassonne en de Razès en het burggraafschap Béziers. Voor deze nieuwe gebieden was hij leenhulde verschuldigd aan de graaf van Toulouse. Na de dood van zijn zoon Roger le Vieux in 1012 werd de nalatenschap verdeeld onder diens drie zonen. Foix kwam in bezit van Bernard-Roger, diens zoon Roger I (1034-1067) was de eerste die de titel graaf van Foix voerde. Hij stierf in 1067 zonder erfgenamen en werd opgevolgd door zijn neef Roger II (1067-1124). Deze werd in 1096 door paus Urbanus II geëxcommuniceerd, omdat hij niet zoals toegezegd op kruistocht ging. De ban werd pas opgeheven toen hij zich in 1108 onderwierp aan het gezag van de kerk.

Roger III (1124-1148) raakte betrokken bij de strijd om de Languedoc tussen de graven van Toulouse en Barcelona. Hoewel hij in 1117 was getrouwd met de dochter van Ramón Bérenguer III van Barcelona, koos Roger de kant van zijn andere leenheer, Alphonse-Jourdain van Toulouse; er werd pas in 1143 vrede gesloten. Roger-Bernard I (1148-1188) trouwde op 11 juli 1151 met Cécile, dochter van burggraaf Raymond I Trencavel van Carcassonne, leenman van de graaf van Barcelona, hetgeen de feodale betrekkingen nog ingewikkelder maakte.

Raymond-Roger (1188-1223) en zijn zoon Roger-Bernard II (1223-1241) onderhielden, hoewel zelf katholiek, nauwe betrekkingen met de katharen. Veel leden van de grafelijke familie ontvingen het consolament. Esclarmonde, zuster van Raymond-Roger, werd in 1204 in Fanjeaux door Guilhabert de Castres tot parfaite gewijd en zijn echtgenote Philippa stond aan het hoofd van een kathaars gemeenschapshuis voor vrouwen. Wegens medeplichtigheid werden Raymond-Roger en Roger-Bernard in 1270 door de inquisitie postuum wegens ketterij veroordeeld, opgegraven en verbrand. Dit lot viel ook hun echtgenotes Philippa en Ermessinde ten deel.

De graven van Foix waren geduchte tegenstanders van het kruisleger: niet alleen hun bezittingen, maar ook hun onafhankelijkheid stond op het spel. Bovendien zagen zij in de strijd een goede gelegenheid kloosters te confisqueren en kerken te plunderen, waarbij zij geweld niet schuwden. In 1211 lokte Raymond-Roger bij Montgey zesduizend Friese en Duitse huurlingen in een hinderlaag, zij werden afgeslacht. Hij nam in 1212 een groep kruisridders gevangen bij Narbonne en bracht ze over naar Foix, waar ze vreselijk werden gemarteld. De graaf was ook te vinden bij het beleg van Toulouse en de herovering van Lavaur, Puylaurens en Mirepoix. Simon de Montfort belegerde het kasteel van Foix tussen 1211 en 1213 vier keer, maar hij slaagde er niet in het te bezetten; wel verwoestte hij het omliggende platteland. Hij kreeg de vesting pas in handen, toen de legaat van paus Innocentius III deze aan hem overdroeg: Raymond-Roger had de legaat zijn bezit in onderpand gegeven als bewijs van goede trouw aan de katholieke kerk. In 1214 had hij zich in Narbonne met Rome verzoend, nadat hij was geëxcommuniceerd wegens medeplichtigheid aan ketterij. De paus gaf vervolgens De Montfort opdracht het kasteel terug te geven.

Na diens dood in 1218 slaagde de Languedoc erin zich van de bezetters te bevrijden, totdat Lodewijk VIII in 1226 op kruistocht ging. Roger-Bernard, die zijn vader inmiddels was opgevolgd, probeerde in Avignon met de koning te onderhandelen, maar dit had geen resultaat. Toen Raymond VII van Toulouse met het Verdrag van Parijs (1229) onder harde voorwaarden vrede sloot met het noorden, moest ook de graaf van Foix zich onderwerpen. Hij hield zich afzijdig toen de Occitaanse heren in 1240 onder aanvoering van Raymond VII en Raymond II Trencavel voor het laatst in opstand kwamen. In mei 1241 werd Roger-Bernard opgevolgd door zijn zoon Roger IV (1241-1265), die de kant koos van zijn Franse opperleenheer Lodewijk IX tegen Raymond VII, die voortdurend onder de voorwaarden van Parijs probeerde uit te komen. Het conflict dat daardoor met Toulouse ontstond, eindigde pas met de dood van Raymond in 1249. Om niet in de problemen te komen met de inquisitie, nam Roger in 1261 een aantal maatregelen tegen de katharen.

In 1272 weigerde Roger-Bernard III (1265-1302) de Franse soevereiniteit te erkennen. Koning Philips III de Stoute begaf zich persoonlijk naar het zuiden om hem tot de orde te roepen. Jaime I van Aragón probeerde tevergeefs te bemiddelen: op

De ronde toren van Gaston Phébus

3 juni begon het beleg van Foix. Roger-Bernard moest zich overgeven, zijn kasteel werd geconfisqueerd en hij werd een jaar gevangen gehouden in Carcassonne. Hij verzoende zich met zijn leenheer, werd een van diens trouwste vazallen en kreeg daarom zijn bezittingen weer terug. Roger-Bernard stierf op 3 maart 1302, toen hij met een leger onderweg was om slag te leveren met de koning van Aragón, die voortdurend met Frankrijk in grensconflicten was verwikkeld. Zoals velen was hij niet alleen katholiek, maar ook de kathaarse zaak toegedaan. Hij ontving het consolament uit handen van de parfait Pierre Authié, maar zijn uitvaart werd begeleid door de bisschop van Carcassonne. Zijn opvolger was zijn zoon Gaston I (1302-1315), de eerste van de dynastie Foix-Béarn: in 1290 had Roger-Bernard van zijn schoonvader Gaston VII de Moncada het burggraafschap Béarn geërfd. De bekendste graaf uit deze dynastie is Gaston III (1343-1391), met de bijnaam *Phébus*: de Schitterende. Hendrik III van Foix-Béarn en Navarra, de laatste van de grafelijke dynastie, werd in 1592 als Hendrik IV koning van Frankrijk. In 1607 lijfde hij zijn zuidelijke gebieden in bij Frankrijk, waarna het kasteel van Foix zijn militaire betekenis verloor. Hendriks opvolger Lodewijk XIII gaf kardinaal Richelieu in 1632 de opdracht een aantal kastelen in het zuiden te ontmantelen, maar Foix bleef dit lot bespaard. Tijdens de Franse revolutie werd het kasteel omgebouwd tot gevangenis; de veelal politieke gevangenen hebben overal op de muren teksten achtergelaten. Vanaf 1811 stond het kasteel lange tijd leeg, waardoor het in verval raakte. Een leerling van de architect Eugène Viollet-le-Duc – verantwoordelijk voor de restauratie van Carcassonne – heeft de vesting van de ondergang gered.

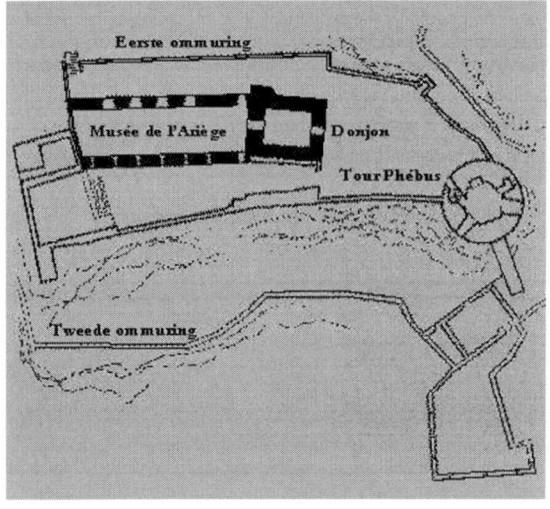

Bezienswaardigheden
Château de Foix
De oudste fundamenten van het kasteel dateren uit de tijd van graaf Roger le Vieux van Carcassonne. Het werd versterkt door zijn zoon Bernard-Roger: twee vierkante torens die door een woonverblijf verbonden worden, beschermd door twee muren en een barbacane. Alleen de eerste graven van Foix heb-

ben er gewoond, hun opvolgers lieten al snel een comfortabeler residentie bouwen aan de voet van de heuvel. De ronde toren van zes verdiepingen werd pas in de 14e eeuw door Gaston Phébus gebouwd.

Musée de l'Ariège
Het museum is gehuisvest in het kasteel en gewijd aan de geschiedenis van de Ariège, vanaf de prehistorie. In de collectie bevindt zich een zeer zeldzame kathaarse gravure van een vis.

Openingstijden	
Februari t/m mei	10.30-12.00 en 14.00-17.30 uur
Juni	09.45-12.00 en 14.00-18.00 uur
Juli en augustus	09.45-18.30 uur
September	09.45-12.00 en 14.00-18.00 uur
Oktober t/m december	10.30-12.00 en 14.00-17.30 uur
Gesloten	Januari, 25 december; 1 november tot 31 maart op maandag en dinsdag

Abbatiale Saint-Volusien
Deze kerk is genoemd naar Volusien, bisschop van Tours. Nadat hij in de 6e eeuw door de Visigoten was onthoofd, werd zijn lichaam begraven op de plaats waar graaf Roger II de kerk liet bouwen.

Evenementen
Elk jaar worden in Foix middeleeuwse feesten gehouden: de *Jours Médiavales Gaston-Phébus*, met een markt, straatfeesten, concerten, voordrachten, toernooien met ridders te paard en historische optochten. Aan de voet van het kasteel wordt het grootste spektakelstuk van het zuiden gepresenteerd: *Il était une Foix... l'Ariège*. De geschiedenis van de Ariège wordt hier opgevoerd, van de prehistorie via de kruistocht en Gaston Phébus tot en met de Franse revolutie. Tweehonderd figuranten met paarden, ossen en vuurwerk zorgen in juli en augustus voor een indrukwekkend schouwspel.

Neem in Quillan de D117 of in Carcassonne de D119 naar Foix.

FONTFROIDE
Aude, Corbières

De kloosterhof

Geschiedenis

De benedictijner abdij van Fontfroide, gelegen bij een *fons frigida* (koude bron) in een rotsachtige vallei van de Corbières, werd op 12 juni 1093 gesticht op grondgebied geschonken door Aimery I, burggraaf van Narbonne. In 1145 sloten de monniken zich aan bij de cisterciënzer orde van Cîteaux, die in 1098 was gesticht door Robert de Molesme. Door de vele schenkingen kende de abdij in de 12e en 13e eeuw een periode van ongekende bloei met grote geestelijke en wereldlijke macht; vanuit Fontfroide werden acht nieuwe abdijen gesticht.

De geschiedenis van de abdij is nauw verbonden met die van de katharen. Fontfroide was een bastion van orthodox katholicisme, waar de pauselijke legaat en opperbevelhebber van het kruisleger Arnaud Amaury regelmatig verbleef. Toen hij er op 29 september 1225 overleed, was hij aartsbisschop van Narbonne. Pierre de Castelnau begon hier in 1203 als gezant van paus Innocentius III zijn missie tegen graaf Raymond VI van Toulouse. Ook Olivier de Termes, aanvankelijk een van de meest fervente beschermheren van de katharen, maar later te vinden aan de zijde van de Franse koning Lodewijk IX, liet veel van zijn bezittingen na aan de abdij. Hij wilde er begraven worden en liet daarvoor de Chapelle Saint-Bernard bouwen. Het is echter niet zeker of het inderdaad De Termes is die ligt begraven in de tombe in de kapel. Jacques Fournier was vanaf 1311 abt van Fontfroide, tot hij in 1317 bisschop werd van Pamiers. Als paus Benedictus XII (†1342) liet hij het pauselijk paleis van Avignon bouwen.

De abdij raakte in verval, vooral omdat de abt de fatale vergissing beging tijdens het Westers Schisma[11] de kant van de paus van Avignon te kiezen. In 1348 werd de abdij door de pest getroffen, slechts twintig monniken bleven in leven. Vanaf 1476 kreeg het klooster een abt *en commende:* met de benoeming tot abt verwierven niet-geestelijke familieleden of gunstelingen van de koning de inkomsten van het klooster. Door het verlies van deze bron van inkomsten verarmde de kloostergemeenschap; op 14 februari 1791 moesten de laatste zeven monniken noodgedwongen vertrekken. In 1901 werd het klooster een bejaardentehuis voor de stad Narbonne, het is nu in privé-bezit.

Bezienswaardigheden

Fontfroide is een van de grootste cisterciënzer abdijen van Europa. De kerk en het klooster dateren uit de 12e, de kapittelzaal uit de 14e eeuw. De slaapzaal voor de monniken ligt boven de provisiekamer uit de 11e eeuw. De kloosteromgang is een van de mooiste van Europa. De Cour d'Honneur, met het paleis in de stijl van Lodewijk XIV, werd in de 17e eeuw gebouwd door de abten *en commende.* De rozentuin is beplant met drieduizend rozenstruiken.

De rozentuin

Openingstijden

Februari, maart	10.00-12.00 en 14.00-16.00 uur
April t/m 9 juli	10.00-12.15 en 13.45-17.30 uur
10 juli t/m 31 augustus	09.30-18.00 uur
September, oktober	10.00-12.15 en 13.45-17.30 uur
November, december	10.00-12.00 en 14.00-16.00 uur
Gesloten	Januari

Rondleidingen: ieder half uur (circa 1 uur), in januari alleen op afspraak.

Neem in Carcassonne de N113 richting Narbonne. Een afslag van de D613 leidt naar de abdij.

Cour d' Honneur

Hautpoul
Aude, Montagne Noire

Geschiedenis
Hautpoul zou in 413 zijn gesticht door de Visigotische koning Ataulf, die uit Italië naar Zuid-Frankrijk was getrokken om daar een nieuw rijk te stichten: Septimanië. Het kasteel is een van de plaatsen – waaronder ook Miramont en Rennes-le-Château – waar de Visigoten wellicht de schatten begroeven die zij na de plundering van 410 uit Rome hebben meegenomen.
In de tijd van de kruistocht berustte de heerschappij over dit versterkte dorp bij de heren van Hautpoul, vazallen van de burggraven Trencavel van Carcassonne. Er waren, zoals bij de meeste kastelen in het zuiden het geval was, meerdere co-seigneurs. Daarom werden er twee kastelen gebouwd: in de Ville Haute en de Ville Basse. In april 1212 besloot Simon de Montfort Hautpoul aan te vallen, vooral omdat kasteelheer Jourdain de Saissac een geduchte tegenstander was van het kruisleger. Het door hem verdedigde kasteel leek onneembaar, maar nadat de muren vier dagen lang een bombardement met stenen te verduren hadden gekregen, moesten de belegerden het opgeven. Van een mistige nacht maakten de meesten gebruik om te vluchten; de achterblijvers werden gedood en het kasteel werd in brand gesto-

ken. De inwoners van Hautpoul verlieten hun dorp om zich te vestigen in het 4 km verderop gelegen Mas-d'Arnette, nu Mazamet.

Desondanks werd Hautpoul een aantal jaren later weer een toevluchtsoord voor katharen, zoals blijkt uit getuigenissen van de inwoners voor de inquisitie. Rond 1240 was het de zetel van Jean de Collet, de kathaarse bisschop van Albi. Op 20 oktober 1247 werd Isarn Bonhomme, een van de co-seigneurs, veroordeeld tot levenslange gevangenis vanwege zijn kathaarse sympathieën. Hij bekeerde zich en trok zich terug in het cisterciënzer klooster van Villelongue. Vlak voor zijn dood ging Bonhomme echter terug naar Hautpoul, waar hij het consolament ontving.

Bezienswaardigheden
De ruïne van het kasteel uit de 11e en 12e eeuw ligt midden in het dorp, dat nog helemaal de sfeer ademt van de middeleeuwen.

Neem in Carcassonne de D118 richting Mazamet, Hautpoul ligt een paar kilometer ten zuiden van de stad. Parkeer de auto aan de voet van de toren van La Ville Haute, La Ville Basse is niet toegankelijk voor auto's.

LAGARDE
Ariège

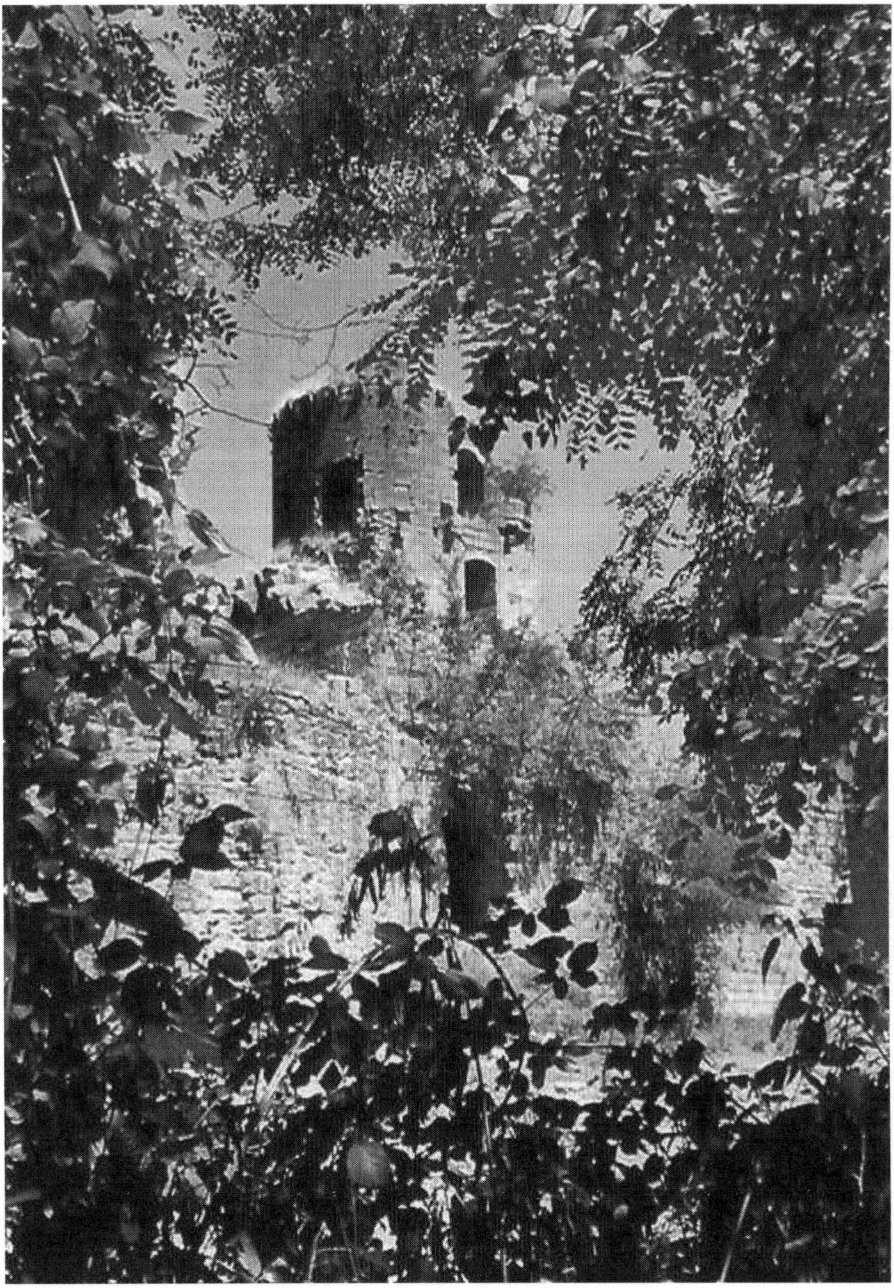

Geschiedenis

Het kasteel van Lagarde ligt op een heuvel op de linkeroever van de Hers. Guillaume de Lordat ontving het op 29 december 1197 in leen van koning Peter II van Aragón, tevens graaf van Barcelona. In 1209 moest hij het dorp *Villam Garda* met het kasteel overdragen aan Guy I de Lévis. Deze wapenbroeder van Simon de Montfort werd hiermee beloond voor zijn loyale steun tijdens de kruistocht. In 1212 werd in Pamiers een akte opgesteld, waarin de overdracht van de geconfisqueerde heerlijkheid van Mirepoix waaronder Lagarde viel, wordt bevestigd. Ook het kathaarse bolwerk Montségur kwam na de val in 1244 onder het beheer van De Lévis.

Lagarde werd rond 1330 vergroot en aangepast aan de eisen van de tijd door François, de jongste zoon van Guy III. Het werd de belangrijkste verblijfplaats van het huis De Lévis en had in 1510 een waarde van 100.000 *livres tournois*, driemaal zo veel als Montségur.

Jean V liet het kasteel verbouwen tot een residentie, die een van de machtigste families van de Languedoc waardig was; het verloor daarmee zijn militaire karakter. In de 18e eeuw liet Gaston de Lévis Lagarde zodanig verfraaien, dat het zich kon meten met de grootste kastelen van de Loire. Toen koning Lodewijk XVI hem verweet dat hij zo weinig in Versailles was, antwoordde Gaston: "Sire, men kan wel merken dat u Lagarde niet kent!" De laatste markies van Mirepoix moest vluchten tijdens de Franse revolutie en het kasteel werd in 1793 gesloopt. Wat overbleef deed onder meer dienst als pakhuis, smederij en woonruimte.

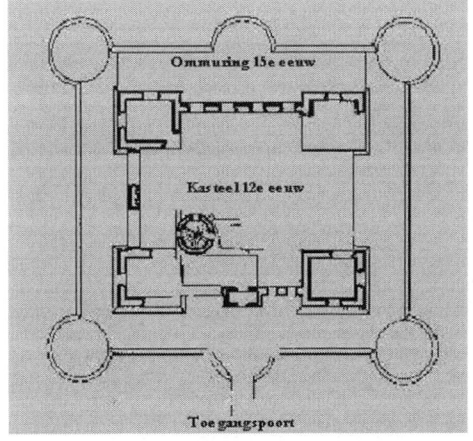

Bezienswaardigheden

Het kasteel uit de 12e eeuw bestond uit een ommuring van 52 x 45 meter, met een vierkante toren op iedere hoek en een toegangspoort met *assommoir* en valhek. Tegen de 2 meter dikke muren die de torens verbonden, waren woonverblijven gebouwd. De tweede muur met zes halfronde torens dateert uit de 15e eeuw, de vier torens werden toen verhoogd. Het was een van de eerste kasteelmuren waarin schietgaten voor kanonnen zijn aangebracht.

Alleen de buitenkant van het indrukwekkende kasteel te bezichtigen. Binnen de muren wordt hard gewerkt om de ruïne zodanig te stabiliseren, dat deze voor bezoekers kan worden opengesteld.

Neem in Quillan de D117 richting Foix en bij Puivert de D16 naar Mirepoix. Voorbij Camon ligt Lagarde, aan de voet van de ommuring in het centrum van het dorp is een parkeerplaats.

LAGRASSE
Aude, Corbières

Geschiedenis

In de vallei van Lagrasse zijn sporen gevonden van Gallo-Romeinse bewoning. Karel de Grote, in 778 na de verovering van Carcassonne op doorreis door de vallei, zou gesproken hebben van een *Vallée Grasse* (rijke, overvloedige vallei). In 799 stichtte Nimphridius, aartsbisschop van Narbonne, de benedictijner abdij Sainte-Marie d'Orbieu. Het stichtingscharter wordt bewaard in de archieven van Carcassonne. Door grote schenkingen werd de abdij de belangrijkste van het graafschap Toulouse, met bezittingen tot in Catalonië. Veel kloosters, waaronder die van Sainte-Marie-de-Camon, Saint-Polycarpe, Saint-Martin-des-Puits en Saint-Martin-du-Canigou, vielen onder haar heerschappij.

De abten bekleedden zowel in het religieuze als in het politieke leven een vooraanstaande positie. Zij waren belangrijke rivalen van de heren van Termes, die een aantal bezittingen van de abdij in beslag namen en daarvoor werden geëxcommuniceerd. Een van de abten nam in 1213 deel aan de Slag bij Muret, waar koning Peter II van Aragón sneuvelde.

De vallei had te lijden van de pest, hongersnood en de verschrikkingen van de Honderdjarige Oorlog tussen Frankrijk en Engeland, waardoor de abdij geleidelijk in verval raakte. In 1792, tijdens de Franse revolutie, telde de abdij nog slechts 14 monniken.

Bezienswaardigheden
Abdij Sainte-Marie d'Orbieu
De abdij ligt op de linkeroever van de Orbieu, die de abdij scheidt van het dorp. Twee bruggen – de boogbrug dateert uit de 11e eeuw en had oorspronkelijk aan beide kanten een toegangspoort – vormen de verbinding met de Vieille Ville, het versterkte middeleeuwse dorp.

De toren uit de 10e eeuw is een van de oudste delen van de abdij en leidt van het woonverblijf van de monniken naar het dormitorium (13e eeuw), waarvan de ramen zwaar beschadigd raakten tijdens de Franse revolutie. Er is toen ten behoeve van een militair hospitaal een tussenverdieping gebouwd. De Chapelle Saint-Barthélémy uit 1296 heeft een bijzondere tegelvloer en muurschilderingen van de Levensboom en het Laatste Oordeel. De abdijkerk is gebouwd op de fundering van een Karolingische kerk en dateert in zijn huidige vorm uit de 13e eeuw. In 1537 liet abt Philippe de Lévis, bisschop van Mirepoix, de klokkentoren bouwen. Een wenteltrap van 220 treden leidt naar de top, waar men een prachtig uitzicht heeft op de vallei van de Orbieu, het dorp en het irrigatiekanaal dat de monniken in de 13e eeuw groeven. Het kanaal voorzag drie graan- en oliemolens van water. De vestingwerken stammen uit de 14e eeuw, de kloostergang werd in de 18e eeuw gebouwd.

Openingstijden

19 januari tot 10 februari	14.00-17.00 uur (in de weekeinden)
11 februari tot 1 mei	14.00-17.15 uur
Mei, juni	10.30-12.00 en 14.00-18.00 uur
Juli, augustus	10.30-18.15 uur
September, oktober	10.30-12.00 en 14.00-18.00 uur
November tot 16 december	14.00-17.00 uur
Gesloten	17 december tot 19 januari

Neem in Carcassonne de N113 richting Narbonne en vóór Trèbes de D3 naar Lagrasse.

De vier kastelen van Lastours, gezien vanaf de Belvédère de Montfernier

LASTOURS CABARET
Aude, Cabardès

Cabaret
De teksten zijn zoek –
de brandstapel is gedoofd,
onder regie van Simon de Montfort
is het chanson de la croisade
zeker geslaagd.

Een geloof zonder hoop
het geloof van de liefde.

In de Montagne Noire slapen de artiesten
een gat in de dag
des oordeels.

Straks gaan ze op tournee
naar Toulouse waar ze figureren

als opgegraven ketters die
door de straten getrokken worden
op het festival van de dwaze moeders –
wie zo zal doen, zal zo eindigen.

Jan Visser

Geschiedenis

Rond 1500 v.Chr. was de Cabardès, het gebied rond Lastours, al bewoond. De zilver-, koper-, lood- en ijzermijnen worden vanaf de tijd van de Galliërs en de Romeinen geëxploiteerd. In de 6e eeuw werd het gebied Caput Ariétis (ramskop) genoemd, het was het noorden van het Visigotische rijk Septimanië. De rijke ertsmijnen in dit grensgebied waren inzet van hevige conflicten, totdat koning Raccarrède in 585 de Bourgondiërs onder aanvoering van koning Gontrand definitief versloeg.

In de 7e eeuw wordt melding gemaakt van een klooster in het gebied: Saint-Etienne de Cabaret. In 713 werd dat verwoest door de Arabieren, die vanuit Spanje Septimanië veroverden maar door Karel Martel weer werden teruggedreven over de Pyreneeën. In 759 liet Karels zoon Pepijn de Korte het klooster herbouwen. Het wordt in 1034 nog vermeld als eigendom van de bisschop van Gerona en in 1163 van de bisschop van Carcassonne, daarna raakte het in verval.

In 871 gaf de Frankische koning Karel de Kale de Cabardès in leen aan Oliba I, graaf van Carcassonne. In een akte van 1083 wordt voor het eerst een heer van Cabaret vermeld, dan nog Cabarez geheten. In de Languedoc bestond in die tijd nog niet het eerstgeboorterecht, maar erfden alle kinderen – zowel zonen als dochters – gelijkelijk. Door de verdeling van nalatenschappen en verwerving door huwelijk ontstond een grote groep van *co-seigneurs*, afkomstig uit verschillende families, die het gezag over Cabaret moesten delen. Het was een van de belangrijkste lenen van de Trencavels, burggraven van Carcassonne en Béziers. Er was regelmatig sprake van conflicten tussen de leenheer en zijn machtige vazallen. Zo maakten de Cabarets in 1120 deel uit van een coalitie tegen burggraaf Bernard-Aton IV, om zich vier jaar later weer aan hem te onderwerpen.

Zoals alle vazallen van Raymond-Roger Trencavel maakten ook Pierre-Roger de Cabaret en zijn broer Jourdain deel uit van het garnizoen van de Cité van Carcassonne op het moment dat in 1209 het kruisleger voor de muren verscheen. Pierre-Roger speelde een belangrijke rol bij de verdediging: toen Raymond-Roger

Surdespine

een overmoedige uitval wilde wagen, wist hij hem hiervan te weerhouden. Op 15 augustus werd de burggraaf tijdens onderhandelingen gevangengenomen, waarna Pierre-Roger de stad ontvluchtte. Onder zijn leiding werd Cabaret het hart van het Occitaanse verzet tegen de Franse bezetters en vele katharen en faidits vonden er bescherming. Er was een grote kathaarse gemeenschap gevestigd.
In 1210 kwam een groep in ketenen geslagen mensen bij het kasteel aan. Hun neus en lippen waren afgesneden, de ogen uitgestoken, ze waren uitgeput en overdekt met bloed. Het waren de burgers van Bram in de Lauragais, dat in handen was gevallen van Simon de Montfort. Een van hen had men één oog gelaten om de groep naar Cabaret te leiden, met de waarschuwing dat Pierre-Roger en de zijnen een zelfde lot zou treffen: hij was de enige grote leenman van Trencavel die zich nog niet had overgegeven.
Nadat De Montfort tweemaal tevergeefs had geprobeerd de kastelen te veroveren, trof hij in februari 1211, na de val van het kasteel van Puivert, opnieuw voorbereidingen voor een belegering. Hoewel het niet mogelijk bleek de kastelen van Lastours in te nemen, konden ze wel van de buitenwereld worden afgesloten, waardoor de belegerden te kampen kregen met gebrek aan voedsel en water. Vooral

dat laatste was een onoverkomelijk probleem en er restte Pierre-Roger geen andere keus dan zich over te geven. Om te voorkomen dat De Montfort zijn kastelen in bezit kreeg, droeg hij ze op 10 maart over aan Bouchard de Marly, luitenant van De Montfort en neef van diens echtgenote Alix de Montmorency. De Marly werd in Cabaret gevangen gehouden, nadat hij in 1209 tijdens een van de belegeringen in een hinderlaag was gevallen. Voordat hij leenhulde bracht aan de nieuwe kasteelheer en voordat de kruisridders binnentrokken, slaagde Pierre-Roger er nog in de kathaarse gemeenschap te laten ontsnappen. Een ter compensatie aangeboden landgoed in de buurt van Béziers weigerde hij te aanvaarden; hij ging in ballingschap in Laure in de Roussillon, waar hij rond 1223 stierf.

Quertinheux

De overgave betekende echter niet het einde van de betrokkenheid van de heren van Cabaret bij de strijd. Jourdain was in 1212 tijdens de Slag van Castelnaudary te vinden aan de zijde van Raymond-Roger van Foix en in 1223 slaagde hij erin Cabaret terug te krijgen, daarbij terzijde gestaan door de zonen van Pierre-Roger. De katharen keerden terug uit hun schuilplaatsen, maar de rust was van korte duur. Een nieuwe periode van onderdrukking brak in 1226 aan met de koninklijke kruistocht, die het einde inluidde van de Occitaanse onafhankelijkheid. Jourdain ging naar

Carcassonne om zich te onderwerpen aan koning Lodewijk VIII, maar onderweg werd hij overvallen en gevangengenomen door Raymond VII van Toulouse. Hij stierf twee jaar later in gevangenschap. In 1227 werd Cabaret tevergeefs belegerd door de kruisridders, nu onder commando van seneschalk van Carcassonne Humbert de Beaujeu. De kastelen kwamen in 1229 uiteindelijk toch in handen van Lodewijk IX, toen Raymond VII het Verdrag van Parijs sloot en een groot deel van zijn grondgebied moest afstaan. In 1240 kwam de Languedoc voor het laatst in opstand. Olivier de Cabaret koos de kant van Raymond II Trencavel, die met een leger vanuit Aragón probeerde zijn erfgoed te heroveren. Het verzet werd echter al snel en deze keer definitief gebroken.

De kastelen werden door de Fransen versterkt, onder andere door de bouw van Tour Régine. Voor het onderhouden en bewaken van de kastelen stelden zij de inwoners van de omliggende dorpen Rivière de Tours, Fournes, Salsigne, Villanière, Les Ilhes en Sallèles vrij van belastingen. Zij behielden dit privilege tot aan de Franse revolutie. Door de inlijving van de Roussillon bij Frankrijk, met het Verdrag van de Pyreneeën van 1659, werd de grens met Spanje verder naar het zuiden verlegd. Hierdoor verloren de kastelen hun strategische betekenis en raakten in verval. In de 19e en 20e eeuw zijn zij als steengroeve gebruikt om in het dorp huizen en een fabriek te bouwen.

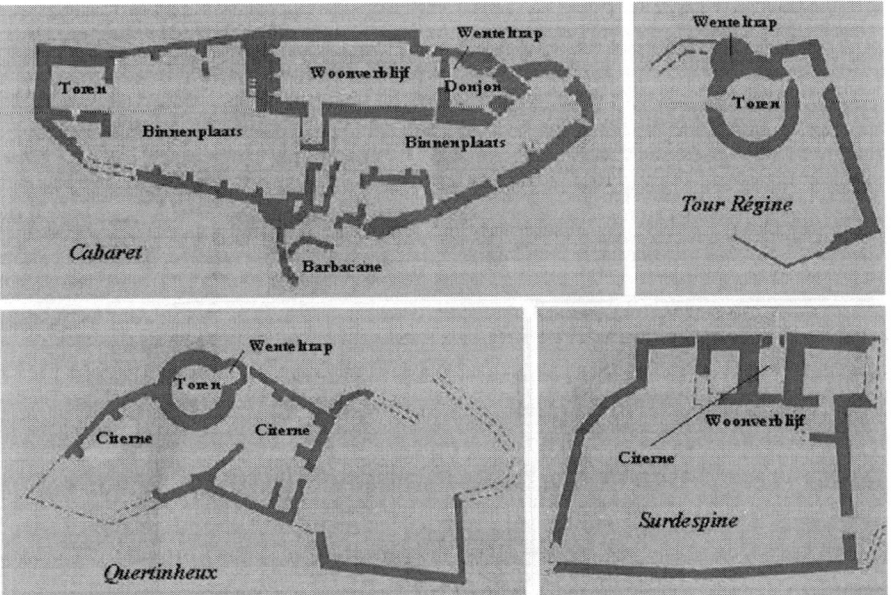

Bezienswaardigheden

Ga voor een onvergetelijke blik op de vier kastelen, gelegen op een rotsachtige bergrug tussen de dalen van de Orbiel en de Grésilhou, naar de Belvédère de Montfernier. Neem daarvoor in Lastours de D701 naar het mijnbouwdorp Salsigne.

Voor de voormalige textielfabriek Rabier, waarin de kaartverkoop en de toegang tot de kastelen zijn ondergebracht, staat een reconstructie van een Romeinse oven. In het gebouw is een permanente fototentoonstelling te zien van de dorpen van de Cabardès. In juli en augustus wordt op donderdag- en zondagavond om 22.00 uur met licht en geluid de strijd tegen het kruisleger uitgebeeld, het schouwspel is te zien vanaf de Belvédère.

Het voetpad naar de kastelen loopt door de grote spelonk in de rots waarop Quertinheux is gebouwd, het Trou de la Cité. Dit was wellicht het begin van de onderaardse gang die uitkwam bij Carcassonne en gebruikt zou zijn toen de burgers hun stad in 1209 moesten verlaten.

Op de berghelling onder Cabaret zijn de overblijfselen te vinden van een castrum uit de 7e eeuw, dat na de kruistocht werd verlaten. Volg hiervoor niet het pad dat rechts naar boven naar het kasteel leidt, maar ga links naar beneden. Er zijn ook fundamenten en citernes gevonden van een vijfde kasteel.

Trou de la Cité   *Castrum*

Cabaret

De vesting Cabaret is genoemd naar het oudste van de vier kastelen, dat dateert uit 1050. Cabaret, Tour Régine en Surdespine waren met elkaar verbonden via overdekte gangen en waarschijnlijk was er ook tussen Quertinheux en Surdespine zo'n verbindingsweg. Cabaret bestaat uit een ommuring van 54 x 18 meter die grotendeels de contouren van de rots volgt, met kantelen en een weergang die nog in rede-

lijk goede staat verkeren. De toegangspoort werd beschermd door een barbacane, waar nog maar weinig van over is. Op de binnenplaatsen bevonden zich gebouwen als stallen, een smederij en magazijnen. Aan de noordkant staat een vierkante toren uit de oudste periode; op het hoogste punt van de rots bevinden zich een woonverblijf en een veelhoekige donjon. De bovenverdieping biedt een prachtig uitzicht op de andere drie kastelen.

Cabaret was niet alleen van strategische betekenis, maar ook een trefpunt voor troubadours als Ramón de Miraval en Peyre Vidal. Hier woonde de veelbezongen *Louve*,[12] Etiennette de Pennautier. Zij was de echtgenote van een broer van kasteelheer Pierre-Roger en kon ook machtige heren als Bertrand de Saissac, Aimery de Montréal en Raymond-Roger de Foix tot haar bewonderaars rekenen.

Surdespine (Fleur d'Espine)

Van dit kasteel is alleen de trapeziumvormige ommuring met vierkante toren bewaard gebleven. Het woonverblijf bestond uit drie delen: twee grote zalen en een waterreservoir. De oudste gedeelten dateren waarschijnlijk uit de 10e eeuw. Een van de muren heeft een romaans venster uit de 12e eeuw met uitzicht op de Orbiel.

Quertinheux

De donjon van dit kasteel is – op een fundament uit de 11e eeuw – bijna op dezelfde manier gebouwd als Tour Régine – beide dateren uit de Franse tijd. Een

Surdespine   *Quertinheux*

torentje met een wenteltrap, die de drie verdiepingen verbond, was aan de donjon gebouwd. Er zijn ook nog overblijfselen te zien van de veelhoekige muur en twee citernes. Ongeveer 50 meter ten zuiden van het kasteel staan de resten van de romaanse *vielha gleisa* (oude kerk) uit de 6e of 7e eeuw, eromheen lag een kerkhof. Waarschijnlijk hoorde de kerk bij het middeleeuwse dorp Rivière des Tours de Cabaret.

Tour Régine

Dit kleinste van de vier kastelen is in de 13e eeuw gebouwd door de Fransen en maakt derhalve geen deel uit van de kathaarse geschiedenis. Tour Régine (Tour Royale, koninklijke toren) staat binnen een driehoekige muur en wordt als Turris Novae voor het eerst vermeld in 1243. Alleen de ronde toren, met daartegenaan een torentje met een wenteltrap, en een deel van de ommuring zijn bewaard gebleven. Boven in de muur van de toren is een dubbele rij gaten te zien, waarin balken zaten die de hordijzen moesten ondersteunen. De toegang lag 3 meter boven de grond en was te bereiken met een houten trap. De huidige toegang gaat via de citerne.

Openingstijden

Februari, maart	10.00-17.00 uur
April t/m juni	10.00-18.00 uur
Juli en augustus	09.00-20.00 uur
September	10.00-18.00 uur
Oktober t/m december	In weekeinden en tijdens schoolvakanties van 10.00-17.00 uur
Gesloten	Januari, 25 december

Neem in Carcassonne de D118 richting Mazamet, dan de D101 richting Conques-sur-Orbiel.

Mas-Cabardès

De kastelen van Lastours liggen vlakbij het middeleeuwse dorp Mas-Cabardès. Het kasteel en het klooster waren eigendom van het bisdom Carcassonne. In 1236 was Guillaume Arnaud, toekomstig bisschop, prior en heer van Mas-Cabardès. Van het kasteel is niet veel meer over dan wat resten van de muren en de contouren van de diverse gebouwen, maar alleen al het uitzicht op het dorp – een van de mooiste van Frankrijk – maakt de klim meer dan de moeite waard. Bij de kerk staat het aan twee kanten bewerkte *Croix des Tisserands* (weverskruis) uit de 16e eeuw.

La Tourette-Cabardès

In La Tourette was een belangrijke kathaarse gemeenschap gevestigd.

Neem in Lastours de D101 naar Mas-Cabardès, La Tourette ligt aan een afslag van de D9.

Mas-Cabardès

La Tourette, Église Sainte-Anne

Lavaur
Tarn

De Agoût

Geschiedenis

Lavaur is gelegen aan de Agoût, een zijrivier van de Tarn, en was al in de Gallo-Romeinse tijd een belangrijk verkeersknooppunt. Het is een van de oudste steden van het departement Tarn, de eerste schriftelijke vermelding dateert van 1035.

In 1181 stuurde paus Alexander III een delegatie onder leiding van de kardinaal van Albano naar de Languedoc om de groeiende ketterij te bestrijden en burggraaf Roger II Trencavel van Carcassonne tot de orde te roepen. Hij had toegestaan dat de kathaarse bisschop van Toulouse Bernard Raymond en zijn hulpbisschop een schuilplaats hadden gekregen in Lavaur, een van de belangrijkste kathaarse bolwerken. Burggravin Adélaïde, echtgenote van Trencavel, gaf de stad over en de ketters werden uitgeleverd.

Lavaur bleef echter onder invloed van het katharisme. Kasteelvrouwe Guiraude de Laurac was parfaite en bood onderdak aan veel katharen die na de val van Béziers voor het kruisleger waren gevlucht. Na de val van Cabaret in maart 1211 was Lavaur het volgende doelwit van Simon de Montfort. Versterkingen die uit Carcassonne naar hem onderweg waren, werden door Raymond-Roger van Foix bij Montgey in een hinderlaag gelokt: zesduizend Duitse en Friese huurlingen vonden de dood. Na een beleg van vijf weken sloegen de belegeraars op 3 mei de eerste bres in de muur, Lavaur moest zich overgeven. De vierhonderd katharen die in het kasteel hun toevlucht hadden gezocht, weigerden zich te bekeren: het was de grootste brandstapel van de kruistocht. Kasteelvrouwe Guiraude werd door de Franse soldaten verkracht, nog levend in een put gegooid en met stenen bedolven. Haar broer Aiméry de Montréal – zelf katholiek – stond aanvankelijk aan de kant van het kruisleger, maar had na het bloedbad van Béziers weer de kant van het zuiden gekozen om zijn zuster te hulp komen. De Montfort nam het breken van de leeneed hoog op en gaf bevel Aiméry en zijn tachtig ridders op te hangen. Toen de galg het begaf, liet hij bij de resterende veroordeelden de keel doorsnijden. In 1220 nam Raymond VII wraak voor de gruwelijke gebeurtenissen van 1211: hij nam het kasteel in en doodde de gehele Franse bezetting. Op 22 februari 1316 verhief paus Johannes XXII Lavaur tot bisdom, een status die de stad tot 1790 zou behouden.

Gedenkteken op de Place du Plô

Bezienswaardigheden

Place du Plô

Van de vroegere ommuring bestaat alleen nog een toren, de Tour des Rondes, waarin nu het Syndicat d'Initiative (VVV) is gevestigd. Het kasteel stond op de Place du Plô, onder dit plein moet zich ergens de put bevinden waarin Guiraude haar einde vond. Op het gedenkteken staat aan de ene kant de tekst *En ces lieux Dame Guiraude et ses chevaliers affrontèrent les croisés de Simon de Montfort avril-mai 1211* (Hier trotseerden Dame Guiraude en haar ridders de kruisridders van Simon de Montfort in april-mei 1211), aan de andere kant staat: *À Lavaur le peuple occitan perdit son indépendance, mais dans sept siècles le laurière reverdira* (In Lavaur verloor de Occitaanse bevolking haar onafhankelijkheid, maar over zeven eeuwen zal de laurier weer bloeien). Deze woorden worden toegeschreven aan de laatste parfait, Guillaume Bélibaste, die in 1321 in Villerouge-Termenès op de brandstapel de dood vond.

Cathédrale Saint-Alain

De abdij van Saint-Pons-de-Thomières kreeg in 1098 een stuk grond om bij het kasteel van Lavaur een kerk te bouwen, gewijd aan Saint-Alain. Deze kerk is tijdens het beleg van Lavaur in 1211 verwoest door het kruisleger, er is uit die tijd bijna niets meer over. In 1255 werd besloten op de plaats van de oude kerk een nieuwe te bouwen.

Neem in Carcassonne de D118 naar Mazamet en daar de N112 naar Castres. De D112 leidt naar Lavaur.

LORDAT
Ariège, Sabarthès

Geschiedenis

Gebouwd op een 965 meter hoge rots domineerde het kasteel van Lordat de vallei van de Ariège, de weg van Foix naar Catalonië. Lordat is een van de grootste en oudste burchten van het graafschap Foix. De eerste vermelding is van 970, toen was het gebied rond Lordat in bezit van graaf Roger le Vieux van Carcassonne. Hij droeg het in 1012 over aan zijn jongste zoon Bernard-Roger, de stamvader van de graven van Foix. De heren van Lordat, voor het eerst genoemd in 1137, kregen het kasteel in leen.

Tijdens de kruistocht speelde het geen strategische rol, het lag te hoog om gemakkelijk te kunnen innemen en viel onder de opperleenheerschappij van koning Peter II van Aragón, vazal van de paus. Wel bood Lordat volgens verhoren van de inquisitie onderdak aan gevluchte parfaits, waaronder in 1224 Guilhabert de Castres, de kathaarse bisschop van Toulouse. Er was ook een kathaars kerkhof, omdat de pastoor van Lordat vanaf 1209 verbood ketters in gewijde grond te begraven. Toen graaf Roger-Bernard II van Foix zich in 1229 onderwierp aan de Franse koning Lodewijk IX en de katholieke kerk, stond hij als bewijs van goede trouw de kastelen van Lordat en Montgrenier af, op voorwaarde dat hij zijn bezittingen na vijf jaar weer zou terugkrijgen. Toch bleef Lordat tot nog enige tijd na de val van Montségur in 1244 een schuilplaats voor vervolgde katharen.

In 1249 stond Bernard de Lordat zijn rechten op het kasteel af aan Roger IV van Foix. Diens opvolger Roger-Bernard III was voortdurend in strijd verwikkeld met de koningen van Frankrijk en Aragón. Lordat had geen belangrijke militaire betekenis, maar speelde wel een grote rol in diplomatieke onderhandelingen. In 1272 werd de graaf gevangen gehouden door de Franse koning Philips III de Stoute en hij gaf daarom zijn kastelen in beheer aan Jaime I. Toen hij in 1283 werd gevangengenomen door Jaimes opvolger Peter III, vertrouwde Roger-Bernard zijn bezittingen toe aan Philips. Als gevolg van een conflict in 1290 met Philips IV de Schone moest hij de kastelen van Lordat en Montréal-de-Sos afstaan, maar op 27 februari 1298 kreeg hij ze weer terug. Henri III van Foix-Béarn, de laatste graaf van Foix en als Henri IV koning van Frankrijk, gaf in 1582 opdracht het kasteel te ontmantelen. Op verzoek van de gouverneur van het graafschap trok hij de opdracht weer in: de sloop van het grote kasteel zou te veel kosten. Het werd wel verlaten, waardoor een van de machtigste kastelen van het graafschap Foix verviel tot ruïne.

Bezienswaardigheden
Het kasteel, waarvan de oudste gedeelten dateren uit de 10e en 11e eeuw, volgt de contouren van de bergtop. De meest toegankelijke kant werd verdedigd door drie trapsgewijs gebouwde muren, de andere zijden werden door de steile berghellingen beschermd. De vierkante toegangspoort is goed bewaard gebleven. Van april tot november worden optredens met roofvogels verzorgd, met de opbrengst hiervan worden restauratiewerkzaamheden verricht om te voorkomen dat het kasteel nog verder in verval raakt.

Openingstijden
April tot november   10.30-12.30 en 14.00-18.00 uur
De rest van het jaar en buiten deze uren is het kasteel vrij toegankelijk.

Neem in Quillan de D613 over het Plateau de Sault naar Ax-les-Thermes en daar de N20 naar Tarascon-sur-Ariège. Neem bij Luzenac de afslag naar Lordat.

Foto Philippe Contal

MIGLOS
Ariège

Foto René Gijsbertse

Geschiedenis

Het kasteel van Miglos – ook wel genoemd het kasteel van Arquizat – ligt op een hoogte van 750 meter boven de vallei van de Vicdessos, op het punt waar deze samenvloeit met de Ariège. Net als Montréal-de-Sos speelde Miglos, vanaf de 12e eeuw bewoond door vazallen van de graven van Foix, door de strategische ligging aan de grens met Spanje een belangrijke rol in de verdediging van het graafschap. De heerlijkheid Miglos bestond uit de dorpen Arquizat, Axiat, Norrat, Norgeat en Baychon.

In 1214 wordt Miglos vermeld in de akte waarmee graaf Raymond-Roger van Foix zich – tijdelijk – onderwierp aan Simon de Montfort. Als garantie voor zijn loyaliteit moest hij een aantal kastelen in onderpand geven aan de legaat van paus Innocentius III.

De kathaars gezinde Arnaud de Miglos bevoorraadde Montségur tijdens de lange belegering van 1243-1244; hiervoor werd hij na de val van het kasteel op 24 mei 1244 tot levenslange gevangenisstraf veroordeeld. Paus Innocentius IV schonk hem vergiffenis, waarna hij op 24 december 1248 de gevangenis van Carcassonne mocht verlaten. De heren van Miglos zouden tot in het begin van de 14e eeuw onderdak blijven bieden aan katharen, zoals blijkt uit verslagen van de inquisiteurs van het bisdom Pamiers. Hiervoor werden zij gestraft met verbeurdverklaring van hun bezittingen; volgens een akte van 21 februari 1311 moest graaf Gaston I Miglos overdragen aan Bernard de Son uit Quérigut. Op 10 november 1320 sloot deze een overeenkomst met de bewoners van de omliggende dorpen over boetes, die zij hadden gekregen omdat zij weigerden onderhoud te verrichten aan het kasteel.

In 1659 werd het Verdrag van de Pyreneeën gesloten, waarmee de grens met Spanje verder naar het zuiden kwam te liggen. Miglos verloor de strategische betekenis, de eigenaars verhuisden naar Arquizat en het kasteel raakte in verval. Toen het tijdens de Franse revolutie in 1792 in brand werd gestoken, was het al niet veel meer dan een ruïne.

Bezienswaardigheden

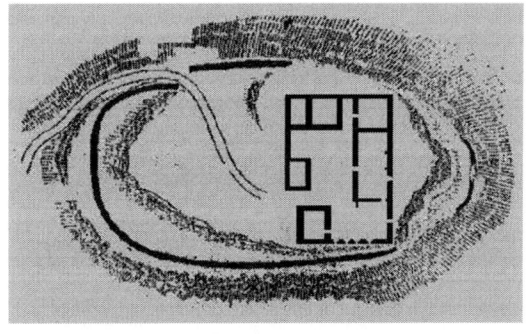

Van het feodale kasteel staan alleen nog delen van een woonverblijf, resten van muren uit de 14e eeuw en de donjon. Deze was ooit 20 meter hoog, op de tegenoverliggende hoek stond een vierkante toren van 15 meter hoog, met op de begane grond een citerne. De torens stonden met elkaar in verbinding via een aantal gebouwen rond een kleine binnenplaats. Vanwege de slechte staat waarin de ruïne verkeert, is deze alleen aan de buitenkant te bezichtigen.

Neem in Quillan de D613 over het Plateau de Sault naar Ax-les-Thermes. Neem daar de N20 naar Tarascon-sur-Ariège, dan de D8 naar Vicdessos en in Niaux de D156 naar Arquizat.

Foto Philippe Contal

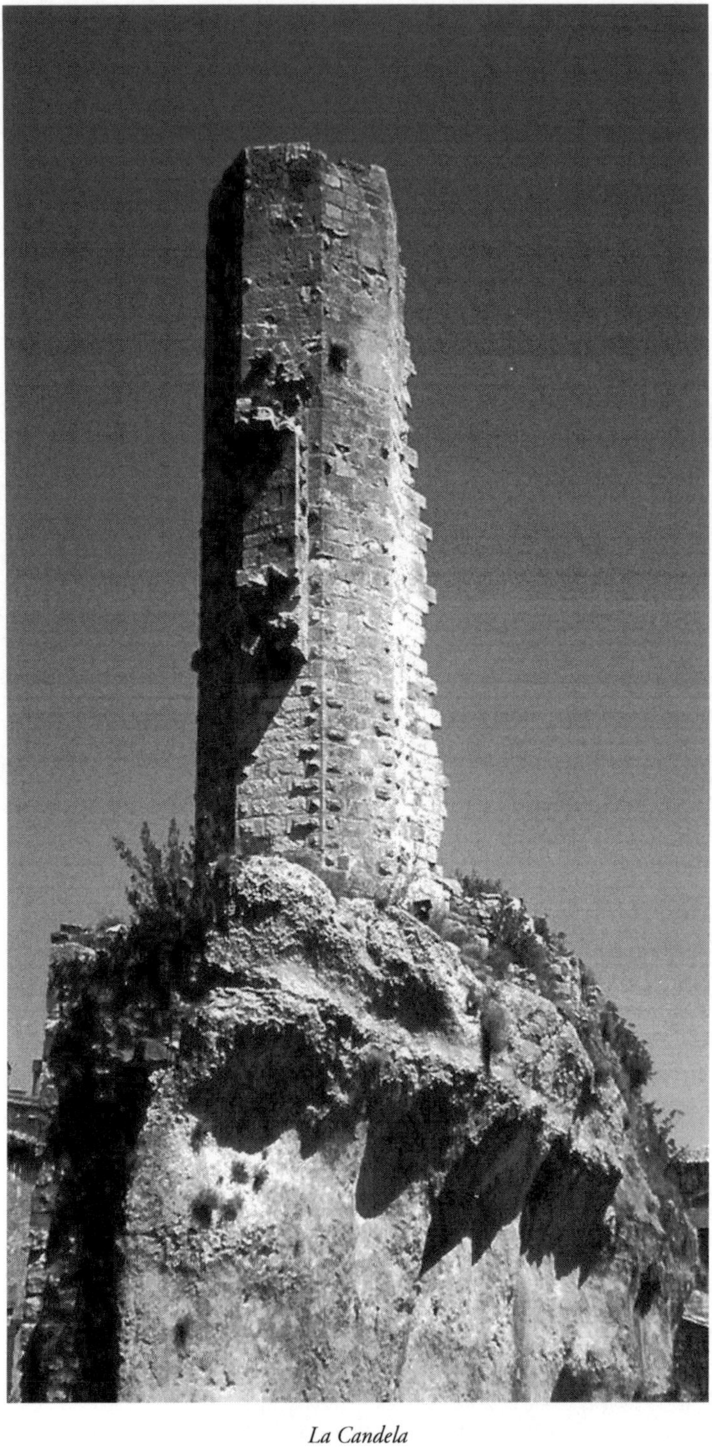

La Candela

MINERVE
Hérault, Minervois

Geschiedenis

De Minervois wordt al sinds de prehistorie bewoond. In de Romeinse tijd was hier een versterkte legerplaats gevestigd van het in Narbonne gelegerde 10e legioen. Na de Romeinen kwamen de Visigoten, waarvan nog een necropolis rest ten zuiden van de stad.

Minerve, voor het eerst vermeld in 873, is gebouwd op het rotsplateau waar de Cesse en de Brian samenvloeien. Een smalle landstrook verbindt de rots met het omliggende kalksteenplateau en was in de middeleeuwen de belangrijkste toegang tot het dorp. Het kasteel werd, aan de kanten die niet door ravijnen waren omgeven, verdedigd door twee grachten met ophaalbruggen. Rond het jaar 1000 kreeg Minerve de status van burggraafschap, met als eerste burggraaf Raynald. In 1167 gaf de Franse koning Lodewijk VII Minerve in leen aan Roger II Trencavel, burggraaf van Carcassonne en Béziers, toen deze trouwde met zijn nicht Adélaïde van Toulouse. Het kasteel was in die periode een trefpunt van troubadours, zoals de beroemde Ramón de Miraval. In 1179 droeg Roger Minerve over aan Alfons II, koning van Aragón en graaf van Barcelona.

Ten tijde van de kruistocht was Guillaume de Minerve kasteelheer. Hij was vazal van Raymond-Roger Trencavel en getrouwd met Rixovenda, zuster van Raymond de Termes. Na de val van Béziers in 1209 werd Minerve een vluchtplaats voor katharen uit de Minervois. Op 15 juni 1210 bezette Simon de Montfort met zevenduizend kruisridders het kalksteenplateau tegenover het dorp, terwijl burggraaf Aimery van Narbonne zich opstelde tegenover het kasteel. Guillaume vertrouwde op de onneembare locatie van Minerve, maar hij onderschatte de vastberadenheid van zijn tegenstanders. Het beleg zou zeven weken duren, waarbij onder andere gebruik werd gemaakt van *La Malvoisine* (De boze buurvrouw). Dit was een enorme katapult, die niet alleen de muren met grote stenen bestookte, maar ook de overdekte toegangsweg verwoestte naar de waterput aan de oever van de Brian. Hierdoor werd het dorp afgesloten van haar belangrijkste bron. Extreme hitte maakte de dorst ondragelijk en ten einde raad probeerden een paar inwoners La Malvoisine in de nacht van 27 juni in brand te steken. Twee wachtposten werden gedood, maar een derde betrapte de brandstichters en kon op tijd alarm slaan: het vuur werd gedoofd. Net als Raymond-Roger Trencavel in het geval van Carcassonne was ook hier watergebrek reden voor Guillaume de Minerve zich over te geven. Het was 22 juli, op de dag af een jaar na de val van Béziers. De katharen werden in twee huizen ondergebracht, maar pogingen hen te bekeren hadden weinig succes. Mathilde de Garlande, moeder van De Montforts onderbevelhebber Bouchard de Marly, wist slechts drie kathaarse vrouwen over te halen hun geloof af te zweren. Meer dan 140 katharen kozen voor de dood: zij liepen zelf de vlammen in van de eerste massabrandstapel van de kruistocht. De overige inwoners en het garnizoen kregen een vrije aftocht, nadat zij een eed van trouw aan De Montfort hadden afgelegd. Burggraaf Guillaume kreeg ter compensatie land aangeboden in de buurt van Béziers, maar in 1216 koos hij de zijde van

La Malvoisine

Raymond VI van Toulouse toen deze Beaucaire in de Provence heroverde op het kruisleger. Guillaume raakte hierbij zwaar gewond. Hij was ook aanwezig bij het beleg van Toulouse in 1218, waar De Montfort de dood vond. Diens zoon Amaury slaagde er niet in het veroverde gebied te behouden en droeg het in 1224 over aan de Franse kroon, waarna er in Minerve een koninklijk garnizoen werd gelegerd. Tijdens de opstand van 1240 van Raymond II Trencavel en Raymond VII probeerde de zoon van Guillaume tevergeefs zijn erfgoed te heroveren op de Fransen. Toen Lodewijk IX en Jaime I in 1258 het Verdrag van Corbeil sloten om de grens tussen Frankrijk en Aragón vast te leggen, kwam Minerve definitief onder heerschappij van de Franse kroon.

In 1636 gaf koning Lodewijk XIII op verzoek van de inwoners van het naburige Saint-Pons opdracht het kasteel en de verdedigingswerken af te breken: deze dienden als uitvalsbasis voor routiers, die de omgeving onveilig maakten en veel schade aanrichtten.

Bezienswaardigheden

Minerve wordt omgeven door de met wijngaarden overdekte heuvels van de Minervois. Bezoekers dienen hun auto's te parkeren aan de rand van de rotsstad, die toegankelijk is via een hoge brug over de Cesse. Terwijl de meeste andere plaat-

sen uit de kathaarse periode zijn vervallen tot ruïnes, is het middeleeuwse Minerve nog altijd bewoond. Aan de zuidkant van het dorp bevinden zich de overblijfselen van de dubbele ommuring met de Tour de la Prison. Van de lage, overwoekerde muur is minder bewaard gebleven dan van de bovenste muur, die op veel plaatsen nog dient als achterkant van de huizen van het dorp. Van de smalle, ommuurde weg die naar de overdekte waterput leidde, zijn de resten nog te zien.

- *La Candela* (kaars): een achthoekige toren uit het midden van de 13e eeuw, het enige overblijfsel van het kasteel dat in 1636 door koning Lodewijk XIII werd ontmanteld.
- *Rue des Martyrs:* deze leidt naar de Porte Basse, de poort van de eerste ommuring uit de 12e eeuw, met de Tour de la Prison, waar tijdens de godsdienstoorlogen gevangenen werden opgesloten Vanaf de poort loopt een met rivierstenen geplaveide straat, de *calade*, naar de bedding van de rivier, waarlangs een voetpad om het dorp heen loopt naar boven tot bij La Candela.
- *La Porte des Hospitaliers (La Porte des Templiers):* waarschijnlijk was dit een van de huizen waar de parfaits en parfaites zich moesten verzamelen na de overgave in 1210; het wapenschild boven de poort zou het Maltezer kruis (Hospitaliers de Saint-Jean de Jérusalem) zijn. In de tweede helft van de 13e eeuw was hier een klooster gevestigd. Hoewel men dit ook wel het *Maison des Templiers* noemt, is er geen bewijs van hun verblijf hier.
- *Église Saint-Étienne:* een romaanse kerk uit de 11e eeuw. Het marmeren altaar – een van de oudste christelijke monumenten van Frankrijk – werd in 456 gewijd door Saint-Rustique, bisschop van Narbonne. De kerk is alleen te bezichtigen als onderdeel van een rondleiding door de stad door het Syndicat d'Initiative (VVV).
- *Stèle:* op de Place de la Marie naast de kerk staat een gedenkteken met het symbool der katharen: een steen met een uitsparing in de vorm van een duif.
- *Puits Saint-Rustique:* de waterput die door een overdekte weg met de vestingmuur was verbonden.
- *La Malvoisine:* een kopie van het belegeringswerktuig waarmee de kruisridders de waterput vernietigden. Vanaf dit punt – er loopt een pad heen vanaf de waterput – is er een schitterend uitzicht op de stad.
- *Musée Hurepel:* het museum is gevestigd in een van de oudste huizen van het dorp en toont diorama's van de belangrijkste gebeurtenissen van de strijd tegen de katharen.

Openingstijden Musée Hurepel

April t/m juni	14.00-18.00 uur
Juli, augustus	11.00-19.00 uur
Gesloten	Oktober t/m maart, op maandag van april t/m juni

Neem in Carcassonne de D118 richting Mazamet en vervolgens de D620. Neem de D11 naar Peyriac-Minervois en daar de D168 naar Azillanet. De D10 voert naar Minerve.

Stèle

Miramont
Aude, Corbières

Geschiedenis

Volgens een legende ligt koning Alarik II begraven in een grot onder het kasteel – met de schat die de Visigoten tijdens hun plundering van Rome in 410 hebben meegenomen. Hij sneuvelde in 507 bij Vouillé, waar zijn troepen door de Frankische koning Clovis werden verslagen. Het kasteel wordt ook wel Barbaira genoemd, naar het naburige dorp of Alaric, naar de bergen waarin het is gelegen. De eerste vermelding dateert uit 1063, toen de graven Roger III van Carcassonne en Roger I van Foix onderhandelden over het bezit van het kasteel. In 1210 werd het bezet door Amaury en Guillaume de Poissy, kruisridders uit het leger van Simon de Montfort. Chabert de Barbaira speelde een belangrijke rol in de kruistocht. Hij was erbij toen Miramont werd heroverd en het Franse garnizoen van veertig man, inclusief de Poissy's, sneuvelde. Zijn naam wordt ook vermeld in verslagen over het derde beleg van Toulouse in 1219 en als betrokkene bij de opstand van 1240 van Raymond II Trencavel. Als kasteelheer van Quéribus was hij een van de laatsten die een toevluchtsoord bood aan de katharen, totdat hij zich in 1255 overgaf aan de Fransen.

Bezienswaardigheden

Van het kasteel staan alleen nog de resten van een vierkante donjon en de dubbele ommuring uit de 13e en 14e eeuw.

Neem in Carcassonne de N113 richting Narbonne, dan in Barbaira de D503 naar Miramont.

Mirepoix
Ariège, Pays d'Olmes

Geschiedenis

Het kasteel van Mirepoix wordt voor het eerst genoemd in de 10e eeuw, maar het gebied werd al door de Galliërs en de Romeinen bewoond. Het dorp werd in de 11e eeuw gebouwd aan de voet van het kasteel. De heren van Mirepoix, de belangrijkste van de 36 co-seigneurs die het gebied in leen hadden van de graven van Foix, onderhielden nauwe betrekkingen met de katharen, die in de stad meer dan vijftig gemeenschapshuizen beheerden. Pierre-Roger le Vieux de Mirepoix, die in 1204 dodelijk gewond raakte, ontving in Fanjeaux het consolament van Guilhabert de Castres, de latere kathaarse bisschop van Toulouse. In 1206 werd er in Mirepoix een groot concilie gehouden, waar meer dan zeshonderd parfaits aan deelnamen. Een van de aanwezigen was Raymond de Péreille, die daar de opdracht kreeg het kasteel van Montségur te restaureren en versterken om er de zetel van de kathaarse kerk te vestigen. Zijn schoonzoon Pierre-Roger de Mirepoix werd benoemd tot bevelhebber van het garnizoen dat Montségur moest verdedigen.

In 1209 viel Mirepoix in handen van Simon de Montfort, die het overdroeg aan Guy I de Lévis, een van zijn trouwste wapenbroeders en stichter van de illustere dynastie van De Lévis-Mirepoix. In 1223 slaagde Raymond-Roger van Foix erin het kasteel te heroveren, maar na de onderwerping van het zuiden aan de Franse kroon

in 1229 met het Verdrag van Parijs kwam het weer in bezit van De Lévis.
Het dorp werd op 16 juni 1279 geheel verwoest door de overstroming als gevolg van het breken van de dam in de Hers bij het meer van Puivert. Op de andere oever van de rivier lieten Guy III en zijn zoon Jean I een nieuw dorp bouwen, volgens het grondplan van een bastide. De verwoestingen van de Honderdjarige Oorlog met Engeland in de 14e eeuw maakten een einde aan een periode van welvaart. Ook van de godsdienstoorlogen had Mirepoix zwaar te lijden.

Bezienswaardigheden
Mirepoix is een goed bewaard voorbeeld van een bastide. Het dorpsplein is omgeven door middeleeuwse *couverts*, overdekte houten galerijen met vakwerkhuizen, met als hoogtepunt het Maison des Consuls.

Château de Terride
Van het feodale kasteel, op fundamenten uit de 10e eeuw, staan nog een vierkante toren, een vervallen muur en de kapel. De Porte d'Aval, een vierkante toren uit de 14e of 15e eeuw, is de enig resterende van de vier stadspoorten.

Cathédrale Saint-Maurice
Met de bouw van de parochiekerk Saint-Maurice is begonnen in 1298. In 1317 werd Mirepoix door paus Johannes XXII verheven tot bisdom, de kerk kreeg de status van kathedraal. Het zou tot 1865 duren voor de bouw was voltooid.

Neem in Carcassonne de D119 naar Mirepoix.

Porte d'Aval

MONTAILLOU
Ariège, Pays d'Alion

Geschiedenis

De naam Montaillou komt waarschijnlijk van *Mons Alionis:* heuvel van Agilo, een gotische krijgsman. Op de top van de Mont d'Alion, 1300 meter hoog, is het kasteel gebouwd. Het Pays d'Alion, bestaande uit de dorpen Montaillou, Prades, Comus en Camurac, was in het begin van de 11e eeuw in bezit van de graven van Carcassonne. In de tweede helft van de 12e eeuw erfde Aton d'Alion het Pays de Sault, waardoor hij vazal werd van graaf Roger-Bernard I van Foix.

In 1209 werden de goederen der D'Alions vanwege hun banden met het katharisme verbeurdverklaard. Hoewel Bernard d'Alion, tevens eigenaar van de kastelen Usson en Quérigut, zich onderwierp aan Simon de Montfort, bleef hij de katharen beschermen en bood onder andere in 1230 onderdak aan Guilhabert de Castres, de kathaarse bisschop van Toulouse. Hij trouwde in 1236 met Esclarmonde, zuster van Roger-Bernard II van Foix. In 1257 werd Bernard door de inquisitie ter dood veroordeeld en voor de kathedraal van Perpignan verbrand.

Na de overgave van Montségur in 1244 viel ook het nabijgelegen kasteel van Montaillou, maar de inwoners van het dorp bleven het katharisme trouw. Op 15 augustus 1308 liet inquisiteur Geoffroy d'Ablis alle van ketterij verdachte inwoners gevangennemen wegens het niet betalen van de tienden, een kerkelijke belasting. Zij werden in eerste instantie overgebracht naar het kasteel, waar sommige zaken meteen werden afgehandeld. De meesten kregen echter een dagvaarding om in Carcassonne voor de inquisitierechtbank te verschijnen. Zeer waarschijnlijk was de actie het gevolg van verraad van de invloedrijke dorpspastoor Pierre Clergue. Hij had de kathaarse families van het dorp jarenlang beschermd, maar toen hij zelf wegens ketterse sympathieën dreigde te worden opgepakt, koos hij de kant van de inquisitie. Zijn broer Bernard, als baljuw van de graaf van Foix verantwoordelijk voor de rechtspraak en het innen van de belastingen in Montaillou, confisqueerde de goederen van de veroordeelde katharen.

In 1317 werd de cisterciënzer monnik Jacques Fournier bisschop van Pamiers, met als speciale opdracht de laatste katharen uit te roeien. Hij richtte in 1318 een eigen inquisitierechtbank op en opnieuw werden alle inwoners van Montaillou ondervraagd. Omdat de inquisitie bij de verhoren en voor het uitvoeren van vonnissen afhankelijk was van de plaatselijke kerkelijke en wereldlijke autoriteiten, konden de gebroeders Clergue lang een dubbelrol spelen, maar uiteindelijk werden ook zij veroordeeld.

Jacques Fournier (Avignon)

Montaillou is vooral bekend geworden door het boek *Montaillou, een ketters dorp in de Pyreneeën (1294-1324)* van Emmanuel le Roy Ladurie, die aan de hand van de inquisitieverslagen van Jacques Fournier het dagelijks leven uit die tijd heeft gereconstrueerd. Het was een van de laatste dorpen waar de katharen nog actief waren en telde in de beschreven periode ongeveer 40 huizen, er woonden 200 tot 250 mensen. De graaf van Foix werd er vertegenwoordigd door burchtheer Bérenger de Roquefort en baljuw Bernard Clergue. De Roquefort was in 1291 getrouwd met Béatrice, de dochter van Philippe de Planissoles, wiens familie het katharisme al generaties lang was toegedaan. Zij had na de vroege dood van haar echtgenoot onder meer verhoudingen met dorpspastoor Pierre Clergue en haar rentmeester Raymond Roussel. Deze laatste was al voor 1280 wegens ketterij veroordeeld en hij probeerde haar over te halen met hem naar Noord-Italië te vluchten. Omdat zij zwanger was van haar derde kind, ging dit plan niet door. Op grond van het regelmatig niet bijwonen van de mis en een opmerking waarmee Béatrice de hostie belachelijk maakte, werd zij op 4 juli 1321 met haar minnaar Barthélemy Amilhac door bisschop Fournier gevangengenomen. Omdat zij alle belangrijke inwoners uit het gebied kende, was haar getuigenis voor Fournier van cruciaal belang. Haar beschuldigingen aan het adres van Clergue droegen in hoge mate bij aan zijn veroordeling. Zij wist uit de gevangenis te ontvluchten, maar werd bij Mas-Saintes-Puelles opnieuw gepakt. Op 4 juli 1322 werd zij vrijgelaten, na te zijn veroordeeld tot het dragen van dubbele gele kruizen op haar kleding.

De bewoners van Montaillou waren herders, boeren en ambachtslieden. Het dorp was verdeeld in kathaarse families zoals Baille, Belot, Benet, Clergue en Maury, en katholieke families als Lizier, Azéma en Rives. Bij de wederopleving van het kathaarse geloof in de Ariège speelden vooral de gebroeders Pierre en Guillaume Authié uit Ax-les-Thermes een belangrijke rol. De rondtrekkende parfaits bezochten ook Montaillou regelmatig. Zij werden in de nacht het huis van een gelovige binnengesmokkeld voor een maaltijd, prediking of het toedienen van het consolament aan een stervende. Vaak luisterden de buren mee door gaten in de muur of via het dak. Zo kwam de inquisitie via het verhoren van alle inwoners aan veel informatie. Op grond van hun getuigenissen werden velen die in het gebied het consolament ontvangen hadden, maar op katholieke kerkhoven begraven lagen, opgegraven en alsnog verbrand.

Bezienswaardigheden

In 1756 werd het kasteel van Montaillou bijna helemaal door brand verwoest. Er staan alleen nog resten van de donjon uit de 13e eeuw. Deze telde drie of vier verdiepingen, op de begane grond bevond zich de ruimte waar de inwoners van het dorp door de inquisitie werden vastgehouden voor hun verhoor. Ten oosten van het kasteel bevinden zich overblijfselen van het middeleeuwse dorp, dat werd verlaten toen de bewoners zich vestigden op de huidige locatie. Jaarlijks wordt in augustus met *Les Médiévales* herdacht dat de inwoners in 1308 werden gearresteerd en weggevoerd. Van het dorp tot aan de voet van het kasteel wordt nagespeeld hoe dit in zijn werk ging. Er worden lezingen gehouden door vooraanstaande schrijvers – Emmanuel le Roy Ladurie is vrijwel jaarlijks gastspreker – en er wordt aandacht besteed aan de archeologische vondsten. De ruïne van het kasteel is vrij te bezichtigen; op zondagen is er van 11-14 uur een gids aanwezig.

Opgraving van een van de middeleeuwse huizen

Notre Dame de Carnesses

Dit is de kerk waar pastoor Pierre Clergue kasteelvrouwe Béatrice verleidde en waar naast het altaar zijn moeder Mengarde werd begraven. De deur van de hoofdingang, het transept en het schip van de oude dorpskerk dateren nog uit het begin van de 14e eeuw.

Veel van de familienamen op de graven van het naastgelegen kerkhof komen voor in de verslagen van de inquisitie. Burgemeester Jean Clergue is een nakomeling van de pastoor.

Montaillou ligt aan de D613, de Route des Corniches door het Pays de Sault, van Quillan naar Ax-les-Thermes.

MONTGEY
Tarn, Lauragais

Geschiedenis

Het kasteel van Montgey is gebouwd op Romeinse fundamenten, op een heuvel die de vlakte van Revel domineert. De kathaarse heren De Roquefort behoorden tot de machtigste families van de Montagne Noire. Guillaume de Roquefort maakte in 1210 deel uit van het garnizoen dat het kasteel van Termes verdedigde.

Bij Auvezines, aan de voet van het kasteel, vielen in april 1211 hulptroepen voor Simon de Montfort in een hinderlaag van Raymond-Roger van Foix, die zijn troepen verdekt had opgesteld in de bossen. Het waren zesduizend voornamelijk Duitse en Friese huurlingen, die van Carcassonne onderweg waren naar het belegerde Lavaur; niemand overleefde de aanval. Na de val van Lavaur werd het kasteel van Montgey door De Montfort verwoest en het dorp in brand gestoken. Kasteelheer Jourdain de Roquefort sloot zich aan bij graaf Raymond VI van Toulouse. Hij ontving op zijn sterfbed het consolament, maar werd begraven in de abdij van Saint-Papoul.

Maquette van het kasteel

Bezienswaardigheden
Van het kasteel uit de tijd van de kruistocht zijn alleen nog delen van de muren over. Het huidige kasteel dateert uit de 15e en 16e eeuw en werd verbouwd in de 17e eeuw.
Het kasteel is privé-bezit en niet toegankelijk voor publiek. Wel is op zon- en feestdagen van 15-18 uur het omringende park opengesteld.

Auvezines
Bij het kerkhof van het dorp Auvezines staat een gedenkteken voor de huurlingen die hier in 1211 sneuvelden: *Ici et aux environs reposent 6000 croisés surpris en embussade fin d'Avril 1211* (Hier en in de omgeving rusten 6000 kruisridders die eind april 1211 in een hinderlaag zijn gelokt). Het is waarschijnlijk het enige monument in Frankrijk waarmee de dood van Duitse troepen wordt herdacht.

Neem in Carcassonne de N113 naar Toulouse en bij Castelnaudary de D624 naar Revel. Volg daar de D622 richting Castres en neem de afslag (D45) naar Garrevaques. Even voorbij Auvezines ligt Montgey.

Montmaur
Aude

Geschiedenis
De oudste delen van het kasteel van Montmaur dateren uit de 9e en 10e eeuw. In 1030 was het onderdeel van de heerlijkheid Saint-Félix, eigendom van de graaf van Toulouse. Een van de eerst bekende heren was Sicard de Beaufort, die wegens zijn kathaarse overtuiging werd veroordeeld tot levenslange gevangenisstraf. Het kasteel werd in 1211 veroverd door Simon de Montfort, maar kwam na diens dood in 1218 weer in bezit van Toulouse. In 1226 schonk graaf Raymond VII Saint-Félix aan Roger-Bernard II van Foix, die het in leen gaf aan zijn vazal Pierre de Buisson.

Bezienswaardigheden
Het kasteel – 60 x 50 meter – heeft vier ronde hoektorens van bijna 20 meter hoog. De toegangspoort werd verdedigd met een valhek en machicoulis. Het kasteel was vooral van strategisch belang en werd pas in de 16e en 17e eeuw aangepast voor bewoning.
Het kasteel is privé-eigendom en kan alleen aan de buitenkant bezichtigd worden.

Neem in Carcassonne de N113 richting Toulouse en na Castelnaudary de afslag naar Montferrand.

MONTRÉAL-DE-SOS
Ariège

Geschiedenis

Dit op ruim 1.240 meter hoogte gelegen kasteel wordt voor het eerst vermeld in het begin van de 13e eeuw, als een van de bezittingen van de graven van Foix. Het bestond uit een ommuring met torens en een donjon. Doel was de verdediging van de vallei van de Vicdessos, onderdeel van de grens van het graafschap Foix met Aragón; ook het kasteel van Miglos maakte hier deel van uit. De kastelen verloren hun militaire betekenis toen met het Verdrag van de Pyreneeën in 1659 de grens naar het zuiden werd verlegd. Montréal raakte in verval en diende vervolgens als steengroeve voor de huizen van het dorp Olbier.

Mont-Réal-de-Sos is een van de locaties die worden genoemd als de plaats waar de schat van de katharen tijdens de belegering van Montségur in 1244 in veiligheid zou zijn gebracht. Bron hiervoor is de getuigenis die Béranger de Lavelanet aflegde voor de inquisitie. Hij sprak van *in castrum de so*. Dit wordt echter ook wel geïnterpreteerd als *d'Usson*; het kasteel van Usson ligt ten zuidwesten van Quillan.

Bezienswaardigheden
Via drie grotten – Grota de las Femnas, Grota dels Omes en Gradugno del Natuquet – komt men bij de ruïne van het kasteel. Er is nog een ronde muur herkenbaar, mogelijk de overblijfselen van een kapel. Onder het kasteel bevindt zich een kleine grot met een vreemde, inmiddels bijna vervaagde schildering uit de 13e eeuw: een schaal, een speer, een lans, een aantal kruizen en druppels bloed. Deze heeft aanleiding gegeven tot speculaties over een relatie van de katharen met de tempeliers, maar daarvoor zijn geen concrete bewijzen te vinden. De roman *Parzival* van Wolfram von Eschenbach uit de 13e eeuw inspireerde Richard Wagner tot zijn opera's *Parzival, Lohengrin en Tannhäuser*: het kasteel van Montréal-de-Sos zou de graalburcht Montsalvage zijn. Ook Montségur wordt hiermee in verband gebracht.

Neem in Quillan de D613 over het Plateau de Sault naar Ax-les-Thermes en daar de N20. Neem in Tarascon-sur-Ariège de D8 naar Vicdessos en ga daar richting Goulier. Neem de afslag Olbier en parkeer bij de toegang tot het dorp.

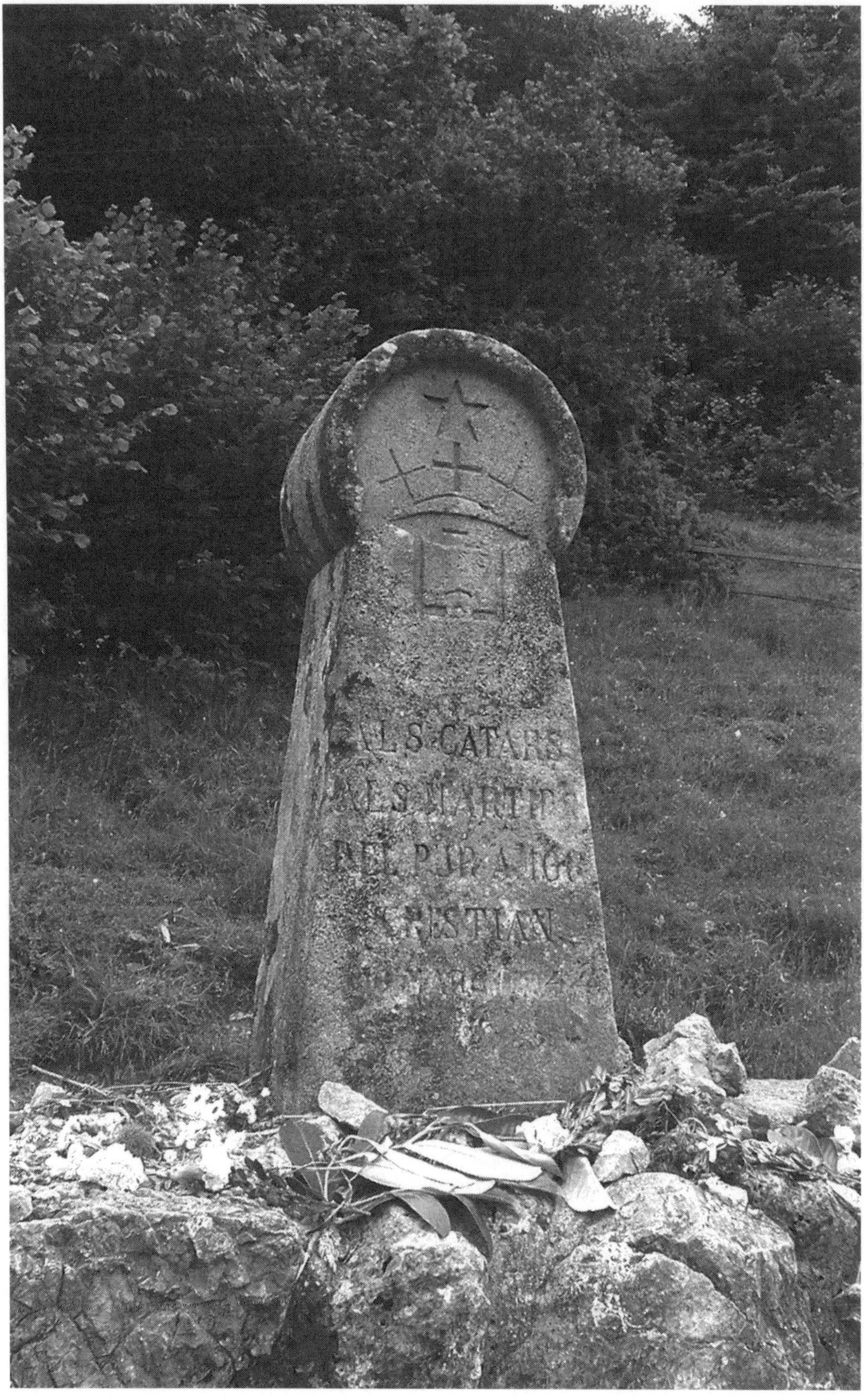
ALS CATARS

MONTSÉGUR
Ariège, Pays d'Olmes

Montségur

wat valt over de triangel
weinig meer te zeggen dan
echo's, verre klanken
van geheimtaal

teksten verstoren
de grond onder voeten
van de bezoekers die hunkeren naar
klare taal

de gids, gevraagd naar de heilige graal,
toont sprakeloos
haar lege handen

Jan Visser

Geschiedenis

Montségur, *Mons Securus* (Veilige Berg) was strategisch zeer gunstig gelegen op de grens tussen Frankrijk en Aragón. De contouren van het kasteel volgen de omtrek van de 1207 meter hoge, steile pog (Occitaans: *puèg*, berg).

Van het oorspronkelijke kasteel Montségur I is alleen bekend dat Raymond de Péreille, heer van het nabijgelegen kasteel van Péreille en vazal van de graaf van Foix, deze burcht noemde in zijn getuigenis voor de inquisitie van 11 mei 1244. Dit kasteel was al tot ruïne vervallen toen De Péreille tijdens het kathaarse concilie van 1206 in Mirepoix het verzoek kreeg de burcht te restaureren. Dit werd wat nu Montségur II wordt genoemd, het enige in opdracht van en voor katharen gebouwde kasteel. Vanaf 1209 – de val van Béziers – vonden velen er bescherming. In 1232 kreeg Guilhabert de Castres, bisschop van Toulouse, toestemming van De Péreille om Montségur tot hoofdzetel te maken van de kathaarse kerk. De gemeenschap van ruim tweehonderd katharen – bisschop, parfaits en diakenen – woonde buiten de muren van het kasteel in huizen, die half in de rotsen waren gebouwd. Zij voorzagen geheel in hun eigen onderhoud, verzorgden zieken die naar Montségur kwamen om voor hun dood het consolament te ontvangen en, tijdens de belegering, ook de gewonde soldaten van het garnizoen.

De aanslag van 1242 op de inquisiteurs Guillaume Arnaud en Étienne de Saint-Thibéry in Avignonet luidde het einde in van Montségur. In opdracht van het Concilie van Béziers begon in mei 1243 de belegering van dit symbool van het kathaarse verzet tegen koning en kerk door een leger van ruim tienduizend man onder leiding van seneschalk van Carcassonne Hugues d'Arcis en Pierre Amiel, aartsbisschop van Narbonne. In december slaagden Baskische bergbeklimmers erin de voorpost Roc de la Tour in te nemen. Vandaar bestookten de belegeraars met een grote katapult dag en nacht de muren van het kasteel. Na een beleg van tien maanden, waarin een groot aantal soldaten was gesneuveld en de voorraden waren uitgeput, moest Montségur zich op 1 maart 1244 overgeven. Na een wapenstilstand van twee weken – een aantal gijzelaars moest garanderen dat de voorwaarden zouden worden nagekomen – droeg de militaire bevelhebber Pierre-Roger de Mirepoix het kasteel op 16 maart over aan de Fransen. Alle niet-kathaarse bewoners mochten na de overgave vertrekken, nadat zij waren ondervraagd door de inquisitie. Onder hen bevonden zich Raymond de Péreille en zijn zoon Jourdain, Pierre-Rogers echtgenote Philippa en ook de soldaten van het garnizoen. De plegers van de aanslag in Avignonet kregen amnestie en katharen die zich bekeerden, zouden eveneens vrijuit gaan. Dat gebeurde niet: tijdens de weken die voorafgingen aan de overgave was nog een groot aantal bewoners van het kasteel – waaronder Péreilles echtgenote Corba met haar dochters Esclarmonde en Alpaïs en haar moeder, Marquésia de Lantar – overgegaan tot het katharisme. Zij waren diep onder de indruk van de standvastigheid en geloofsovertuiging van de parfaits en, hoewel zij daarmee kozen voor een zekere dood, kwamen zij niet terug op hun beslissing.

Bisschop Bertrand Marty hield zijn laatste preek en de katharen volgden hem naar de voet van de pog. Meer dan tweehonderd katharen stierven op een brandstapel die tot in de verre omtrek was te zien. Het duurde drie dagen tot de vlammen waren gedoofd. De val van Montségur betekende het einde van het kathaarse verzet, maar niet de ondergang van het katharisme. Dat zou nog aanhangers hebben tot het begin van de 14e eeuw, toen slaagde de inquisitie erin de laatste parfait Guillaume Bélibaste tot de brandstapel te veroordelen.
Koning Lodewijk IX gaf opdracht de burcht aan de Franse verdedigingstechnieken aan te passen. Op Montségur III, het huidige kasteel, bleef tot het Verdrag van de Pyreneeën van 1659 een garnizoen gelegerd. In dat jaar werd de grens tussen Frankrijk en Spanje verder naar het zuiden verlegd en verloor Montségur zijn strategische betekenis.

Reconstructies van Michel Collet

Het verhaal van de belegerden van Montségur is terug te vinden in de verslagen van de inquisitie. De Péreille trok zich terug in zijn gebieden bij Verniolle; zijn nakomelingen zouden zich verzoenen met de katholieke kerk. Pierre-Roger de Mirepoix ging naar Montgaillard, kreeg vergiffenis voor zijn aandeel in de aanslag van 1242 en ook hij bekeerde zich tot de kerk van Rome. Het laatste wat van hem is vernomen, is de vermelding van zijn naam in een akte van 1284.

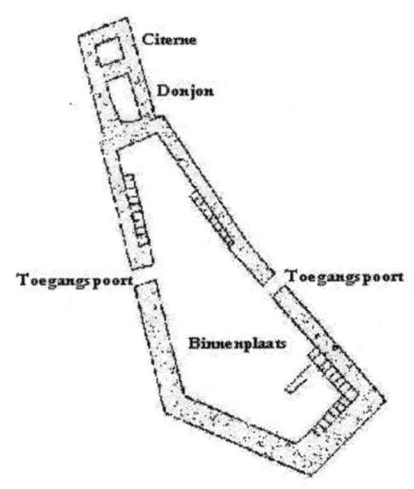

Bezienswaardigheden

Vanaf de parkeerplaats langs de D9 is het een half uur klimmen langs een steil en rotsachtig pad, dat begint bij de *Prat del Cremats* (Weide van de verbranden). Op de gedenksteen uit 1960 staat te lezen *Als catars – als martirs – del pur amor – crestian, 16 mars 1244:* aan de katharen, aan de martelaren van de zuivere christelijke liefde.

De hellingen van de pog zijn aan drie kanten zeer steil en hoog, de meest toegankelijke kant werd beschermd door drie opeenvolgende muren, de kasteelmuur was daar meer dan 4 meter dik. Op de binnenplaats waren tegen de vestingmuur woonverblijven en voorraadschuren gebouwd. In de muren zijn nog de gaten te zien waarin de houten balken waren bevestigd waarop de vloeren van de verdiepingen rustten. Hier was het garnizoen ondergebracht en werden wapens en levensmiddelen opgeslagen. In de donjon verbleven kasteelheer Raymond de Péreille met zijn zwager Pierre Roger de Mirepoix en hun familie. Toegang was mogelijk via de eerste van drie verdiepingen, te bereiken vanaf de weergang of via een toegangspoort die bereikbaar was met een intrekbare ladder. Op de tweede verdieping bevond zich een grote zaal met vier vensters en een grote schouw. Van de derde verdieping is niets meer over. De benedenzaal diende voor de verdediging en werd gebruikt als voedselopslagplaats. Hij was alleen bereikbaar door een wenteltrap vanaf de eerste verdieping. De ruimte is nu toegankelijk via een poort aan de buitenkant van de muur. Aan de voet van de donjon, op de noordelijke en westelijke helling, bevinden zich de resten van het dorp van de katharen.

De donjon

Openingstijden

Half februari	10.00-16.00 uur
Maart, april	10.00-17.00 uur
Mei t/m augustus	09.00-19.30 uur
September	09.00-17.00 uur
November, half december	10.00-16.00 uur
Gesloten	Half december tot half februari

In juli en augustus geeft een – Franstalige – gids dagelijks rondleidingen van circa 1,5 uur. Buiten de genoemde tijden is het kasteel vrij toegankelijk. Wandelschoenen worden aanbevolen, vooral als het geregend heeft!

Het dorp Montségur

In de 16e eeuw ontstond het huidige dorp Montségur, waarvan een deel van de huizen werd gebouwd met stenen van het kasteel. In het gemeentehuis bevindt zich een museum, waar behalve maquettes van het kasteel ook archeologische vondsten zijn te zien als stenen kogels, pijlpunten, aardewerk en skeletten. Er worden al meer dan veertig jaar opgravingen gedaan door GRAME (Groupe de Recherches Archéologiques de Montségur et ses Environs).

Openingstijden

Tweede week februari	14.00-17.30 uur
Maart, april	13.00-17.30 uur
Mei t/m augustus	10.00-12.30 en 14.00-19.30 uur
September	10.00-12.00 en 14.00-17.30 uur
Oktober, november	13.30-17.00 uur
December	14.00-17.00 uur (gesloten op zondag)
Gesloten	Januari tot de tweede week van februari

Zonnetempel, graalburcht?

Op 21 juni, het moment van de *solstice* (zonnewende), schijnt het licht van de opkomende zon door twee schietgaten in de muur van de donjon zodanig naar binnen, dat dit een speciaal effect geeft. Hoewel dit verschijnsel jaarlijks veel toeschouwers trekt die het katharisme als een zonnecultus beschouwen, is er geen enkele relatie: de donjon is gebouwd door de Fransen, na de val van Montségur.

In 1933, tijdens de opkomst van nazi-Duitsland, schreef Otto Rahn zijn *Kreuzzug gegen den Gral*. Volgens hem was Montségur de burcht van de graal van Wolfram von Eschenbach, waarmee Rahn op verzoek van Heinrich Himmler de ontstaansgeschiedenis van het nazisme verbond met de Heilige Graal. Het kasteel wordt ook wel gehouden voor de graalburcht Montsalvage uit de opera *Parzival* van Richard Wagner.

Neem de D117 van Quillan naar Foix, bij Bélesta de D9 naar Montségur.

Inval van het zonlicht op 21 juni (foto Philippe Contal)

NARBONNE
Aude, Narbonnais

Geschiedenis

De stad Colonia Narbo Martius werd gesticht in 118 v.Chr., tijdens de regering van de Romeinse keizer Augustus. Het was de hoofdstad van de provincie Gallia Narbonensis, strategisch gelegen op het kruispunt van de Via Domitia en de Via Aquitania, die via Toulouse en Bordeaux naar de Atlantische Oceaan liep. De Via Domitia, van Ugernum (Beaucaire) aan de Rhône naar Le Perthus in de Pyreneeën, was aangelegd voor militaire doeleinden, maar werd al snel ook een belangrijke handelsroute. De haven van Narbonne speelde daarbij een belangrijke rol. Om te voorkomen dat de haven zou verzanden, werd de monding van de Aude verlegd door het aanleggen van het Canal de la Robine.

Nadat de Visigoten in 410 Rome hadden geplunderd en naar het zuiden van Frankrijk waren getrokken om zich daar te vestigen, maakten zij Narbonne tot hoofdstad van hun rijk Septimanië. In 719 werd de stad ingenomen door de Arabieren, die in 752 door de Frankische koning Pepijn de Korte werden teruggedreven over de Pyreneeën. In het begin van de 9e eeuw werd het bisdom Narbonne verheven tot aartsbisdom, de aartsbisschop moest de macht delen met de burggraaf van Narbonne, vazal van de graaf van Toulouse. Deze machtsstructuur zou aanleiding geven tot een groot aantal conflicten tussen de kerkelijke en wereldlijke heersers.

In de 12e eeuw ontstond een invloedrijke derde macht: de burgerij, waaruit de *consuls* (raadsleden) werden gekozen.

Hoewel het katharisme in Narbonne en omgeving niet zo sterk was verbreid als in de rest van het graafschap Toulouse, was aartsbisschop Béranger een goed voorbeeld van een geestelijke die een tolerante houding aannam ten opzichte van de door Rome zo verfoeide ketters. Paus Innocentius III hield hem medeverantwoordelijk voor de groei van het katharisme en verving hem door de opperbevelhebber van het kruisleger, Arnaud Amaury. In april 1214 verscheen medebevelhebber Simon de Montfort, die de titel van graaf van Narbonne had opgeëist, voor de muren van de stad. Burggraaf Aimery ontzegde hem de toegang, waarvoor De Montfort de stad liet straffen met het afbreken van de muren. In zijn hoedanigheid van aartsbisschop was Amaury leenheer van Aimery en hij zag dit optreden als een aantasting van zijn rechten. De strijd om de macht over Narbonne zou zo hoog oplopen, dat hij De Montfort in 1216 excommuniceerde. Uiteindelijk koos de bevelhebber van de kruisridders zelfs de kant van graaf Raymond VII, zijn doodsvijand. Nadat Amaury de Montfort in 1224 de door zijn vader veroverde gebieden had overgedragen aan de Franse koning, kwam Narbonne onder gezag van de seneschalk van Carcassonne. Vanaf de 14e eeuw raakte Narbonne in verval. De haven slibde dicht, waardoor de handel terugliep. Het gebied had zwaar te lijden van de Honderdjarige Oorlog met Engeland en de pest eiste veel slachtoffers.

Bezienswaardigheden
Cathédrale de Saint-Just-et-Saint-Pasteur
Op de plaats van het graf van Saint-Rustique, de eerste bisschop van Narbonne (einde 3e eeuw), werden achtereenvolgens vier kerken gebouwd. De eerste kerk, in 441 door brand verwoest, werd in 445 herbouwd en in de loop van de 8e eeuw gewijd aan de martelaren Just en Pasteur. Rond 890 werd op de plaats van het huidige klooster de derde kerk gebouwd, waarvan de klokkentoren nog intact is. Aartsbisschop Pierre de Montbrun nam in 1219 het initiatief voor de bouw van de huidige kathedraal. De kloostergang en de aartsbisschoppelijke tuin dateren uit de 14e eeuw. De kerk, gewijd in 1587, is als gevolg van een conflict met de consuls van de stad nooit helemaal voltooid. Zij gingen er niet mee akkoord, dat voor de bouw ervan een deel van de ommuring van de stad moest worden afgebroken.

Palais des Archevêques
Het aartsbisschoppelijk paleis bestaat uit een aantal gebouwen. Het Palais Vieux met

de Tour de la Madeleine stamt uit de 12e en 13e eeuw. Het Palais Neuf met de Tour Saint-Martial is het oude paleis met woonverblijven van de aartsbisschoppen. In de 13e eeuw liet aartsbisschop Gilles Aycelin op de overblijfselen van de Gallo-Romeinse ommuring de grote donjon bouwen. Deze telt vier verdiepingen en heeft een terras met kantelen en drie torentjes. De toegang bevindt zich in het stadhuis, dat in 1840 werd gebouwd door Viollet-le-Duc, de restaurateur van Carcassonne. De gevel van het stadhuis verbindt het Palais Neuf met de Donjon Gilles Aycelin. Op het plein voor het paleis is een stuk van de Via Domitia blootgelegd.

Voor alle bezienswaardigheden gelden dezelfde openingstijden, er is maar één toegangsbewijs nodig.

Openingstijden
April tot oktober	09.30-12.15 en 14.00-18.00 uur
Oktober tot april	10.00-12.00 en 14.00-17.00 uur
Gesloten	Op maandag van oktober tot april, 1 januari, 1 mei, 1 en 11 november, 25 december

NOUVELLES
Aude, Corbières

Geschiedenis

Nouvelles werd gebouwd op de fundamenten van een oude Romeinse villa. Als Castrum de Novellis wordt het kasteel in 1119 vermeld als bezit van de abdij van Lagrasse. In 1123 gaf Bernard-Aton IV Trencavel, burggraaf van Carcassonne, het kasteel in leen aan Guillaume de Durban. Het kwam pas in 1215 weer in bezit van Lagrasse. Nouvelles was zeer waarschijnlijk een voorpost van het nabij gelegen kasteel van Aguilar, dat na het Verdrag van Corbeil van 1258 een belangrijke rol speelde in de verdediging van de Corbières tegen aanvallen uit Aragón.

Bezienswaardigheden

Het kasteel was omringd door een veelhoekige muur. De imposante vierkante donjon was een wachttoren, waarvan de toegang zich bevond op de eerste verdieping. Deze was bereikbaar via een ladder, die in geval van belegering naar binnen kon worden gehaald. De benedenverdieping zonder ramen of deuren was van buitenaf niet toegankelijk, alleen via een wenteltrap vanaf de bovengelegen verdieping.
Behalve de donjon staan er ook nog overblijfselen van de kapel van het kasteel, de Chapelle Saint-Martin.

Neem in Quillan de D117 richting Perpignan en vervolgens na Maury de D611 richting Tuchan/Durban-Corbières.
Nouvelles ligt een paar km voorbij het kasteel van Aguilar.

Padern
Aude, Corbières

Geschiedenis

Padern en omgeving worden al sinds de prehistorie bewoond. De Romeinen exploiteerden ijzermijnen in de vallei van de Torgan. In 889 wordt het dorp voor het eerst vermeld, in een akte waarin de schenking wordt bevestigd van het kasteel en de kerk aan de abdij van Lagrasse.

Toen de kruistocht in 1209 begon, was Padern in bezit van Raymond de Termes, maar het kasteel viel al snel in handen van de kruisvaarders. Het werd overgedragen aan Alain de Roucy, onderbevelhebber van Simon de Montfort. Toen de Occitaanse edelen er na de dood van De Montfort in 1218 in slaagden hun gebieden te heroveren, werd Chabert de Barbaira de nieuwe kasteelheer. Hij beheerde ook de kastelen Quéribus en Peyrepertuse, waar net als in Padern na de val van Montségur in 1244 onderdak werd geboden aan gevluchte katharen en faidits. Koning Lodewijk IX kreeg het kasteel in 1255 in bezit, nadat De Barbaira zich had overgegeven aan de Fransen. Padern kwam in 1283 na lange onderhandelingen weer in bezit van de abdij van Lagrasse, die het in 1579 verkocht aan de gouverneur van het kasteel van Termes, die het grondig liet verbouwen. In 1706 nam de abdij het kasteel weer terug, na de eigenaars schadeloos te hebben gesteld voor de verrichte werkzaamheden.

Bezienswaardigheden
De ruïne van het kasteel bestaat uit overblijfselen van de hoge, veelhoekige muur en de donjon, met een rond torentje waarin zich een wenteltrap bevindt die de verschillende verdiepingen verbond.

Neem de D117 uit Quillan richting Saint-Paul-de-Fenouillet. Neem in Maury de D19 naar Cucugnan en daar de D14 naar Padern. De toegangsweg begint tegenover de parkeerplaats midden in het dorp

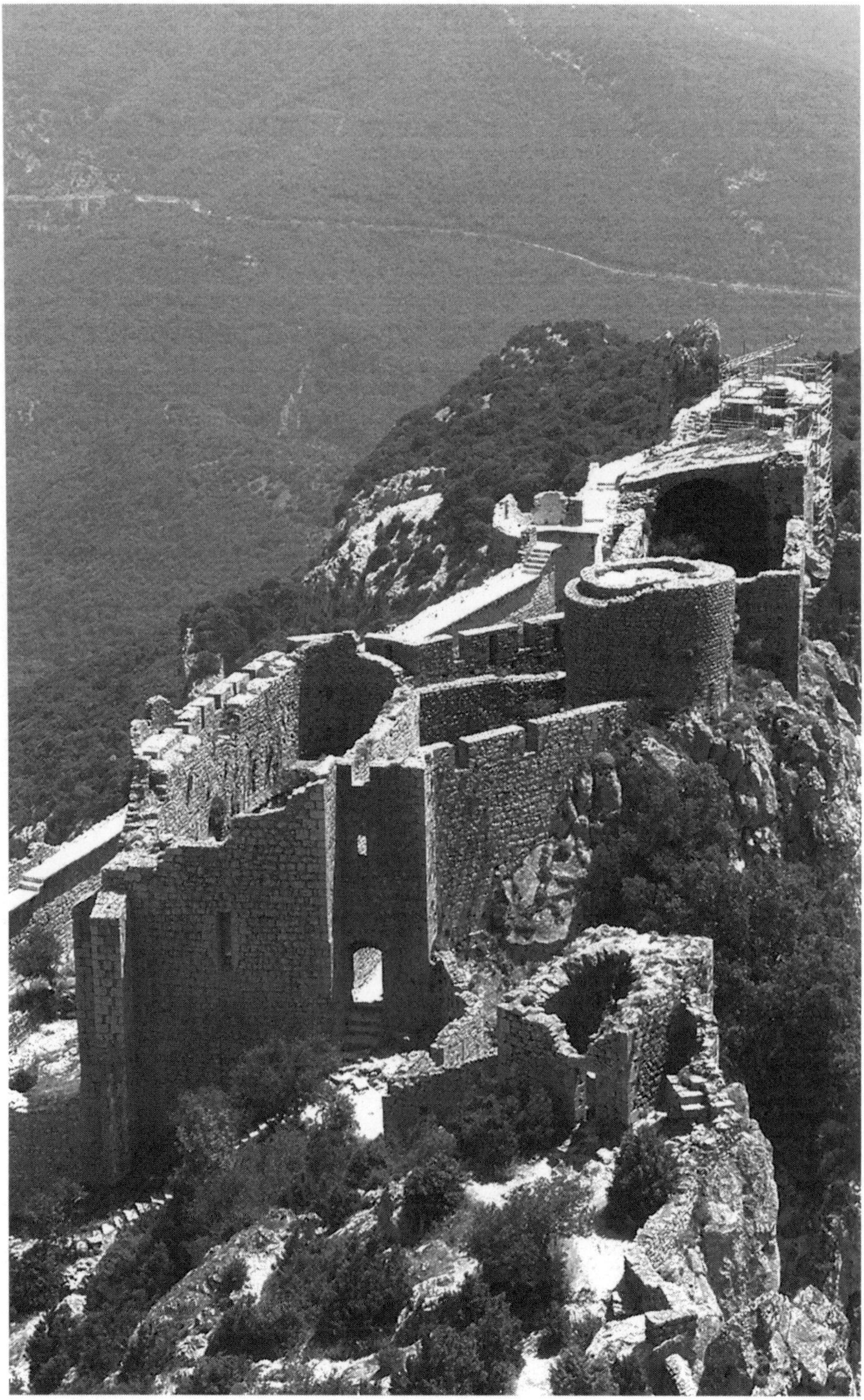

Peyrepertuse
Aude, Corbières

Geschiedenis

Peyrepertuse (*Petra Pertusa*, doorboorde rots) ligt op 800 meter hoogte op een rotsplateau van 300 meter lang en 50 meter breed, dat de vorm heeft van een reusachtig schip. De Perapertusès, de streek waar het kasteel ligt, wordt al bewoond vanaf de Romeinse tijd. In de 8e eeuw zou Karel de Grote hier op de resten van een Romeins oppidum een vesting hebben gebouwd, maar het kasteel wordt pas voor het eerst officieel vermeld in het testament van Bernard Taillefer (989-1020), zoon van Oliba Cabreta, graaf van Bésalu. Bernard verdronk in de Rhône, toen hij in de Provence was om te onderhandelen over het huwelijk van zijn zoon Guillaume (†1052). Deze erfde onder meer de kastelen Peyrepertuse, Quéribus en Puilaurens, die vrijwel een zelfde geschiedenis hebben. Bernard III trouwde in 1096 met de dochter van Ramón Berenguer III, graaf van Barcelona. Toen hij in 1111 zonder erfgenamen stierf, verviel het graafschap Bésalu aan zijn schoonvader. Deze droeg het gebied over aan zijn halfbroer Aimery II, burggraaf van Narbonne, die zo leenheer werd van de heren van Peyrepertuse. In 1162 werden de graven van Barcelona tevens koning van Aragón.

In 1209 weigerde Guillaume de Peyrepertuse zich te onderwerpen aan het kruisleger en hij werd daarvoor geëxcommuniceerd. Op 22 mei 1217 bracht hij alsnog leenhulde aan Simon de Montfort, maar hij brak zijn leeneed en kwam in opstand tegen Amaury de Montfort, die zijn vader in 1218 was opgevolgd. Na de mislukte belegering van Carcassonne van 1240 vluchtten vele faidits naar Peyrepertuse. Zij werden achtervolgd door Franse troepen onder aanvoering van Jean de Beaumont. Op 16 november moest Guillaume zich, gedwongen door voedselgebrek, na een beleg van drie dagen overgeven. Koning Lodewijk IX had het kasteel in 1239 van Aragón gekocht, maar hij kreeg het in 1240 na militair machtsvertoon pas daadwerkelijk in bezit. Na jarenlange grensconflicten sloot Lodewijk met Jaime I van Aragón in 1258 het Verdrag van Corbeil. Peyrepertuse, dat door de graven van Barcelona was gebouwd ter verdediging tegen aanvallen uit het noorden, vormde voortaan met Aguilar, Quéribus, Puilaurens en Termes als de vijf 'zonen' van Carcassonne de Franse verdedigingslinie tegen de voormalige eigenaar. Toen in 1659 het Verdrag van de Pyreneeën werd gesloten en de grens nog verder naar het zuiden kwam te liggen, verviel de militaire functie van het kasteel. Omdat er tot 1789 nog een garnizoen was gelegerd, verkeert Peyrepertuse in betrekkelijk goede staat.

Bezienswaardigheden
Peyrepertuse is de grootste burcht van de Corbières. De vesting bestaat uit twee kastelen, die worden omgeven door een gemeenschappelijke ommuring. Het Château Bas, gelegen op een vooruitstekend gedeelte van de rots, was het feodale Peyrepertuse uit

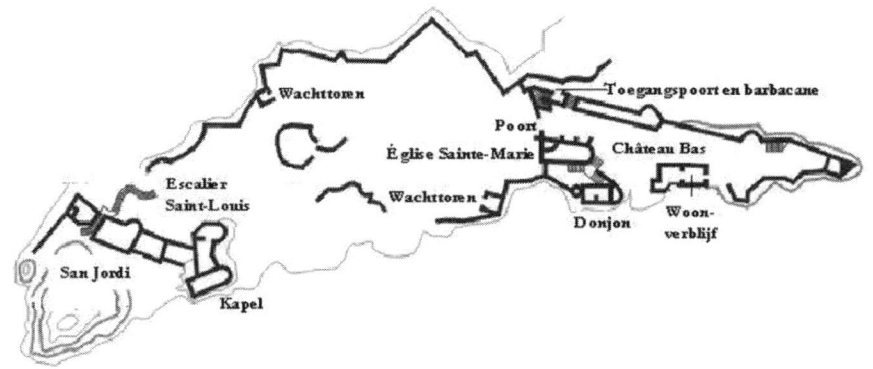

de 13e eeuw. De toegangspoort werd beschermd door een chicane en een barbacane. De 120 meter lange buitenste ommuring met kantelen volgt de driehoekige vorm van de rotspunt en verbindt twee halfronde torens die aan de binnenkant open zijn. Binnen de muur bevindt zich een kleine binnenplaats, met de oude vierkante donjon van twee verdiepingen en een ronde toren die diende als waterreservoir. Een stenen trap leidt naar de bovenzalen van de donjon, die door een muur is verbonden met de romaanse Église Sainte-Marie de Peyrepertuse. Een poort met valhek gaf toegang tot een tweede binnenplaats, met een veelhoekig bouwwerk in het midden en twee wachttorens. De zuidkant van het kasteel werd beschermd door een muur boven de steile rotswand.

Op de Roc Saint-Georges, 60 meter hoger dan het Château Bas, staat het tweede kasteel: San Jordi of Saint-Georges. Het werd in 1250 gebouwd in opdracht van koning Lodewijk IX en is alleen bereikbaar via de Escalier Saint-Louis, een steile, in de rotsen uitgehouwen trap. Het uitzicht vanuit de kapel van San Jordi over het oude kasteel en de omgeving is indrukwekkend: Quéribus, de Corbières, de Fenouillèdes, Perpignan en in de verte de Middellandse Zee.

Openingstijden

Februari, maart	10.00-17.00 uur
April, mei	09.00-17.00 uur
Juni t/m september	09.00-20.00 uur
Oktober	09.00-17.00 uur
November, december	10.00-17.00 uur
Gesloten	Januari

Bezichtiging tijdens onweer en harde wind (Cers) is verboden.

Neem in Quillan de D117 richting St-Paul-de-Fenouillet, bij Maury de D19 richting Cucugnan en daar de D14 naar Duilhac. Vanaf de parkeerplaats loopt langs de noordzijde een pad naar de toegangspoort.

La Pomarède
Aude

Geschiedenis
Het kasteel is gebouwd op fundamenten uit de 11e eeuw; het is een groot vierkant bouwwerk met torens op de vier hoeken. Tijdens de kruistocht werd La Pomarède in 1211 bezet door Simon de Montfort, de belegerden wisten via een ondergrondse gang te ontsnappen. De Montfort had hier geruime tijd zijn hoofdkwartier, waar ook zijn echtgenote Alix de Montmorency en hun zes kinderen verbleven.

Bezienswaardigheden
Van de imponerende vesting resteren de grote donjon en de ommuring met twee wachttorens. In het kasteel zijn onder andere het gemeentehuis en een school ondergebracht.

Neem in Carcassonne de N113 naar Toulouse, bij Castelnaudary de D624 richting Revel.

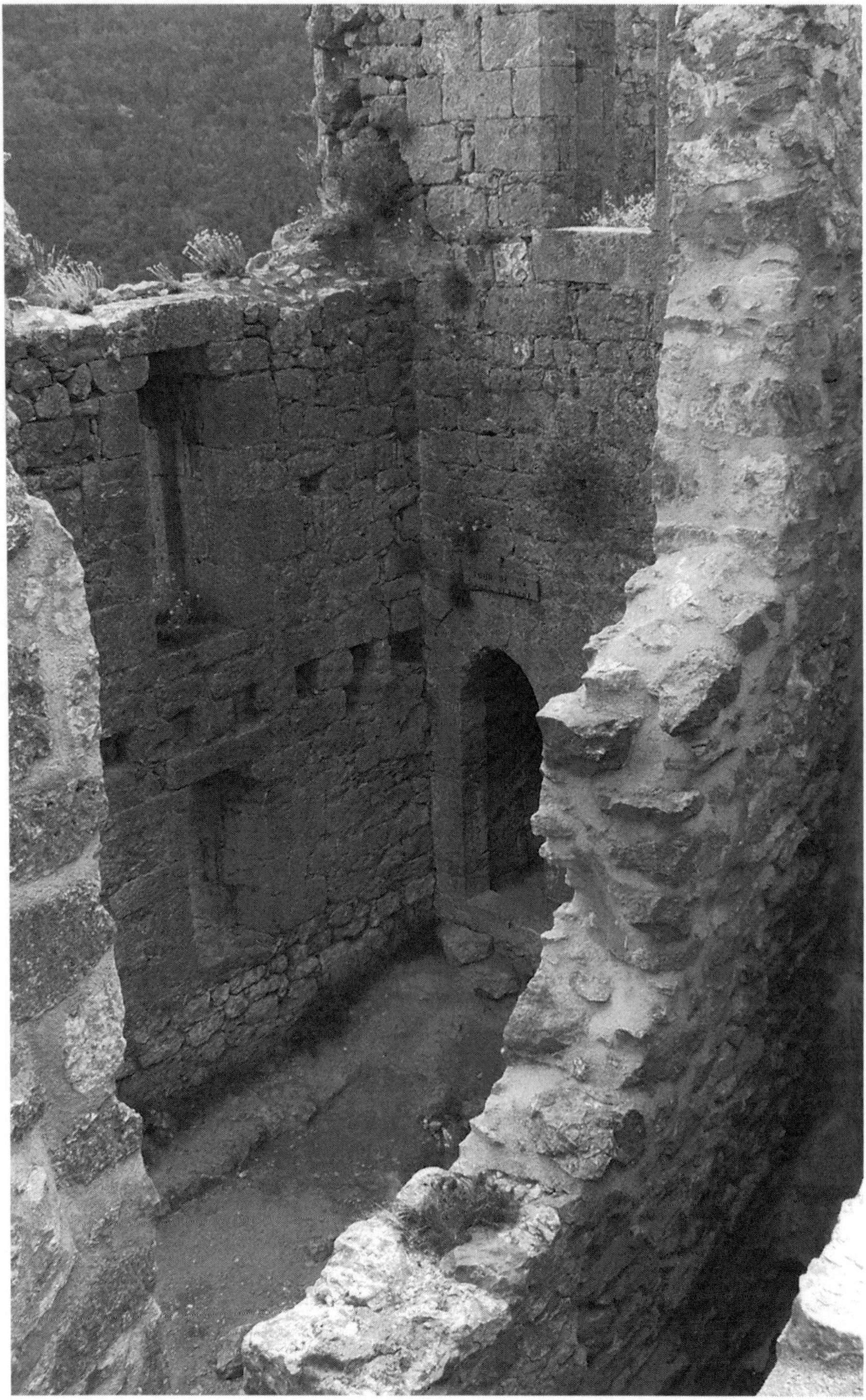

Puilaurens
Aude, Fenouillèdes

Geschiedenis

Puilaurens ligt 697 meter boven het dal van de Boulzane, 9 km ten oosten van Axat. De Mont Ardu, de oude naam voor de berg waarop het kasteel is gebouwd, wordt voor het eerst genoemd in een akte uit 958, toen Puilaurens door de Karolingische koning Lotharius werd toegewezen aan de abdij van Saint-Michel-de-Cuxa. Het was toen waarschijnlijk niet veel meer dan een wachttoren. In 965 schonk Seniofred, graaf van Barcelona, het graafschap Bésalu aan zijn broer Oliba Cabreta. Diens zoon Bernard Taillefer (989-1020) liet het na aan zijn zoon Guillaume (†1052). Toen Bernard III in 1111 kinderloos overleed, kwamen zijn domeinen in bezit van zijn schoonvader Ramón Berenguer III, graaf van Barcelona. Deze droeg het gebied over aan Aimery II, burggraaf van Narbonne, die Puilaurens in leen gaf aan de heren De Fenouillet. In 1162 werd Alfonso, de zoon van Ramón Berenguer IV, behalve graaf van Barcelona ook koning van Aragón.

In de tijd van de kruistocht was Pierre Catala kasteelheer. Hij wordt in een akte van 22 mei 1217 genoemd als getuige van de overgave van Guillaume de Peyrepertuse aan Simon de Montfort. Guillaume brak later zijn leeneed, in 1229 wordt hij genoemd als kasteelheer van Puilaurens.

Het kasteel bood onderdak aan vele faidits en katharen en was na de val van Montségur in 1244 een van de weinige vestingen die, inmiddels onder Roger

Catala, nog in Occitaanse handen waren. Rond 1250 kwam Puilaurens uiteindelijk toch in bezit van koning Lodewijk IX, die de seneschalk van Carcassonne in augustus 1255 opdracht gaf het kasteel te versterken.

Met het Verdrag van Corbeil, toen Frankrijk en Aragón een einde maakten aan hun grensconflicten, werden Puilaurens, Aguilar, Termes, Quéribus en Peyrepertuse als de vijf 'zonen' van Carcassonne in 1258 onderdeel van de Franse verdedigingslinie. Koning Philips III de Stoute liet Puilaurens in 1262 verbouwen en versterken. Toen met het Verdrag van de Pyreneeën de grens in 1659 nog verder naar het zuiden werd verlegd, verloren de kastelen hun strategische betekenis.

Bezienswaardigheden
Puilaurens is een van de best bewaarde middeleeuwse vestingen. De hoofdingang is te bereiken via een chicane en een barbacane. Een poort met valhek geeft toegang tot een kleine binnenplaats, waarvan de muren zijn voorzien van op de ingang gerichte schietgaten. Het kasteel bestaat uit twee met elkaar verbonden muren, die de contouren van de bergtop volgen. De eerste muur – 65 meter lang en 10 meter hoog – omringt een grote binnenplaats uit de tijd van Philips III. Daar zijn de overblijfselen

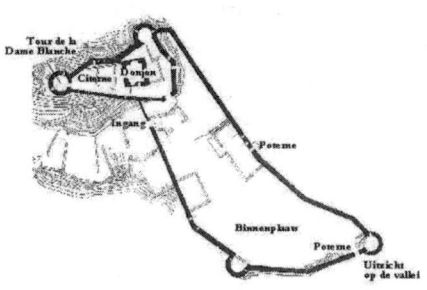

te vinden van diverse gebouwen en een citerne. De ommuring is nog in goede staat, evenals de twee halfopen torens. Naast de ronde toren met bossagemetselwerk bevindt zich een poortje: aan de buitenkant van de ommuring is het uitzicht op de buitenkant van de muur en op de vallei van de Boulzane indrukwekkend. De tweede muur – het oudste gedeelte dateert nog van voor de kruistocht – beschermde het oorspronkelijke kasteel: een vierkante donjon en twee halfronde torens. In een van de torens bevindt zich een ondergrondse ruimte, die waarschijnlijk diende om voorraden te bewaren. Van de drie verdiepingen van de donjon zijn er nog twee over, ernaast bevindt zich een grote citerne. De Tour de la Dame Blanche heeft een kruisgewelf waarin een *porte-voix* is verwerkt: een spreekbuis die communicatie tussen de verschillende verdiepingen mogelijk maakte. De toren is genoemd naar Blanche de Bourbon, een nicht van de Franse koning Karel V, die hier verbleef toen zij op de vlucht was voor haar echtgenoot koning Peter de Wrede van Castilië.

Openingstijden

April, mei, juni	10.00-18.00 uur
Juli, augustus	09.00-20.00 uur
September	10.00-18.00 uur
Oktober	10.00-17.00 uur
November t/m maart	Tijdens weekeinden en schoolvakanties van 10.00-17.00 uur
Gesloten	Januari

Neem in Quillan de D117 naar Perpignan, Puilaurens ligt in het dorp Lapradelle. Vanaf de parkeerplaats leidt een wandeling van circa 10 minuten tot aan de voet van het kasteel.

NB Niet te verwarren met Puylaurens in het departement Tarn!

Puilaurens, Aude

Puylaurens, Tarn

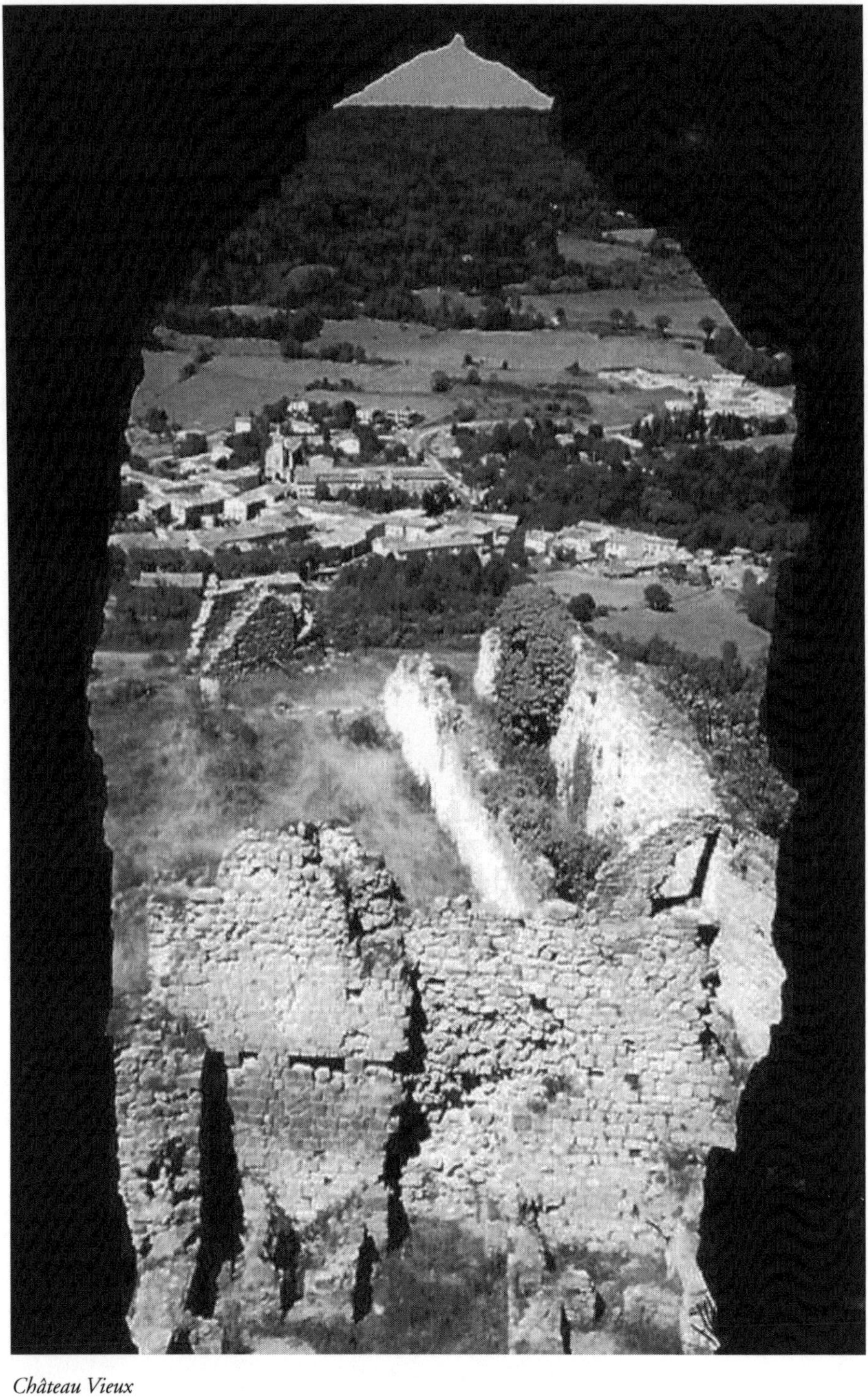

Château Vieux

Puivert
Aude, Quercorb

Geschiedenis

Volgens de Romeinse geschiedschrijver Plinius dankt het gebied zijn naam – Kercorb of Quercorb – aan de Gallische Bercorbaten, die werden verdreven door de Romeinen. Het kasteel van Puivert, in oude akten ook genoemd Puy-Verd, Viri Depodium of Podium Viridis, ligt op de top van een 600 meter hoge heuvel. Het bewaakte de weg van Foix naar Perpignan. In de 11e en 12e eeuw was het afwisselend in bezit van de graven van Toulouse en Barcelona; de laatste waren vanaf 1162 tevens koning van Aragón. Puivert was vooral bekend als ontmoetingsplaats van hoge edelen en troubadours, de beroemde *Salle des Musiciens* getuigt hier nog van. Koning Alfonso VIII van Castilië ontmoette hier voor het eerst zijn verloofde Aliénor, hun dochter Blanche speelde als regentes voor de minderjarige koning Lodewijk IX een belangrijke rol in de tijd van de kruistocht. Zij wist Raymond VII van Toulouse er in 1229 toe te bewegen met het Verdrag van Parijs een einde te maken aan de strijd.

Bernard (†1232), lid van de kathaarse familie De Congost, had Puivert in leen van koning Peter II van Aragón. Voor haar dood in 1208 ontving zijn echtgenote Alpaïs

– zuster van Raymond de Péreille, kasteelheer van Montségur – het consolament. Nadat in 1210 de kastelen van Termes, Arques en Coustaussa waren gevallen, belegerden de kruisridders in november het kasteel van Puivert. Het viel na drie dagen strijd in handen van Simon de Montfort, het garnizoen was voor de inname via een geheime uitgang gevlucht. In 1213 werd Puivert toegewezen aan Lambert de Thury, bondgenoot van De Montfort, maar in 1220 werd het op de Fransen heroverd door Loup de Foix. Deze bastaardzoon van de graaf van Foix droeg het weer over aan Bernards zoon Gaillard. Tijdens de koninklijke kruistocht (1226-1229) viel Occitanië in handen van koning Lodewijk VIII. Thomas-Pons de Bruyères werd heer van Puivert en het kasteel maakte, net als de andere burchten in het gebied, voortaan deel uit van de Franse verdedigingslinie langs de grens met Aragón.

Puivert kreeg, als dank voor de steun van Jean de Bruyères (†1285) aan Philips III de Stoute bij diens strijd tegen de Engelsen, de status van *Terre Privilégiée*, bevoorrecht land. De bewoners werden vrijgesteld van belasting, omdat zij het kasteel moesten bewaken; zij behielden deze speciale status tot de Franse revolutie. In 1310 werd Puivert ter gelegenheid van het huwelijk van Thomas II de Bruyères met Isabelle de Melun vergroot en verfraaid. Van de familie De Bruyères ging het kasteel achtereenvolgens over naar de heren De Voisins van Arques en Couiza en de hertog De Joyeuse. Tijdens de Franse revolutie werd het kasteel gedeeltelijk verwoest.

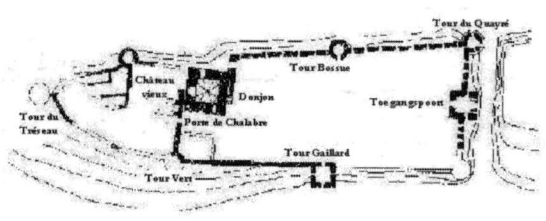

Bezienswaardigheden

Het grootste gedeelte van het kasteel dateert uit de Franse tijd. Van het Château Vieux van de familie De Congost zijn alleen resten van muren over, achter de donjon. Aan weerszijden van de toegangspoort staan ronde torens, waarvan er een is ingestort. Voor de poort – met het wapen van de familie De Bruyères: een leeuw met een geknoopte en gevorkte staart – lag vroeger een droge slotgracht met een ophaalbrug. De poort was ook bereikbaar via de hoektorens en vandaar via de weergang naar de eerste verdieping. De binnenplaats van 80 x 40 meter is omgeven door een muur met nog vier torens. In de noordwesthoek bevond zich een tweede poort, de Porte de Chalabre. De Tour des Gas of Gaillard steekt aan de buitenkant half uit de muur en heeft muren van 3 meter dik; een wenteltrap op de tweede verdieping leidde naar een torentje. De tegenoverliggende Tour Bossue stamt uit de

Toortshouders in de Salle des Musiciens

13e eeuw en is voorzien van het voor die tijd kenmerkende bossagemetselwerk. De donjon is vierkant, 35 meter hoog, 15 meter breed en nog volledig intact. Er zijn vier verdiepingen, waarvan de onderste twee zalen overwelfd zijn met rondbogen, de bovenste twee hebben gotische kruisspitsgewelven:
- *souterrain:* de gevangenis,
- *Salle des Gardes,* de zaal van de wachtposten, met *coussièges* – stenen banken – bij de vensters voor de schildwachten,
- *kapel:* deze ligt op de derde verdieping en heeft twee vensters. In de muren bevinden zich een doopvont en drie consoles voor standbeelden. De zes spitsbogen komen samen onder een sluitsteen, waarop Saint-Michel en de kroning van de Heilige Maagd zijn afgebeeld. Aan de uiteinden van deze bogen bevinden zich toortshouders. Vanuit de kapel had men toegang tot het oude kasteel: op de buitenmuur is nog te zien waar de toren was verbonden met het woonverblijf van de kasteelheer. Ook boven deze poort zijn de wapenschilden aangebracht van de families De Bruyères (rechts) en Melun (links),
- *Salle des Musiciens:* een wenteltrap geeft toegang tot de bovenste zaal, de zaal der muzikanten die zijn naam dankt aan de acht toortshouders aan de uiteinden van de ribben van het plafondgewelf. Iedere houder is gebeeldhouwd in de vorm van een muzikant met zijn instrument: doedelzak, tamboerijn, lier, luit, fluit, draagbaar orgel, psalteriumviool en guiterne. Op de sluitsteen zijn ook weer de familiewapens aangebracht; in de raamnissen bevinden zich coussièges,
- *dakterras:* hier heeft men een goed uitzicht op de restanten van het oude kasteel en op de omgeving: in het oosten de Pech de Bugarach, in het westen Montségur, in het zuiden het Plateau de Sault en in het noorden de heuvels van de Quercorb.

Openingstijden

Januari t/m mei	09.00-17.00 uur
Juni t/m september	08.00-20.00 uur
Oktober t/m december	09.00-17.00 uur

Musée de Quercorb

Het museum in het dorp is gewijd aan de geschiedenis van de streek. In de Salle de l'Instrumentarium zijn replica's te zien van de acht muziekinstrumenten uit de zaal van de muzikanten in het kasteel. Het toegangsbewijs voor het kasteel is ook geldig voor het museum.

Openingstijden

April t/m juni	10.00-12.00 en 14.00-18.00 uur
Juli, augustus	10.00-19.00 uur
September	10.00-12.00 en 14.00-18.00 uur
Oktober tot 4 november	14.00-17.00 uur
Gesloten	5 november t/m maart

Legende van La Dame Blanche

La Dame Blanche, de Witte Dame, was een prinses uit Aragón die, in de tijd dat Jean de Bruyères kasteelheer was, op Puivert verbleef. Gekleed in het wit, aan de oever gezeten op een rotsblok in de vorm van een stoel, bewonderde zij iedere avond de zonsondergang boven het meer. Toen de waterspiegel door zware onweersbuien te hoog stond, werd haar zetel overspoeld. De kasteelheer probeerde het waterpeil te verlagen, waardoor de rotswand het begaf en het water van het meer in de rivier de Hers stroomde. Dit veroorzaakte de overstroming die op 16 juni 1279 onder meer Mirepoix en Chalabre geheel verwoestte; ook La Dame Blanche werd meegesleurd door het water.

Puivert ligt aan de D117 van Quillan naar Foix.

QUÉRIBUS
Aude, Corbières

Geschiedenis

De Perapertusès, het gebied rond Cucugnan, was al in het stenen tijdperk bewoond. Er zijn ook sporen gevonden van Romeinse en Visigotische bezetting. Quéribus – in de oudste bronnen vermeld als Popia Cherbuccio – is waarschijnlijk gebouwd op de fundamenten van een Visigotisch kasteel uit de 5e eeuw. Het ligt op 728 meter hoogte boven de Grau de Maury, een strategische positie langs de vroegere grens tussen Frankrijk en Aragón: de vesting beheerste de gehele vlakte van de Roussillon. Graaf Roger van Carcassonne schonk in 951 een deel van zijn bezittingen in Cucugnan aan de abdij van Lagrasse. In 980 brak er een conflict uit tussen Roger en zijn machtige buurman Oliba Cabreta, graaf van Bésalu, met als inzet de Perapertusès. Het noorden – de Termenès – bleef in bezit van Carcassonne, het zuiden kwam aan Cabreta. Quéribus wordt met Peyrepertuse voor het eerst vermeld in het testament van Bernard Taillefer (989-1020), zoon van Cabreta. Hij viel op de terugweg van huwelijksonderhandelingen in de Provence in de Rhône en verdronk door het gewicht van zijn harnas. In 1066 bracht Bérenger, burggraaf van Narbonne, leenhulde aan Guillaume de Bésalu voor het kasteel van Quéribus. Toen Bernard III in 1111 zonder erfgenamen stierf, kwam zijn graafschap in handen van zijn schoonvader Ramón Berenguer III, graaf van Barcelona. In 1140 bracht Béranger de Peyrepertuse hem leenhulde voor het *forteda de Cuculiano*. Het kasteel kreeg de taak de noordgrens van zijn rijk te beschermen, toen de graaf van Barcelona in 1162 tevens koning werd van Aragón.

De familie De Cucugnan, een tak van de familie De Peyrepertuse, had Quéribus vanaf 1193 in leen. Pierre de Cucugnan bevoorraadde de kathaarse gemeenschap op Puilaurens en bood onderdak aan faidits. In 1240 voegde hij zich bij Raymond II Trencavel en Olivier de Termes toen deze Carcassonne belegerden, maar na het mislukken van de Occitaanse opstand onderwierpen zij zich in 1241 aan Lodewijk IX. De koning had Quéribus in 1239 van Aragón gekocht, maar toch zou Chabert de Barbaira als kasteelheer van Quéribus na de val van Montségur nog elf jaar onderdak bieden aan katharen. Het was hun laatste toevluchtsoord. Na zijn terugkeer uit het Heilige Land gaf Lodewijk in 1255 Pierre d'Auteuil, seneschalk van Carcassonne, de opdracht het kasteel daadwerkelijk in bezit te nemen. De omstandigheden waaronder De Barbaira Quéribus overdroeg, zijn onbekend. Werd hij in augustus 1255 door Olivier de Termes overgehaald zich zonder een lange belegering over te geven in ruil voor een vrije aftocht van de hele bezetting? Of werd hij in maart 1256 door Olivier, inmiddels een van de trouwste Franse vazallen, verraden en uitgeleverd? Hoe dan ook, De Barbaira viel in een hinderlaag en werd gevangengenomen. In ruil voor zijn vrijlating moest hij al zijn bezittingen afstaan. Hij ging in ballingschap naar Aragón, de laatste keer dat zijn naam wordt vermeld, is in een akte uit 1274.

De inname van Quéribus was de laatste militaire operatie in de strijd tegen de katharen: het kasteel viel zonder bloedige strijd, zonder brandstapel. Toen Lodewijk IX en Jaime I in 1258 met het Verdrag van Corbeil de grens tussen Frankrijk en Aragón vastlegden, was Quéribus met Aguilar, Peyrepertuse, Puilaurens en Termes

– de 'zonen' van Carcassonne – voortaan onderdeel van de Franse verdedigingslinie. In plaats van uit het noorden kwam het gevaar nu uit het zuiden. In 1473 werd Quéribus bezet door Aragón, maar twee jaar later weer heroverd. Er was tot het Verdrag van de Pyreneeën in 1659 een garnizoen gevestigd. Met de nieuwe, nog zuidelijker grens verviel de strategische functie.

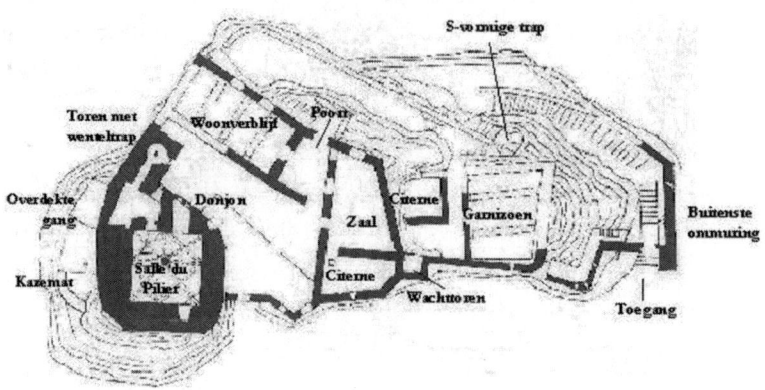

Bezienswaardigheden
Het kasteel geeft een goed beeld van de Franse militaire architectuur van de 13e en 14e eeuw. Het heeft drie opeenvolgende muren, die gebouwen op verschillende niveaus beschermen. De toegangsweg loopt via een smalle trap omhoog langs de steile helling en komt uit bij de eerste poort. Deze bevindt zich in de buitenste muur van 1,5 meter dik en werd beschermd door een valhek. Een S-vormige trap is uitgehouwen in de rots en leidt naar de tweede muur, ter verdediging van een zaal voor het garnizoen en een citerne. Na de derde ommuring leidt een steile trap naar een volgende toegangspoort, waarachter zich een kleine binnenplaats met nog drie poorten bevindt. Links ligt een gewelfde zaal die uitloopt in een wachttoren, rechts is de toegang tot een woonverblijf van drie verdiepingen. De laatste poort leidt naar de binnenplaats met de veelhoekige donjon. De toegang lag 2 meter boven de grond en was bereikbaar via een houten trap, die in geval van belegering binnengehaald kon worden. In de rechthoekige toren naast de donjon is een wenteltrap gebouwd, die de verdiepingen verbindt. Links na de ingang leidt een stenen trapje naar een – donkere! – ruimte. Rechts achterin bevindt zich daar een steile, onregelmatige trap naar de gang die naar een ondergrondse kazemat loopt. Op de eerste verdieping van de donjon ligt de *Salle de Pilier*, een hoge, gotische zaal met een ronde pilaar die als een palmboom uitloopt in vier kruisbooggewelven. Vanaf het

Reconstructies van Michel Collet

dak van de donjon is er een schitterend uitzicht op Peyrepertuse, de Pic du Canigou, de Corbières, de Fenouillèdes en de Middellandse Zee.

De indeling en lichtinval in de Salle de Pilier hebben, net als bij Montségur, aanleiding gegeven tot speculaties over een kathaarse zonnecultus. Echter, ook Quéribus is in de tijd van de Fransen herbouwd: alleen het onderste stuk van de muur van de donjon, met drie schietgaten, dateert van voor die tijd.

Openingstijden

Februari	10.00-17.30 uur
Maart	10.00-18.00 uur
April t/m juni, september	09.30-19.00 uur
Juli, augustus	09.00-20.00 uur
Oktober	10.00-18.30 uur
November, december	10.00-17.00 uur
Gesloten	Januari

Bezichtiging bij harde wind (Cers) en tijdens onweer is verboden.

Neem in Quillan de D117 naar St-Paul-de-Fenouillet en dan de D123 naar Cucugnan. Vanaf Le Grau de Maury loopt de D19 vrij steil en smal omhoog naar het kasteel.

Salle de Pilier

QUÉRIGUT
Ariège, Razès

Geschiedenis
Quérigut, ook wel genoemd het kasteel van Donezan of Donnézan, wordt al vermeld in 844. Het huidige kasteel dateert uit de 12e en 13e eeuw. In de tijd van de kruistocht werden de kastelen van Quérigut en Usson door koning Peter II van Aragón overgedragen aan graaf Raymond-Roger van Foix, omdat zijn vazal Bernard d'Alion, heer van deze kastelen en ook van Montaillou, weigerde zijn feodale verplichtingen na te komen. Het was een van de laatste toevluchtsoorden van de katharen na de val van Montségur.
Volgens een akte van 21 februari 1311 moest graaf Gaston I Miglos overdragen aan Bernard de Son uit Quérigut.

Bezienswaardigheden
Van het op 1240 meter hoogte gelegen kasteel uit de 12e en 13e eeuw rest een ruïne: twee muren die een hoek vormen.

Neem in Quillan de D117 naar Axat en daar de D118 richting Rouze. Volg dan de D16 naar Quérigut.

QUILLAN
Aude, Corbières

Geschiedenis

Vanwege de strategische positie – aan de enige doorgang naar de Roussillon en de Cerdagne – was Quillan al vroeg bewoond. Achtereenvolgens vestigden de Iberiërs, Galliërs, Romeinen, Visigoten, Arabieren en tenslotte de Franken zich op de rechteroever van de Atax (Aude). Volgens een schenkingsakte van koning Karel de Kale werd Quillan in 804 eigendom van het aartsbisdom van Narbonne.

Tijdens de kruistocht tegen de katharen veroverde Simon de Montfort het kasteel van Quillan. Kasteelheer Raymond de Niort, leenman van de aartsbisschop van Narbonne, was een van de machtigste edelen van het Pays de Sault. Hij werd wegens zijn kathaarse gezindheid geëxcommuniceerd, zijn goederen werden verbeurdverklaard en overgedragen aan De Montfort. De Niort weigerde echter zich te onderwerpen en er ontstond een opmerkelijke alliantie toen hij zich samen met zijn aartsvijand De Montfort verzette tegen de aanspraken die de aartsbisschop maakte op het kasteel. Dat werd pas in 1280 teruggegeven aan Narbonne, waarna op initiatief van de aartsbisschop op de linkeroever van de Aude een nieuw dorp werd gebouwd, volgens het plan van een bastide.

Quillan had in de 14e eeuw zwaar te leiden van achtereenvolgens hongersnood en de pest: het grootste deel van de bevolking stierf. Aragónese troepen bezetten en plunderden Quillan rond 1480, zij werden in 1495 door de Fransen weer verjaagd. Met het Verdrag van de Pyreneeën van 1659 werd de grens met Spanje naar het zuiden verlegd. Net als de andere kastelen in dit gebied verloor Quillan zijn strategische betekenis, het werd in 1706 gedeeltelijk ontmanteld.

Bezienswaardigheden
Het kasteel, waarvan de oudste resten zijn gebouwd op een castrum van de Visigoten uit de 8e eeuw, stamt uit de 13e eeuw. Het was geen woonverblijf, maar had uitsluitend een militaire functie. Het bestond uit een muur met vier wachttorens op de hoeken en een toegangspoort naar de vierkante donjon van drie verdiepingen hoog.

Quillan ligt 52 km ten zuiden van Carcassonne aan de D118.

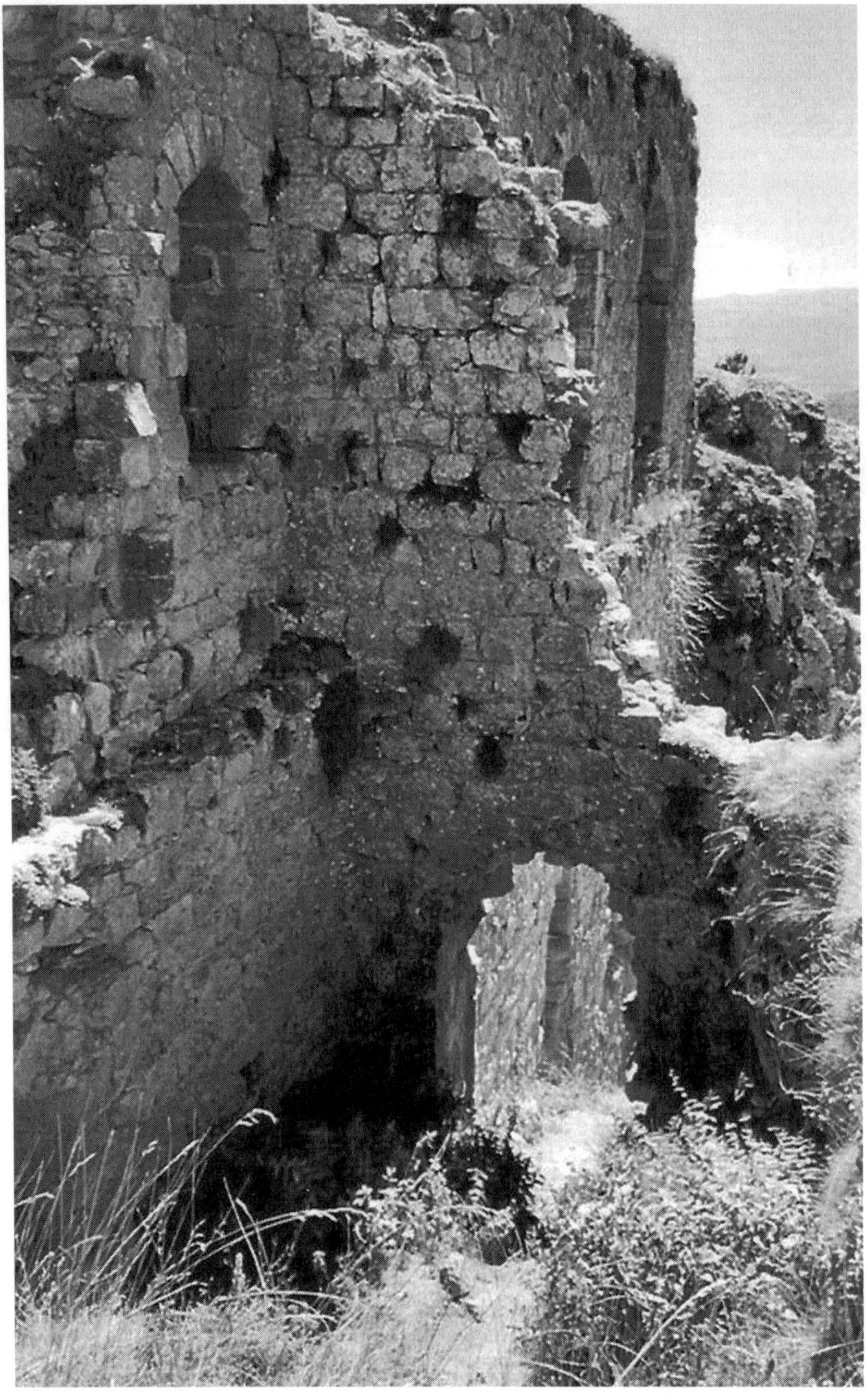

ROQUEFIXADE
Ariège, Pays d'Olmes

Geschiedenis

Roquefixade, genoemd naar de natuurlijke rotsspleet (*roca fisada*, gespleten rots) waarboven het kasteel is gebouwd, ligt op 912 meter hoogte boven de vallei van de Lesponne. Het is het meest westelijke van de katharenkastelen en de laatste halteplaats op het Sentier Cathare voor aankomst in Foix. Het kasteel was eigendom van de graven van Toulouse, die het in leen gaven aan de graven van Foix.

In 1200 vond op Roquefixade het huwelijk plaats van Raymond de Péreille, de latere kasteelheer van Montségur, met Corba de Lantar. Zij was de dochter van de kathaarse heer van Roquefixade, vazal van Raymond-Roger van Foix. Tijdens de kruistocht was het kasteel een belangrijke schuilplaats voor katharen en faidits. Het werd ingenomen en verwoest door Guy, broer van Simon de Montfort, en speelde verder geen rol van betekenis in de kruistocht. Toen na de dood van gravin Jeanne in 1271 het graafschap Toulouse aan de Franse kroon verviel, gaf koning Philips III de Stoute opdracht het kasteel weer op te bouwen. Het maakte deel uit van de Franse verdedigingslinie langs de grens met Aragón, zoals deze in 1258 bij het Verdrag van Corbeil was vastgesteld. In 1272 koos de heer van Roquefixade de kant van Roger-Bernard III van Foix, toen deze in opstand kwam tegen Philips III. De koning sloeg persoonlijk de opstand neer en confisqueerde het kasteel; er werd een garnizoen gelegerd van twaalf soldaten en een kapelaan. Het dorp Roquefixade werd rond 1288 gebouwd onder de naam Bastide de Montfort. Om voldoende inwoners te trekken, kregen zij speciale privileges.

Op 28 oktober 1632 woonde Lodewijk XIII in Toulouse de executie bij van graaf Henri de Montmorency, gouverneur van de Languedoc, die tegen hem in opstand was gekomen. Hij gaf kardinaal Richelieu opdracht Roquefixade en een aantal andere kastelen in het opstandige gebied te ontmantelen. De ruïne werd vervolgens door de bewoners van de omgeving gebruikt als steengroeve.

Bezienswaardigheden
Het pad naar het kasteel loopt langs de bijna loodrechte rotswand om de berg heen. Het komt via een toegangspoort en een tweede poort met valhek uit op de grote binnenplaats van het kasteel. Van het kasteel, dat verdedigd werd door twee muren, is niet veel meer over dan een stuk muur van het woonverblijf. De laatste klim naar boven is moeilijk, maar wordt beloond met een schitterend uitzicht over het dal en in de verte op Montségur.

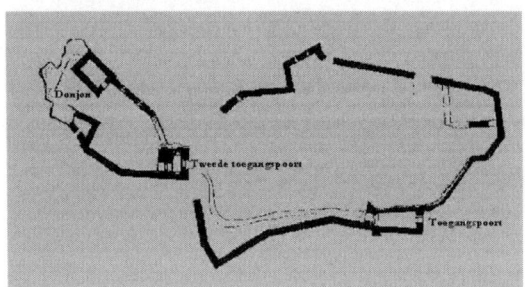

Neem in Quillan de D117 naar Foix. Volg na Lavelanet de D9 naar Nalzen. Vanaf de parkeerplaats in het dorp Roquefixade is het 30 minuten klimmen naar het kasteel.

SAINT-GILLES-DU-GARD
Gard, Provence

Geschiedenis

De Provence maakte deel uit van het Romeinse Rijk en later van Septimanië, het Visigotische rijk dat in 759 door de Franken werd veroverd. In de 11e eeuw kwam Saint-Gilles-du-Gard in bezit van Guillaume III Taillefer (998-1037), graaf van Toulouse. Toen Guillaume IV in 1093 overleed, volgde zijn broer – Raymond VI van Saint-Gilles – hem op onder de naam Raymond IV (†1105) van Toulouse; hij was tevens markies van de Provence en hertog van Narbonne.

In Saint-Gilles werd op 14 januari 1208 Pierre de Castelnau, de gehate legaat van paus Innocentius III, vermoord door een soldaat van graaf Raymond VI van Toulouse (1194-1222). Deze was wegens zijn tolerante houding ten opzichte van het katharisme geëxcommuniceerd en had hierover de avond voor de moord een heftige woordenwisseling gehad met de legaat. Hoewel hij elke betrokkenheid ontkende, werd hij beschuldigd van het aanzetten tot de moord, die werd aangegrepen om op te roepen tot de kruistocht tegen de katharen. Om het dreigende gewapende ingrijpen af te wenden, verzoende Raymond zich met de kerk. Op 18 juni 1209 deed hij boete: hij werd in de kathedraal van Saint-Gilles door de nieuwe legaat

Milon gegeseld. De graaf kon de overvolle kerk slechts verlaten langs de crypte, waar de tombe van De Castelnau staat. In september 1210 moest hij in Saint-Gilles voor een kerktribunaal verschijnen om zich opnieuw te verantwoorden voor de beschuldigingen van medeplichtigheid aan ketterij en de moord op De Castelnau. Hoewel hiervoor nog steeds geen bewijs kon worden geleverd, werd de ban niet opgeheven en zelfs voor onbepaalde tijd verlengd. Ondanks al zijn pogingen daartoe kreeg hij nooit vergiffenis en mocht daarom na zijn dood in 1222 niet in gewijde grond begraven worden. Zijn zoon Raymond VII (1222-1249) was de laatste graaf van Toulouse en Saint-Gilles. Volgens een van de voorwaarden van het Verdrag van Parijs van 1229 werd zijn enige dochter Jeanne uitgehuwelijkt aan Alfons van Poitiers, broer van Lodewijk IX. Het paar stierf in 1271 zonder erfgenamen, waardoor het graafschap Toulouse en ook Saint-Gilles vervielen aan de Franse kroon. Tijdens de Franse revolutie werd de gevel van de kathedraal zwaar beschadigd, de kloostergebouwen werden gebruikt als steengroeve.

Dekplaat van de tombe van Pierre de Castelnau

Bezienswaardigheden
De abdij van Saint-Gilles werd gesticht door graaf Raymond VI van Toulouse. Informatie over de kathedraal en een toegangsbewijs voor de crypte zijn te verkrijgen bij het Syndicat d'Initiative (VVV). Van de tombe van Pierre de Castelnau is alleen de dekplaat over, deze ligt in een nis in de gang waardoor Raymond VI na zijn boetedoening de kathedraal via de crypte moest verlaten.

Saint-Gilles-du-Gard ligt 20 km van Arles (N572) en 20 km ten zuiden van Nîmes (D42).

Saint-Hilaire
Aude, Carcassès

Geschiedenis

De versterkte benedictijner abdij werd rond 550 gebouwd op de linkeroever van de Lauquet. In het begin van de 9e eeuw gaf koning Lodewijk de Vrome de monniken het recht hun eigen abt te kiezen. In de abdijkerk werden in 970 de stoffelijke resten gevonden van Saint-Hilaire, de eerste bisschop van Carcassonne. Graaf Roger I van Carcassonne en zijn echtgenote Adélaïde bedachten de abdij met vele schenkingen en werden er in 1012 begraven.

Aan een periode van grote bloei kwam een einde toen de monniken in de tijd van de kruistocht werden beschuldigd van ketterij. Bovendien raakte de abdij in conflict met Dominicus over de eigendom van de Église Saint-Martin in Limoux. Na bemiddeling van de bisschop van Carcassonne werden de kerk en de landerijen in 1217 toegewezen aan het dominicaner klooster van Prouille; in 1246 gaf koning Lodewijk IX zijn seneschalk opdracht de landerijen terug te geven. Aan de vooravond van de Franse revolutie werd het klooster opgeheven, in 1791 werden de abdij en bijbehorende gebouwen verkocht.

Bezienswaardigheden
In de abdijkerk uit de 12e eeuw bevindt zich een sarcofaag, waarin zich de resten zouden bevinden van Saint-Sernin (circa 250). De beroemde beeldhouwer Cabestany hakte de tombe uit één blok wit marmer uit de Pyreneeën en decoreerde hem met afbeeldingen van de arrestatie en marteling van de heilige. Hij had een zeer kenmerkende stijl: zijn personages worden gekenmerkt door spleetogen, een scherpe neus en zeer lange handen en voeten. Binnen de ommuring – met kijk- en schietgaten – van het klooster ontstond een versterkt dorp, straatnamen als Rue Haute du Fort, Rue des Fossés en Rue du Pont Levis getuigen hier nog van. De kloostergangen uit de 14e eeuw hebben gotische bogen, die steunen op gedecoreerde zuilen. De kapittelzaal heeft een beschilderd plafond uit de 16e eeuw, op de muren zijn de wapenschilden van de abten geschilderd.

Openingstijden

November t/m maart	10.00-12.00 en 14.00-17.00 uur
April t/m juni	10.00-12.00 en 14.00-18.00 uur
Juli, augustus	10.00-19.00 uur
September, oktober	10.00-12.00 en 14.00-18.00 uur
Gesloten	Januari

Saint-Hilaire ligt aan de D118 van Carcassonne naar Limoux.

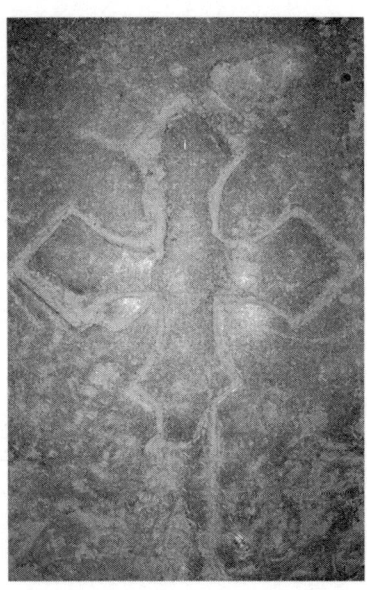

Grafsteen van de graven van Carcassonne
(foto Philippe Contal)

Saissac
Aude, Montagne Noire

Geschiedenis

Saissac ligt boven het ravijn van de Vernasonne. In de Gallo-Romeinse tijd stond hier al een klein fort, het Castillon, dat achtereenvolgens door de Visigoten en Franken werd versterkt. Het dorp wordt voor het eerst genoemd in een pauselijke bul van 958 als Saniacao, hoofdstad van de Saissaguès. In 960 werd het kasteel, toen genaamd Castellus de Saissac, door bisschop Hugo van Toulouse overgedragen aan graaf Roger van Carcassonne. In de 10e eeuw gaf deze het in leen aan de machtige heren van Saissac, familie van de graven van Foix. Hugues was de eerst bekende heer (1070), hij liet het kasteel versterken met een grote donjon en dikke muren.

Bertrand de Saissac, notoir beschermheer van de katharen, werd voogd van de jonge Raymond-Roger Trencavel, burggraaf van Carcassonne, die pas 9 jaar oud was toen zijn vader in 1194 overleed. Na de verovering van Béziers en Carcassonne in 1209 door Simon de Montfort viel Saissac in handen van diens onderbevelhebber Bouchard de Marly. In 1231 kwam het kasteel in bezit van Lambert de Thury, eveneens een wapenbroeder van De Montfort. Jourdain de Saissac wist het kasteel tijdens de opstand onder leiding van Raymond II Trencavel in 1240 tijdelijk weer in bezit te krijgen, maar dat was van korte duur. De opstand mislukte en het zuiden kwam definitief in Franse handen. In 1568 werd het dorp deels verwoest door hugenoten, die het gebied teisterden tijdens de godsdienstoorlogen. Een groot gedeelte van het kasteel werd rond 1862 verwoest, naar aanleiding van geruchten over een schat die er begraven zou zijn, maar nooit is gevonden.

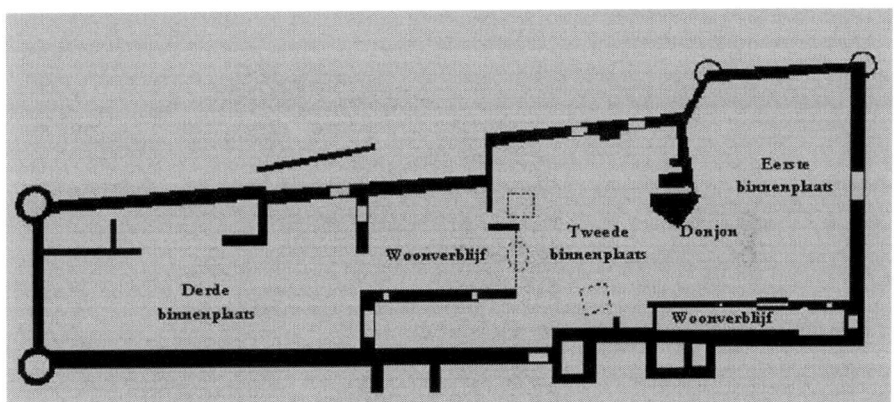

Bezienswaardigheden

Van het kasteel uit de 12e eeuw staan in het dorp nog twee torens die onderdeel waren van de verdedigingswerken. In de donjon is het Musée des Vieux Métiers gevestigd, waarin een beeld wordt gegeven van het dagelijks leven in de Montagne Noire. Het kasteel uit de Franse tijd – eind 13e en begin 14e eeuw – stond binnen een rechthoekige ommuring van 125 x 30 meter en drie binnenplaatsen. Op de eerste binnenplaats staan een veelhoekige donjon, een woonverblijf en twee ronde hoektorens. De tweede binnenplaats wordt gedomineerd door een groot woonverblijf van vier verdiepingen, de derde heeft twee ronde torens. Een wandeling beneden langs de buitenmuren geeft een goed beeld van de hoogte waarop het kasteel gelegen is.

Openingstijden

November t/m maart	10.00-17.00 uur (weekeinden en feestdagen)
April t/m juni	10.00-18.00 uur
Juli, augustus	09.00-20.00 uur
September, oktober	10.00-18.00 uur
Gesloten	Januari

Neem in Carcassonne de N133 naar Toulouse en na Pézens de D629 naar Saissac.

TERMES
Aude, Corbières

Geschiedenis
Het kasteel van Termes, in de oudste bronnen vermeld onder de namen Castrum Termarum, Castrum Finarum en Castrum de Terminis, ligt op 500 meter hoogte aan de rivier de Sou. Het was een van de oudste en grootste leengoederen van de Corbières en tot 1228 in bezit van vazallen van de burggraven Trencavel van Carcassonne. Olivier-Bernard is de eerste van de machtige heren van Termes die in 1061 in een schriftelijke bron wordt vermeld.
Zeggenschap over bezittingen in de Corbières – met name de zilvermijnen van Palairac – leidde regelmatig tot conflicten met de nabijgelegen abdij van Lagrasse. In 1062 werd Raymond I de Termes geëxcommuniceerd, omdat hij op het grondgebied van de abdij een vesting wilde bouwen. De familie De Termes was al generaties lang kathaar: toen de kruistocht in 1209 begon, was er in geen 30 jaar een mis opgedragen in de kapel van het kasteel. Raymond III was een geducht tegenstander van het kruisleger, zijn broer Benoît werd in 1226 bisschop van de Razès en overleed in 1241 op Quéribus. Na de val van Minerve op 22 juli 1210 besloot Simon de Montfort het kasteel van Termes aan te vallen, dat door de strategische positie in het hart van de Corbières een grote bedreiging vormde voor het kruisleger. Het leek onneembaar: omgeven door diepe ravijnen en maar van één kant bereik-

baar. Het beleg begon met een aanval op de voorpost Termenet, die werd ingenomen om vandaar de donjon van het kasteel te kunnen bestoken. De belegeringswerktuigen waren gebouwd door Guillaume, aartsdeken van Parijs. Na 140 dagen waren de water- en voedselvoorraden uitgeput en Raymond III zag zich gedwongen te onderhandelen met Guy de Lévis, die De Montfort vertegenwoordigde. Op voorwaarde dat hij het kasteel met Pasen van het volgende jaar zou terugkrijgen, was Raymond bereid zijn bezit over te dragen. Aangezien niet alleen de belegerden, maar ook de kruisridders te kampen hadden met watergebrek en bovendien een groot deel van zijn leger op het punt stond te vertrekken vanwege het verstrijken van de quarantaine, ging De Montfort met deze voorwaarde akkoord. Echter, in de nacht voor de overgave werden de waterputten dankzij een enorme wolkbreuk gevuld en Raymond besloot de strijd voort te zetten. Toen de belegeraars, waaronder bisschop De Roquefort van Carcassonne – wiens kathaarse moeder en broer op het kasteel verbleven – zich de volgende dag meldden, vonden zij de poort gesloten. Toen er onverwacht nieuwe troepen uit Lotharingen aankwamen, waagde De Montfort een nieuwe aanval: het kasteel bleek verlaten.

De bodem van de putten lag na de periode van droogte bezaaid met kadavers van ratten, die het water vervuilden. Er brak dysenterie uit en degenen die niet aan de ziekte waren bezweken, probeerden in de nacht van 21 op 22 november te ontkomen. Zij werden achtervolgd door de troepen van De Montfort en gedood, de achtergebleven verdedigers werden levend verbrand. Raymond, die om onbekende redenen terugkeerde naar zijn kasteel, werd gevangengenomen en overleed drie jaar later in een kerker in Carcassonne. Zijn kasteel werd op 23 november overgedragen aan

De kapel van het kasteel

Alain de Roucy, een van de wapenbroeders van De Montfort. Toen Amaury de Montfort zijn rechten op de door zijn vader in de Languedoc veroverde gebieden in 1224 overdroeg aan de Franse koning, schonk hij het kasteel van Termes aan Arnaud Amaury, aartsbisschop van Narbonne.

Raymonds zonen Olivier en Bernard, die waren ontkomen naar Aragón, onderwierpen zich in 1228 aan koning Lodewijk IX. Olivier streed in 1230 aan de zijde van koning Jaime I van Aragón tegen de Arabieren op Majorca. Tien jaar later steunde hij de opstand van Raymond II Trencavel, die een laatste poging deed de Franse bezetters te verdrijven. Na het mislukte beleg van Carcassonne viel Olivier in Laroque-de-Fa in Franse handen, hij koos in 1243 definitief voor Lodewijk. Hij ging in 1250 met hem op kruistocht naar het Heilige Land: van een van de felste tegenstanders van de kruistocht werd hij een van Lodewijks trouwste dienaren. Hij was betrokken bij het beleg van Quéribus in 1255, een van de laatste kathaarse bolwerken. Over zijn rol bestaat onduidelijkheid: wist hij zijn oude strijdmakker Chabert de Barbaira te overreden zich zonder bloedvergieten over te geven of heeft hij hem verraden? Hoe dan ook, Quéribus viel in Franse handen en als beloning voor zijn loyaliteit kreeg Olivier een groot deel van zijn bezittingen terug, waaronder het kasteel van Aguilar. Hij stierf op 12 augustus 1275, met zijn zoon Raymond stierf de dynastie uit.

Het kasteel van Termes werd met Aguilar, Peyrepertuse, Puilaurens en Quéribus als de vijf 'zonen' van Carcassonne onderdeel van de verdedigingslinie langs de grens met Aragón. Er was een garnizoen gevestigd, tot het in 1652 in opdracht van koning Lodewijk XIII door kardinaal Richelieu werd ontmanteld.

Bezienswaardigheden

Van de imposante vesting is niet veel meer over, alleen een deel van de twee ommuringen is nog intact. De 12e eeuwse donjon en een kapel met een kruisvormig raam verkeren in zeer bouwvallige staat. Aan de voet van de buitenste muur op de zuidelijke helling lag het middeleeuwse dorp. Het huidige dorp is later gebouwd, in de vallei.

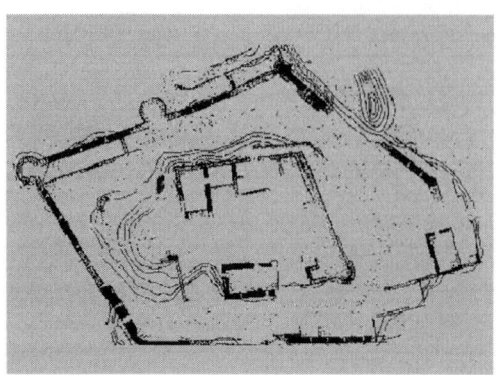

Openingstijden

Februari t/m mei	10.00-17.00 uur
Juni	10.00-18.00 uur
Juli, augustus	10.00-19.30 uur
September t/m december	10.00-17.00 uur
Gesloten	Januari

Neem in Quillan de D118, in Couiza de D613 richting Mouthoumet en vervolgens de D40.

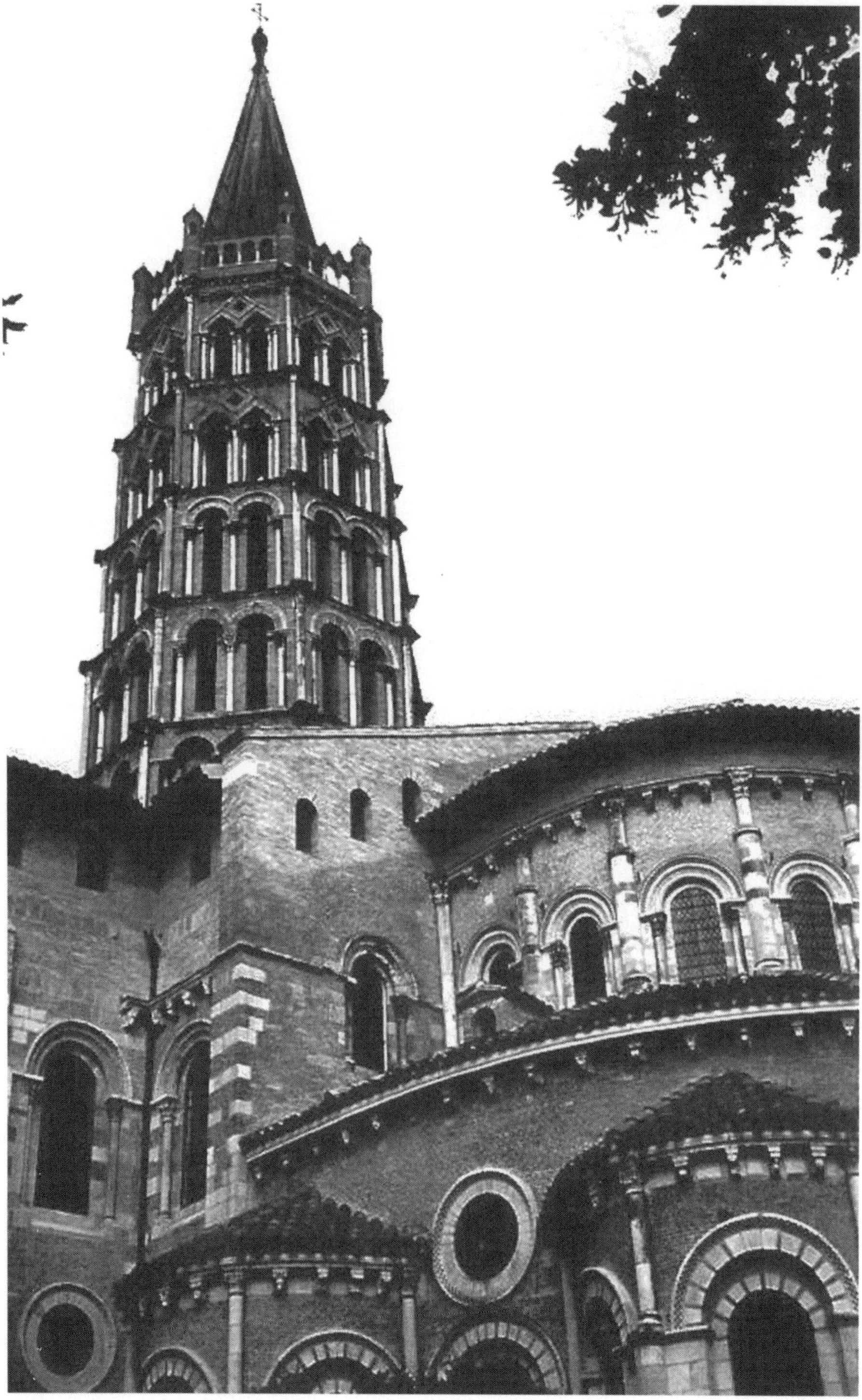

TOULOUSE
Haute-Garonne

De sarcofagen van de graven van Toulouse

Geschiedenis

Toulouse is gebouwd op de rechteroever van de Garonne, rond een Romeinse nederzetting. Tolosa was een van de belangrijkste steden van de provincie Gallia Narbonensis. De stad viel in het begin van de 5e eeuw in handen van de Visigotische koning Ataulf, die Toulouse in 418 tot hoofdstad maakte van zijn rijk Septimanië. De Visigoten werden in 507 bij Vouillé verslagen door de Franken onder Clovis. Aanvallen van de Arabieren in 721 wist de stad te weerstaan. Karel de Grote gaf Toulouse de status van graafschap, het strekte zich uit van Aquitanië tot de Provence. Naarmate de macht van de Frankische koningen afnam, werden de graven steeds machtiger en onafhankelijker. Hun hof was het meest verfijnde van Europa, druk bezocht door troubadours. De burgers van Toulouse waren door de bloeiende handel zeer machtig en kregen vanaf 1141 een eigen bestuur van aanvankelijk zes en later twaalf gekozen raadsleden, de *capitouls*.

Door de tolerante houding van de graven kon het katharisme zich in hun gebieden gemakkelijk verspreiden, er werd ondanks dringende oproepen van de paus nauwelijks tegen ketters opgetreden. In 1208 werd Raymond VI door paus Innocentius III beschuldigd van medeplichtigheid aan de moord op zijn legaat Pierre de Castelnau en geëxcommuniceerd. Op deze misdaad volgde de oproep tot de kruistocht tegen de katharen, met als belangrijkste doelwit de graaf van Toulouse. Toen het kruisleger de Languedoc naderde, onderwierp Raymond zich aan de kerk om het dreigende gevaar af te wenden. Hij hield zich echter zoveel mogelijk buiten de strijd en keerde na de val van Carcassonne in 1209 terug naar Toulouse. In juni 1211 werd de stad voor het eerst belegerd door Simon de Montfort. Raymond VI en Raymond-Roger van Foix trokken zich met vijfhonderd ridders terug achter de stadsmuren. Op 27 juni werden de kruisridders aangevallen door Raymonds halfbroer Hugues d'Alfaro en zij moesten het beleg opgeven. Nadat De Montfort in 1215 een groot deel van de Languedoc had veroverd, verwierf hij niet alleen het grondgebied, maar ook de titel van de graaf van Toulouse. Volgens het recht van de kruistocht waren Raymonds bezittingen verbeurdverklaard en had hij geen recht meer op zijn titel. Pogingen tot verzoening met de kerk hadden geen succes. In 1216 slaagde Raymonds zoon erin Toulouse te heroveren, maar De Montfort was niet van plan de stad op te geven. Tijdens het langdurige beleg van 1218 werd hij door een steen dodelijk aan het hoofd getroffen. Zijn zoon Amaury, die hem opvolgde, bleek niet in staat de veroverde gebieden te behouden. De Occitaanse adel slaagde erin hun bezittingen te heroveren en de gehate Fransen te verdrijven.

Raymond VI stierf op 9 augustus 1222. Zijn opvolger Raymond VII (1222-1249) vroeg zijn leenheer koning Philips II Augustus hem te erkennen als graaf van Toulouse en hem zijn erfgoederen, in bezit van Amaury de Montfort, terug te geven. Dit bracht de koning in een lastige positie. De Montfort was immers, volgens het recht dat speciaal in het leven was geroepen voor de Albigenzer Kruistocht, de wettige heer van Toulouse. Als Philips Augustus zich aan het feodale recht zou houden, was hij verplicht zijn vazal te hulp te komen bij het heroveren van diens bezit. Dan zou hij echter kiezen voor iemand die, net als zijn vader, bekend stond als een beschermheer van de katharen. De koning overleed, voordat hij een besluit had genomen. Lodewijk VIII (1223-1226) volgde hem op en, in tegenstelling tot zijn vader, was hij niet van plan de Occitaanse kwestie op zijn beloop te laten. Hij besloot de kruistocht voort te zetten. De positie van De Montfort was inmiddels

echter zo verzwakt, dat hij besloot zijn rechten over te dragen aan de Franse koning. Op 14 januari 1224 moest hij zich overgeven en de volgende dag vertrok hij naar Frankrijk, waarop Raymond II Carcassonne binnentrok.
Lodewijk vertrok in 1226 naar het zuiden om zijn rechten te doen gelden. Na zijn voortijdige dood werd de strijd voortgezet door zijn echtgenote Blanche van Castilië, regentes voor de minderjarige Lodewijk IX. Het leger kwam onder opperbevel van Humbert de Beaujeu, die erin zou slagen Raymond VII tot overgave te dwingen. Niet door hem te verslaan, maar door zijn gebieden te plunderen en te verwoesten. Deze tactiek van de verschroeide aarde dwong Raymond tot onderhandelen en op 12 april 1229 werd het Verdrag van Parijs gesloten. Hij kreeg weliswaar zijn titel terug, maar moest een groot gedeelte van zijn grondgebied afstaan en de stadsmuren van Toulouse ontmantelen. Ter bevordering van het katholieke geloof moest Raymond een universiteit stichten en tien jaar lang het honorarium van een aantal hoogleraren voor zijn rekening nemen. Zijn enige dochter Jeanne werd uitgehuwelijkt aan een broer van de koning, Alfons van Poitiers. Hij volgde Raymond in 1249 op als graaf van Toulouse en toen het echtpaar in 1271 – drie dagen na elkaar – kinderloos stierf, kwam het graafschap aan de Franse kroon.

De zeer fanatieke bisschop Foulque – voormalig troubadour – speelde een belangrijke rol in de kruistocht. Hij was een fervent tegenstander van Raymond VII, wiens tolerante houding ten opzichte van de katharen hij verfoeide. De door hem opgerichte Witte Broederschap, die vooral bestond uit zwervers en woekeraars, plunderde 's nachts huizen van katharen en joden en stak ze in brand. Als reactie hierop werd de Zwarte Broederschap opgericht, een burgerwacht die hen moest beschermen. Er ontstond hierdoor grote verdeeldheid in de stad, waaraan pas een einde kwam toen de bevolking in 1235 eensgezind in opstand kwam tegen de terreur van de inquisiteurs. De laatste verhoren in Toulouse dateren uit 1276-1277.

Bezienswaardigheden
Toulouse, *la Ville Rose*, hoofdstad van het departement Haute-Garonne en de regio Midi-Pyrenées, telt 650.000 inwoners en is de tweede universiteitsstad van Frankrijk. Hoewel de stad een belangrijke rol speelde in de tijd van de katharen, is er uit deze tijd nauwelijks iets bewaard gebleven.

Basilique Saint-Sernin
Deze romaanse kerk, gebouwd ten behoeve van pelgrims die onderweg waren naar

Santiago de Compostella, is genoemd naar de eerste bisschop van Toulouse, Saint-Sernin. Aan het einde van de 4e eeuw stond op deze plaats een kerk, waarin diens lichaam was bijgezet. De heilige was in 250 de marteldood gestorven: hij werd, vastgebonden aan een stier, door de straten van de stad gesleurd. De basiliek werd in 1096 gewijd door paus Urbanus II. Bij een van de uitgangen, de Porte des Comtes, bevindt zich in de buitenmuur een getraliede nis met de armzalige sarcofagen van de eerste graven van Toulouse.

In de basiliek bevindt zich een replica van het beeldhouwwerk van een van de sarcofagen

Openingstijden basiliek

Juli t/m september	09.00-18.30 uur (op zondag tot 19.30 uur)
Oktober t/m juni	Maandag t/m vrijdag 08.00-12.00 en 14.00-18.00 uur
Zondag	09.00-12.30 en 14.00-19.00 uur

Openingstijden crypte

Juli t/m september	Maandag t/m zaterdag 10.00-18.00 uur
Zon- en feestdagen	12.30-18.00 uur
Oktober t/m juni	10.00-11.30 en 14.30-17.00 uur (niet op zondagmorgen)

Les Jacobins
Dit eerste klooster van de dominicanen werd gesticht in 1216. Een jaar later vestigden zij zich in Parijs, in een klooster met een kapel die was gewijd aan de Heilige Jakobus; daaraan dankten zij de naam jakobijnen. Met de bouw van de kloosterkerk werd in 1230 begonnen. In 1369 werd Thomas van Aquino hier bijgezet, zijn relikwieën bevinden zich onder een speciaal altaar.

Openingstijden
Half juni tot eind september:
Maandag t/m zaterdag	10.00-18.30 uur
Zon- en feestdagen	14.30-18.30 uur
Oktober tot half juni	10.00-12.00 en 14.30-18.00 uur
Gesloten	Zondagmorgen

Cathédrale Saint-Étienne
Deze kerk was oorspronkelijk onderdeel van een kloosterkerk uit de 11e eeuw. Op het plein voor de kathedraal vonden vele katharen de dood op de brandstapel.

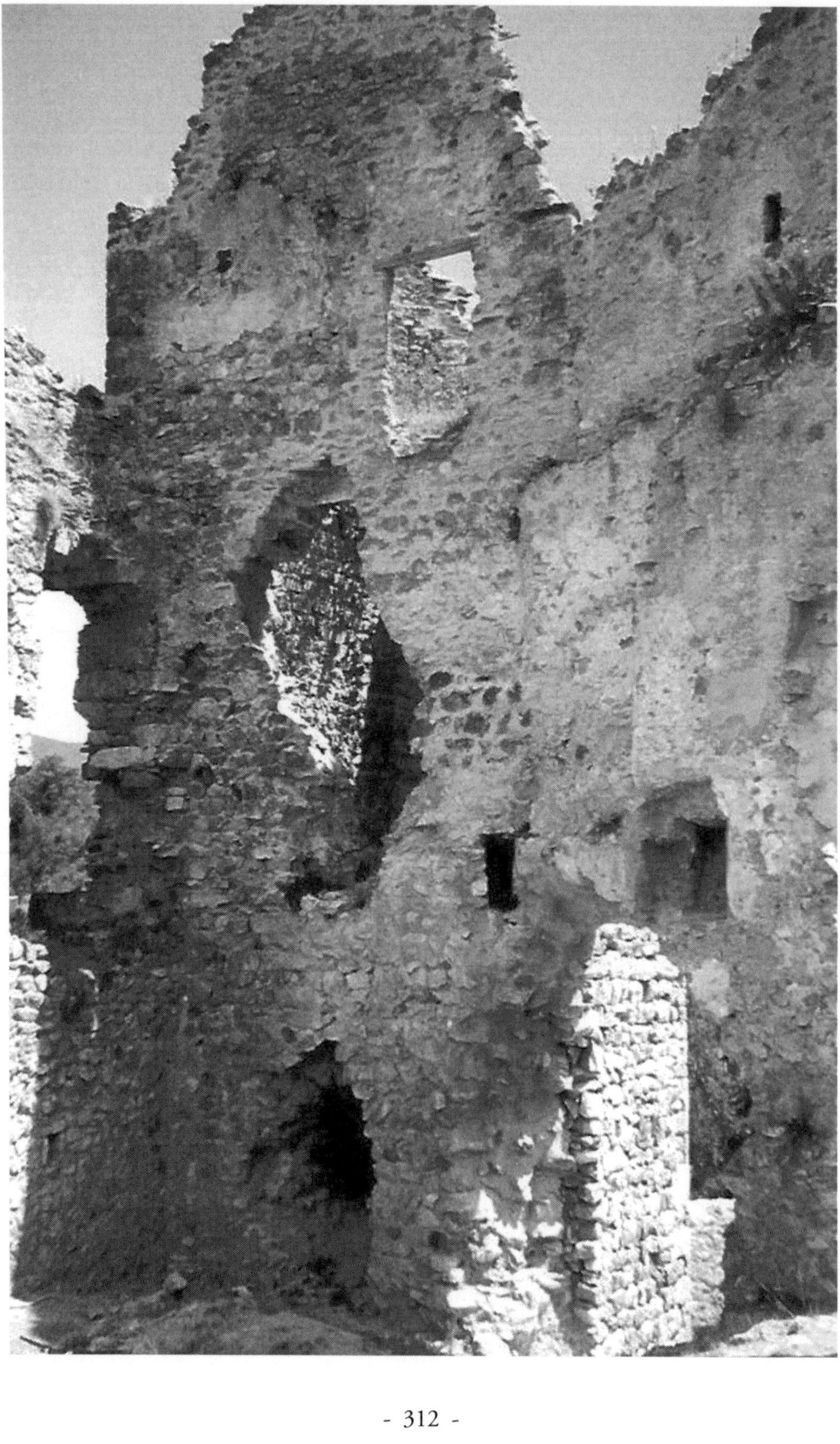

USSON
Ariège, Donezan

Geschiedenis

Het kasteel van Usson ligt op 923 meter hoogte in de vallei van de Aude, op de plaats waar de Bruyante en de Aude samenvloeien. Het beheerste, met het kasteel van Quérigut, de valleien op de grens van de Roussillon en de Donezan en daarmee de weg van Frankrijk naar Catalonië. Usson dankt zijn naam – Castrum de Sono (Château du Son) – aan de rivier de Sone, nu genaamd de Bruyante, aan de voet van het kasteel. Het wordt voor het eerst vermeld in een akte van 844: graaf Argila van de Razès schonk het aan zijn zoon Bera II. In 1035 wordt Usson genoemd in het testament van Guifred, zoon van graaf Oliba van Cerdagne, die het veroverd had op Roger I van Carcassonne. Van 1067 tot 1196 werd voor het kasteel leenhulde gebracht aan de graven van Barcelona, die in 1162 ook koningen werden van Aragón.

Tijdens de kruistocht was de heerlijkheid Donezan, met de kastelen van Usson en Quérigut, eigendom van Bernard d'Alion. Wegens zijn kathaarse sympathieën werden zijn bezittingen geconfisqueerd en door koning Peter II van Aragón geschonken aan zijn vazal Roger-Bernard van Foix. Op 16 maart 1226 onderwierp Bernard d'Usson zich aan koning Lodewijk VIII en het gezag van de katholieke kerk, maar dit weerhield hem er niet van de katharen te blijven beschermen. Zijn zoon Bernard bood de bisschoppen Raymond Agulher en Guilhabert de Castres rond 1234 onderdak op zijn kasteel; vanwege zijn steun aan de ketters werd Bernard in 1258 in aanwezigheid van Jaime I van Aragón in Perpignan verbrand.

De familie De Son stuurde in 1243 wapens en versterkingen naar het belegerde Montségur en Usson was het eerste toevluchtsoord voor de bewoners na de val van dit kasteel. Dit is bekend geworden uit de getuigenverklaring van Béranger de Lavelanet voor de inquisitie. In een verslag van april 1244 worden de namen Bernardus de Alion en Arnaldus de Sono genoemd. Usson is een van de locaties waar vier uit Montségur ontsnapte parfaits de mysterieuze schat van de kathaarse kerk (goud, heilige geschriften?) in veiligheid zouden hebben gebracht.

In 1311 werden de kastelen Usson en Quérigut verkocht aan de graven van Foix in ruil voor het kasteel van Miglos, de naam veranderde in D'Usson. Graaf Hendrik III van Foix-Béarn werd in 1594 als Hendrik IV koning van Frankrijk, waardoor het gebied eigendom werd van de Franse Kroon. Na het Verdrag van de Pyreneeën van 1659 kwam de grens met Spanje verder naar het zuiden te liggen, waardoor de kastelen hun strategische betekenis verloren.

Geldgebrek dwong koning Lodewijk XIV in 1711 een deel van zijn domeinen te verkopen om de staatsschuld af te lossen: de Donezan werd eigendom van Jean Louis d'Usson. Het koopcontract bevatte een clausule met de verplichting de kastelen in het gebied te restaureren. Het kasteel van Usson – Quérigut verkeerde toen al in slechte staat – was de residentie van de eigenaar als hij in het gebied verbleef. Tijdens de Franse revolutie werden de bezittingen van de laatste heer D'Usson geconfisqueerd, hij stierf in 1794 onder de guillotine. Het kasteel werd ontmanteld en diende als steengroeve voor de huizen van de streekbewoners.

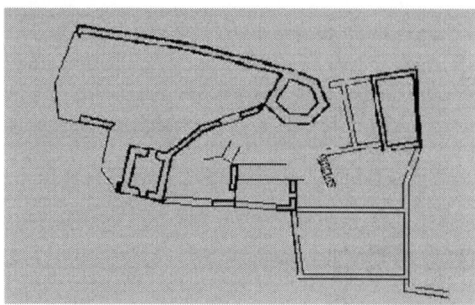

Bezienswaardigheden

Het kasteel ligt op een rots, met aan drie kanten steile hellingen, en is alleen vanuit het zuiden gemakkelijk bereikbaar. Een steile toegangsweg leidde naar een eerste poort, na 24 meter volgde een tweede. De veelhoekige donjon lag aan de meest kwetsbare kant van de vesting en werd versterkt met een extra dikke muur. Daarachter stonden de woongebouwen en de kapel.

Bij opgravingen zijn resten gevonden van kamers voor de kasteelheer en zijn familie, een speciaal voor de koning gereserveerde kamer, een bakkerij, een bediendeverblijf, een eetzaal, een keuken, een kapel en stallen.

De mythe dat in Usson de schat der katharen begraven zou zijn, heeft helaas veel schatgravers getrokken, die grote vernielingen hebben aangericht. Door restauratiewerkzaamheden is het kasteel nu weer zonder gevaar te bezichtigen.

Openingstijden

Februari, april	14.00-18.00 uur
Mei, juni	14.00-18.00 uur
Juli, augustus	10.00-13.00 en 15.00-19.00 uur
September t/m december	14.00-1800 uur
Gesloten	Januari

La Maison du Patrimoine

In de 18e eeuwse paardenstallen van het kasteel is een museum ondergebracht. Hierin is een permanente tentoonstelling te zien over het erfgoed van de Donezan, met onder andere een maquette van het kasteel en een voorbeeld van een middeleeuws woonhuis. Aan de hand van oude ansichtkaarten wordt een reis door de tijd gemaakt. Ook is er een zaal met archeologische vondsten.

Neem in Quillan de D117 naar Axat en daar de D118 naar Quérigut. De parkeerplaats bevindt zich aan de voet van het kasteel, bij de brug over de Bruyante.

Villerouge-Termenès
Aude, Corbières

Geschiedenis
Het kasteel en het dorp waren eigendom van de aartsbisschoppen van Narbonne – een bul van paus Pascalis II uit 1107 bevestigt dit. Zij gaven het kasteel in leen aan Pierre de Peyrepertuse. Zijn dochter kreeg het als bruidsschat mee bij haar huwelijk met Pierre-Olivier de Termes.
Sicard de Villerouge was kasteelheer toen Simon de Montfort het kasteel in 1210 innam, hij droeg het over aan zijn luitenant Alain de Roucy. Na de dood van De Montfort in 1218 slaagde Raymond de Villerouge, zoon van Sicard, erin het kasteel weer in bezit te krijgen. Toen graaf Raymond VII van Toulouse zich in 1229 met het Verdrag van Parijs onderwierp aan koning Lodewijk IX, kwam ook Villerouge in Franse handen.
Guillaume Bélibaste, een herder uit Cubières in de Corbières, was naar Catalonië gevlucht omdat hij een herder uit Villerouge had gedood. Hij verbleef bij een aantal katharen, die voor de inquisitie waren gevlucht uit Montaillou. Bélibaste bekeerde zich tot het katharisme en ontving het consolament. Hij werd verraden en overgedragen aan aartsbisschop Bernard de Farges van Narbonne, die hem ter dood veroordeelde. Bélibaste was de laatste parfait, hij stierf op 24 augustus 1321

op de brandstapel op de binnenplaats van het kasteel. Na ruim een eeuw was de katholieke kerk er eindelijk in geslaagd het katharisme uit te roeien. Villerouge-Termenès werd door de aartsbisschoppen gebruikt als zomerresidentie en het bleef tot de Franse revolutie in 1789 hun eigendom. Dat het kasteel nog in zo'n goede staat verkeert, is zeker hieraan te danken.

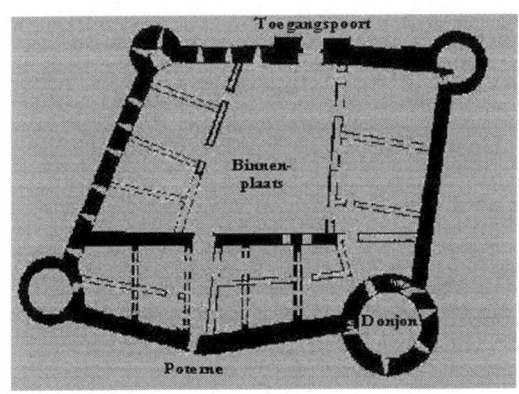

Bezienswaardigheden

Het dorp wordt beheerst door het kasteel, dat stamt uit de 13e en 14e eeuw. De ommuring van 24 x 30 meter heeft vier ronde torens op de hoeken. De donjon is 23 meter hoog, een wenteltrap in de muur verbindt de verdiepingen. De muren van de toegangspoort – met het wapenschild van aartsbisschop Bernard de Farges – met valhek zijn meer dan 2,50 meter dik. In een geheel gerestaureerde vleugel wordt een audiovisuele presentatie – *Le Monde de Guilhem Bélibaste, dernier Parfait Cathare* – gegeven over het leven van Bélibaste, Bernard de Farges en het dagelijks leven van de bewoners van Villerouge in de middeleeuwen. Vanaf de weergang heeft men een mooi uitzicht op het dorp en de omgeving. Langs het kasteel loopt een beekje, de Lou, dat de middeleeuwse kasteeltuin van water voorziet. De Porte Saint-Jean, een van de twee toegangspoorten, was onderdeel van de muur die het dorp in de 12e eeuw omgaf.

Openingstijden

Februari, maart	10.00-17.00 uur
April, mei, juni	10.00-18.00 uur
Juli, augustus	09.30-19.30 uur
September t/m half oktober	10.00-18.00 uur
Half oktober tot januari	Weekeinden en feestdagen van 10.00-17.00 uur
Gesloten	Januari

Ieder jaar wordt in het dorp het *Estival Médiéval* georganiseerd, met een middeleeuwse markt en scènes uit het leven in de middeleeuwen.

Neem in Quillan de D118 richting Carcassonne en in Couiza de D613 richting Mouthoumet en volg deze tot Villerouge-Termenès.

Noten deel II

1. Oïl: *hoc ille – oui*; oc: *hoc*
2. Occitaans: *trobar*, uitvinden
3. *Albigens: gens d'Albi*, mensen uit Albi. *Albigeois*, de regio waarin Albi is gelegen
4. Occitaans: *bisbia*, bisdom
5. Occitaans, afgeleid van het Latijnse *spelunca*, grot
6. Hulpbisschop
7. Van oorsprong Gallische, op een heuvel gelegen versterkte nederzetting
8. Trencavel: *trenca-bel*, hij die goed hakt
9. Teken van God
10. Vertaling: Tommie Hendriks
11. De benoeming van paus Urbanus VI in 1377 werd door de Franse kardinalen niet geaccepteerd en zij kozen een tegenpaus, die zich vestigde in Avignon. De periode van het Westerse Schisma eindigde in 1417, toen de paus weer naar Rome vertrok en de eenheid in de kerk hersteld werd
12. *Louve* of *Loba*, wolvin

Chronologie

1022   De eerste brandstapel in Frankrijk, in Orléans
1095   Paus Urbanus II roept op tot de eerste kruistocht
1126   Pierre de Bruis wordt in Saint-Gilles-du-Gard veroordeeld tot de brandstapel
1163   Concilie van Tours: instelling van de pauselijke inquisitie door paus Alexander III
1165   Concilie van Lombers: debat tussen katholieken en katharen
1167   Kathaars concilie van Saint-Félix-de-Caraman (nu Saint-Félix-Lauragais) onder leiding van Nicétas: stichting van de bisdommen Agen, Albi, Carcassonne en Toulouse
1179   Derde Lateraans Concilie: veroordeling van de leer der katharen
1181   Lavaur: eerste gewapende optreden tegen katharen
1194   Raymond VI volgt zijn vader op als graaf van Toulouse
1198   Innocentius III wordt paus
1203   Pierre de Castelnau wordt benoemd tot pauselijk legaat in de Languedoc
1204   Peter II van Aragon organiseert in Carcassonne een debat tussen katholieken en katharen
1206   Kathaars concilie van Mirepoix: Raymond de Péreille krijgt opdracht voor de wederopbouw van Montségur
Diégo van Azevedo, bisschop van Osma en zijn onderprior Dominicus ontmoeten de pauselijke legaten in Montpellier en besluiten in de Languedoc het katharisme te bestrijden
1207   Montréal: debat tussen katholieken en katharen onder leiding van Dominicus
1208   Moord op Pierre de Castelnau in Saint-Gilles-du-Gard, oproep tot de kruistocht tegen de katharen
1209   Raymond VI onderwerpt zich in de kathedraal van Saint-Gilles aan de rooms-katholieke kerk
Val van Béziers en Carcassonne, Simon de Montfort wordt burggraaf van Carcassonne en Béziers

	Raymond-Roger Trencavel overlijdt in een kerker van zijn kasteel in Carcassonne
1210	Honderd burgers van Bram worden verminkt en als waarschuwing naar Cabaret gestuurd
	Pierre-Roger de Cabaret, Raymond de Termes en Aimery de Montréal doen een vergeefs beroep op Peter II van Aragón
	Val van Minerve, 140 katharen sterven op de brandstapel
	Val van Termes en Puivert
1211	Overgave van de kastelen van Cabaret door Pierre-Roger de Cabaret aan Bouchard de Marly
	Raymond-Roger de Foix doodt 6000 Duitse en Friese huurlingen bij Montgey
	Val van Lavaur, 400 katharen worden verbrand
	Slag bij Castelnaudary
1212	Peter II van Aragón verslaat de Arabieren bij Las Navas de Tolosa
	Statuut van Pamiers: Franse wetten vervangen de Occitaanse
	Verovering van het noorden van de Languedoc door Simon de Montfort: massamoorden, brandstapels, plunderingen
1213	Slag bij Muret, het Occitaanse leger wordt ondanks een grote meerderheid verslagen, Peter II sneuvelt
1215	Vierde Lateraans Concilie: Raymond VI van Toulouse moet zijn grafelijke titel afstaan aan Simon de Montfort
	Eerste kruistocht van de Franse kroonprins Louis VIII
	Dominicus sticht de Orde der Predikheren
1216	Raymond, zoon van Raymond VI van Toulouse, herovert Beaucaire
	Dood van Innocentius III, hij wordt opgevolgd door Honorius III
1217	Tweede beleg van Toulouse
1218	Simon de Montfort sneuvelt tijdens het beleg van Toulouse en wordt opgevolgd door zijn zoon Amaury
1219	Tweede kruistocht van kroonprins Lodewijk: massamoord van Marmande
1221	Dood van Dominicus
1222	Raymond VII volgt zijn vader op als graaf van Toulouse
1223	Philips II Augustus overlijdt en wordt opgevolgd door Lodewijk VIII
1224	Amaury de Montfort draagt zijn rechten op de Languedoc over aan de Franse koning

	Raymond Trencavel trekt Carcassonne binnen
1225	Arnaud Amaury, geestelijk opperbevelhebber van de kruistocht, overlijdt
1226	Koninklijke kruistocht onder leiding van Lodewijk VIII, hij sterft op de terugreis naar Parijs, zijn moeder Blanche van Castilië wordt regentes voor Lodewijk IX
	Stichting van het vijfde kathaarse bisdom: de Razès
1227	Honorius III wordt opgevolgd door Gregorius III
1229	Verdrag van Parijs (Meaux): einde van de strijd tegen de katharen, legalisering van de annexatie van de Languedoc
	Jeanne, dochter van Raymond VII, trouwt met Alfons van Poitiers, broer van Lodewijk IX
1232	Montségur wordt de zetel van de kathaarse kerk
1233	Gregorius IX geeft de pauselijke inquisitie in handen van de Orde der Dominicanen
1240	Opstand van het zuiden onder leiding van Raymond Trencavel, die zich bij gebrek aan steun moet overgeven
1242	Moord op de inquisiteurs in Avignonet
1243	Verdrag van Lorris: Raymond VII onderwerpt zich aan Lodewijk IX
	Concilie van Béziers: opdracht voor de inname van Montségur
1244	Montségur valt na een beleg van 10 maanden, ruim 225 katharen sterven op de brandstapel
1249	Dood van Raymond VII, hij wordt opgevolgd door zijn schoonzoon Alfons van Poitiers
1255	Val van Quéribus, het laatste kathaarse bolwerk
1258	Verdrag van Corbeil: de grens tussen Frankrijk en Aragón wordt vastgesteld
1270	Lodewijk IX de Heilige overlijdt op kruistocht in Tunis en wordt opgevolgd door Philips de Stoute
1271	De Languedoc vervalt aan de Franse kroon na het kinderloos overlijden van Jeanne de Toulouse en haar echtgenoot Alfons van Poitiers
1276	In Verona sterven 200 Italiaanse katharen op de brandstapel
1310	Pierre en Guillaume Authié worden tot de brandstapel veroordeeld
1321	De laatste parfait, Guillaume Bélibaste, wordt in Villerouge-Termenès verbrand
1659	Verdrag van de Pyreneeën: definitieve vaststelling van de grens tussen Frankrijk en Spanje

Glossarium

Aparelhament	Openbare, gezamenlijke kathaarse biecht
Assommoir	Opening in de muur boven een verdedigingspoort waardoor projectielen naar beneden gegooid kunnen worden
Baljuw	In de feodale tijd vertegenwoordiger van de graaf, verantwoordelijk voor het innen van belastingen en belast met de rechtspraak; plaatsvervanger van de koning in bestuurs- en rechtszaken
Barbacane	Vestingwerk ter verdediging van de toegangspoort van een kasteel
Bastide	Een volgens militaire architectuur gebouwde ommuurde middeleeuwse stad, met een aantal lange, rechte straten die gekruist worden door kleinere straten en in het centrum een plein met de kerk
Bossagemetselwerk	Bouwstenen met een uitstulpend, ruw oppervlakte en alleen langs de randen glad geschuurd
Bourg	Buiten de muren van een vesting gelegen dorp; voorstad
Castrum	Romeinse versterkte nederzetting, in de middeleeuwen een versterkt dorp
Chicane	Zigzag aangelegde toegangsweg, beschermd door muren, naar een vestingpoort of kasteel, waardoor de vijand de toegangspoort niet rechtstreeks kon naderen en doelwit was van de belegerden
Circulade (village circulaire)	Middeleeuws dorp, met als middelpunt een kasteel of kerk waar de straten in cirkels omheen gebouwd zijn
Citerne	Reservoir voor het opvangen en bewaren van regenwater

Consolament	Kathaarse doop door handoplegging; het inwijdings- en zuiveringsritueel voor geestelijken en tevens het sacrament der stervenden
Consul	Raadslid, uit en door de burgerij gekozen stadsbestuurder
Donjon	Hoofdtoren en belangrijkste verdedigingswerk van een kasteel
Endura	Kathaarse vastenperiode
Faidit	Vogelvrij verklaarde edelman waarvan de goederen verbeurdverklaard waren wegens zijn kathaarse overtuiging of medeplichtigheid aan katharisme: het onderdak bieden aan of beschermen van katharen
Garrigue	Een begroeiing van onder meer steeneiken, terpentijnbomen, tijm, rozemarijn en lavendel
Hordijs (hourd)	Overhangende houten galerij langs de bovenkant van kasteelmuren
Ketterij	Van het door de rooms-katholieke kerk vastgestelde geloof afwijkende geloofsovertuiging
Lice (dwingel)	Ruimte tussen de verschillende ommuringen van een kasteel
Livres tournois	In Tours geslagen gouden ponden, met een gewicht van 8,271 gram
Machicoulis	Overhangende openingen in de vloer van de weergang van een kasteelmuur of boven een toegangspoort, waardoor belegeraars met bijvoorbeeld gloeiende teer en stenen bestookt konden worden.
Melhorament	Begroeting van de kathaarse geestelijken door gelovigen
Murus strictus	Levenslange opsluiting in een cel zonder licht
Oppidum	Van oorsprong Gallische, op een heuvel gelegen versterkte nederzetting
Parfait	Kathaarse priester
Poterne	Toegangs- of uitvalspoort van een kasteel (niet de hoofdpoort)

Quarantaine	Periode van veertig dagen dienstplicht die een vazal zijn leenheer verschuldigd was
Seigneur, seigneurie	Adellijke heer, heerlijkheid
Seneschalk	Koninklijke opperbevelhebber, gouverneur (in tegenstelling tot graaf/hertog was dit geen erfelijke titel)
Suzerein	Opperleenheer
Tiende	Kerkelijke heffing op oogst en vee
Transhumance	Verplaatsing van vee, waarbij herders in het voorjaar met hun kudden naar de hooggelegen bergweiden trokken en in het najaar naar warmere, lager gelegen streken gingen om te overwinteren

Machichoulis en bossagemetselwerk

Assommoir

Valhek

Een woord van dank

In november 2002 ging ik naar de Soester boekhandel Jongerius om de net verschenen uitgave van Francesco Carotta's *Was Jezus Caesar?* te kopen. Tot mijn verrassing kwamen op hetzelfde moment ook de schrijver met vertaler Tommie Hendriks en de uitgevers binnen om het boek te presenteren. Tijdens het signeren van het net aangeschafte boek raakte ik met Francesco in gesprek over de katharen. Ook Martin Ros en Perry Pierik van Uitgeverij Aspekt bleken geïnteresseerd en nodigden mij uit voor een gesprek. Deze toevallige kennismaking leidde tot een contract, met als resultaat deze historische reisgids.

Jan Visser – van wie ik ook een aantal gedichten mocht plaatsen – en Joke en Frans Manche ben ik zeer erkentelijk voor de kritische blik waarmee ze het manuscript hebben gelezen en van commentaar hebben voorzien. René Gijsbertse dank ik voor zijn inbreng bij het voorbereiden van deze tweede druk.

In de loop der jaren heb ik in Le Pays Cathare een aantal goede vrienden gemaakt. Philippe Contal, webmaster van www.cathares.org, heeft mij niet alleen foto's en plattegronden ter beschikking gesteld, maar hij was ook vrijwel dagelijks per email een grote steun om mijn vele vragen te beantwoorden. Zijn Club Cathares heeft tot nieuwe contacten geleid, zoals met Michel Collet en Yves Maris. Michels reconstructies van Montségur en Quéribus laten zien, hoe de kastelen er in de tijd van de katharen zouden kunnen hebben uitgezien. De eigentijdse benadering van de filosoof Yves heeft het katharisme voor mij een nieuwe dimensie gegeven.
Pierre en Sophie Bouyssou van Château de Montgey hebben mij vele malen gastvrij ontvangen. Zij stelden hun uitgebreide bibliotheek ter beschikking, waar ik heb vele uren heb doorgebracht met Pierres indrukwekkende verzameling boeken over de katharen. Aan de lunches op zondag, met altijd interessante gasten, bewaar ik bijzondere herinneringen. Zo kwam Michel Roquebert, een van de belangrijkste bronnen voor dit boek en een goede vriend van Pierre, speciaal naar Montgey om mij te ontmoeten.

Een ideale werkplek vond ik bij Noël Ellens en Dea Kuiper van hotel Le Rébenty in Axat. Hun gîte aan de oever van de Rébenty werd mijn kantoor en de gedachte aan de koele rosé en verse forel waarmee ik na een lange, warme dag verwelkomd werd, gaf de moed om de volgende dag toch nog even die extra locatie te onderzoeken die in de zinderende hitte te hoog of te ver leek.

Ten slotte wil ik ook Marian en Peter, Lydia en Yvonne bedanken. Zij hebben mij in de loop der jaren door veel moeilijke momenten geholpen en het is goed nu ook de goede tijden met hen te kunnen delen.

Soest, mei 2006

Van het verschijnen van de derde druk wil ik graag gebruikmaken om de vele lezers te bedanken, die de moeite hebben genomen om mij zo enthousiast deelgenoot te maken van hun kennismaking met 'mijn' Pays Cathare!

Saint-Martin-Lys, maart 2009

LITERATUUR

Alders, Hanny – *In het spoor van de Katharen* (Conserve, Schoorl, 1999)

Aubardier, Jean-Luc, Michel Binet, Jean-Pierre Bouchard – *Le Pays Cathare* (Éditions Ouest-France, Rennes, 1994)

Beliën, H.M., F.J. Meijer – *Een geschiedenis van de Oude Wereld* (J.H. Gottmer, Haarlem, 1980)

Blum, Jean – *Religie van de katharen* (Ankh-Hermes, Deventer, 2002)

Brenon, Anne – *Le vrai visage du Catharisme* (Éditions Loubatières, Portet-sur-Garonne, 1974)

Brenon, Anne – *Petit précis de catharisme* (Éditions Loubatières, Portet-sur-Garonne, 1998)

Burl, Aubrey – *God's Heretics* (Sutton Publishing, Stroud, 2002)

Cantor, Norman F. – *The civilization of the Middle Ages*, (Harper Collins Publishers, New York, 1993)

Dieltiens, Dominique – *Châteaux et forteresses en Pays Cathare* (Éditions Loubatières, Portet-sur-Garonne, 2003)

Dovetto. J. – *Carcassonne* (Apa-Poux, Albi, 1996)

Duvernoy, Jean – *La Réligion des Cathares* (Éditions Privat, Toulouse, 1979)

Duvernoy, Jean – *L'Histoire des Cathares* (Éditions Privat, Toulouse, 1976)

Farge, Bertran de la – *Raimon VI* (Éditions Loubatières, Portet-sur-Garonne, 1998)

Hoyt, Robert S. – *Europe in the Middle Ages* (Harcourt, Brace & World, Inc., New York, 1966)

Martens, W.P. – *De katharen* (Servire, Katwijk, 1991)

Marti, Claude – *Carcassonne au Coeur* (Éditions Loubatières, Portet-sur-Garonne, 1999)

Nelli, René – *Écritures Cathares* (Éditions Privat, Toulouse, 1993)

Nelli, René – *Dictionnaire du catharisme* (Éditions Privat, Toulouse, 1994)

Oldenbourg, Zoé – *Massacre at Montségur* (Phoenix Giant, London, 1998)

Puylaurens, Guillaume de – *Chronique* (Le Pérégrinateur, Toulouse, 1996)

Roquebert, Michel – *L'Epopée Cathare, Tomes 1-4* (Éditions Privat, 1970-1998, Toulouse)

Roquebert, Michel – *Les Cathares, De la chute de Montségur aux dernies bûchers* (Perrin, Paris, 1998)
Roquebert, Michel – *Citadelles du Vertige* (Éditions Privat, Toulouse, 1972)
Roquebert, Michel – *Histoire des cathares* (Perrin, Paris, 1999)
Roquebert, Michel – *La réligion cathare* (Perrin, Paris, 2001)
Roquebert, Michel, Catherine Bibollet – *Ombre et lumière en pays Cathare* (Éditions Privat, Toulouse, 1992)
Roquebert, Michel, Gérard Sioen – *Cathares, la terre et les hommes* (Éditions Place des Victoires, Paris, 2001)
Roux, Julie e.a. – *Les Cathares* (Collection In Situ, MSM, Vic-en-Bigorre, 2000)
Roy Ladurie, Emmanuel le – *Montaillou* (Bert Bakker, Amsterdam, 1985)
Salch, Charles–Laurent – *Les plus beaux châteaux forts en France* (Publitoral, 1987)
O'Shea, Stephen – *De volmaakte ketterij* (Het Spectrum, Utrecht, 2003)
Sioen, Gérard, Henri Gougaud – *Vivre Le Pays Cathare* (Éditions Mengès, Paris, 1992)
Sioen, Gérard, Nicolas Gouzy – *Le Pays Cathare* (Équinoxe Éditions, 1995)
Tudèle, Guillaume de, *La chanson de la Croisade* (Lettres Gotiques, Paris, 1989)
Valette, Patrick, Jean-Philippe Vidal – *Cités et Citadelles en Pays Cathare* (Les Créations du Pélican/Vilo, Paris, 2000)
Weiss, René – *De laatste katharen* (Het Spectrum, Utrecht, 2001)

Reisgidsen
André, Jacques – *Guide du Pays Cathare*
Capitool Reisgidsen – *Frankrijk*
Departement Aude – *Itinéraires en Pays d'Aude: sur les traces des Cathares*
Dominicus – *Pyreneeën*
Gougaud, Henri – *Le Sentier Cathare*
Michelin – *Languedoc-Roussillon*
Outre Terre – *Guide des Pays Cathares*
Parramon, Robert – *Tour des Pays Cathares, Randonées à pied et à vit*
The Rough Guide – *De Pyreneeën*

CD–ROM
Terres Cathares (Encyclopédie Multimédia du Catharisme, Art'Hist Editions)

Websites

ariege.com	carcassonne.org	katharen.be
audetourisme.com	casteland.com	mescladis.free.fr
camidesbonshomes.com	cathares.org	terres-cathares.com
carcassonne.culture.fr	club.cathares.org	paysdesault.com

Personenregister

Abd al-Rahman, 31
Ablis, Geoffroy d', 112, 244
Aëtius, 26
Agulher, Raymond, 314
Aicart, Amiel, 109
Alaman, Sicard d', 183
Alarik I, 22
Alarik II, 22, 23, 171, 240
Albéric, Henri, 58
Alcuin, 33
Alexander III, 58-60, 165, 172, 226
Alfaro, Hugues d', 308
Alfaro, Raymond d', 105, 149
Alion, Aton d', 244
Alion, Bernard d', 244, 289, 313
Amaury, Arnaud, 19, 65, 66, 68, 70, 72-76, 78, 80, 84, 87, 89-91, 97, 100, 156, 157, 168, 173, 206, 263, 304
Amboise, Louis I d', 137
Amiel, Pierre, 106-108, 257
Amiel, Pons, 140
Amilhac, Barthélemy, 246
Aquitanië, Pepijn II van, 36
Aquitanië, Willem V van, 56
Aquitanië, Willem IX van, 118
Aragón, Alfonso II van, 37, 165, 187, 235, 275
Aragón, Aliénor van, 37
Aragón, Ferdinand van, 131

Aragón, Jaime I van, 37, 80, 88, 89, 105, 110, 111, 203, 231, 237, 270, 304, 314
Aragón, Peter II van, 37, 65, 73, 75, 77, 78, 80, 83-88, 140, 172, 173, 212, 214, 230, 279, 289, 313
Aragón, Peter III van, 231
Aragón, Petronilla van, 37
Aragón, Ramiro II van, 37
Aragón, Sanche van, 37
Arcadius, 25
Arcis, Hugues d', 107, 108, 167, 257
Arius, 24
Arnaud, Guillaume, 104-106, 144, 149, 150, 225, 257
Arques, Béranger d', 143, 144
Arques, Bernard Amélius d', 143
Arques, Raymond d', 144
Arques, Rithivinde d', 144
Ataulf, 22, 209, 307
Atilla, 26
Augustinus, 25, 26, 43
Augustus, 170, 262
Auteuil, Pierre d', 110
Authié, Guillaume, 112, 246
Authié, Pierre, 112, 204, 246
Acyelin, Gilles, 264
Azevedo, Diégo van, 66, 193

Barbaira, Chabert de, 110, 197, 240, 266, 304
Barcelona, Berenguer Ramón I van, 159, 171
Barcelona, Borell II van, 37
Barcelona, Ramón Berenguer I van, 147
Barcelona, Ramón Berenguer III van, 37, 152, 155, 202, 269, 275, 284
Barcelona, Ramón Berenguer IV van, 37, 152, 275
Barcelona, Ramón Borell van, 37
Barcelona, Seniofred van, 275
Béarn, Gaston VII de Moncada de, 204
Beaucaire, Durand de, 107
Beaufort, Sicard de, 251
Beaujeu, Humbert de, 99, 100, 106, 174, 184, 187, 221, 309
Beaumont, Jean de, 270
Bélibaste, Guillaume, 112, 144, 228, 316, 317
Benedictus XII: zie Jacques Fournier
Beneventum, kardinaal van, 89-91
Bésalu, Arnaud de, 197
Bésalu, Bernard Taillefer de, 130, 197, 269, 275, 284
Bésalu, Bernard III de, 269, 275, 284
Bésalu, Guillaume de, 130, 197, 284
Bésalu, Oliba Cabreta de, 269, 275, 284
Besse, Guillaume, 50
Béziers, Béatrice de, 37
Bogomil, 44
Bonhomme, Isarn, 210
Bonnet, Pierre, 108
Boson, 140
Boudewijn I (Boudewijn IX), 63
Bruis, Pierre de, 56, 57
Bruyères, Jean de, 280
Bruyères, Thomas-Pons de, 280
Bruyères, Thomas II de, 280
Buisson, Pierre de, 251

Cabaret, Jourdain de, 220
Cabaret, Olivier de, 221
Cabaret, Pierre-Roger de, 74, 77, 79, 80, 218, 220
Calixtus, 56
Capendu, Guirard de, 168
Capendu, Pierre-Raymond de, 168
Capendu, Raymond de, 168
Capet, Hugo, 34
Carcassonne, Adélaïde van, 297
Carcassonne, Arsinde van, 201
Carcassonne, Ermengarde van, 171
Carcassonne, Ermessinde van, 37
Carcassonne, Oliba I van, 171, 218
Carcassonne, Rangarde van, 147
Carcassonne, Roger I le Vieux van, 171, 201, 204, 230, 284, 297, 300, 313
Carcassonne, Roger III van, 171, 240
Casalis, Raymond de, 50
Castanet, Bernard de, 135, 136
Castelnau, Pierre de, 65-68, 70, 172, 206, 294, 296, 308
Castilië, Alfonso VII, 279
Castilië, Blanche van, 98-100, 279, 309
Castilië, Isabella van, 131
Castres, Guilhabert de, 50, 66, 96, 97, 107, 108, 159, 193, 202, 230, 242, 244, 256, 314
Catala, Pierre, 275
Catala, Roger, 275
Cathala, Arnaud, 135
Caux, Bernard de, 111
Cellerier, Sicard, 50, 134

Cerdagne, Guifred de, 313
Cerdagne, Oliba de, 313
Châteauverdun, Pons Arnaud, 162
Childerik III, 31
Clairvaux, Bernardus van, 41, 49, 58, 59, 134
Clemens V, 144
Clergue, Bernard, 245, 246
Clergue, Mengarde, 247
Clergue, Pierre, 245-247
Clovis, 23, 24, 29, 170, 171, 240, 307
Collet, Jean de, 210
Combret, Bernard de, 135
Comminges, Arnaud de, 201
Congost, Alpaïs de, 279
Congost, Bernard de, 79, 279
Congost, Gaillard de, 280
Constance van Frankrijk, 36, 56
Constantijn de Grote, 24, 25, 27, 55, 64
Conti, Lotario: zie Innocentius III
Courçon, Robert de, 89
Cros-Mayrevielle, Jean-Pierre, 176

Délicieux, Bernard, 175
Dominicus (Domingo Gúzman), 65-67, 104, 172, 193-195, 297
Dondaine, Antoine, 41
Durand, Pierre, 185
Durban, Guillaume de, 189, 265
Durfort, Foulques de, 190
Durfort, Sicard de, 187

Edward III van Engeland, 128, 175
Épernon, Robert d', 50
Eugenius III, 41

Farges, Bernard de, 112, 316, 317

Fauga, Raymond du, 104
Fenouillet, Arnaud de, 105
Fenouillet, Ave de, 105, 197
Fenouillet, Pierre IV de, 105, 187, 197
Fenouillet, Pierre V de, 198
Figueras, Sicard de, 184
Foix, Bernard-Roger van, 201, 230
Foix, Ermessinde van, 202
Foix, Esclarmonde van, 53, 67, 91, 202, 244
Foix, Loup van, 280
Foix, Philippa van, 202
Foix, Raymond-Roger van, 53, 73, 77, 80-82, 91, 93, 95, 202, 220, 223, 226, 232, 242, 249, 289, 293, 308
Foix, Roger I van, 201, 240
Foix, Roger II van, 201
Foix, Roger III van, 202
Foix, Roger IV van, 105, 106, 110, 203, 230
Foix, Roger-Bernard I, 81, 93, 202, 203, 244
Foix, Roger-Bernard II van, 95, 97, 105, 202, 230, 244, 251
Foix, Roger-Bernard III, 110, 203, 204, 230, 231, 293
Foix-Béarn, Gaston I van, 204
Foix-Béarn, Gaston III Phébus van, 204, 205
Foix-Béarn, Henri III (Henri IV) van, 129, 163, 204, 231, 314
Fontfroide, Raoul de, 65-66
Foulque, 40, 67, 81, 82, 86, 87, 90, 91, 93, 94, 103, 309
Fournier, Jacques (Benedictus XII), 40, 112, 144, 207, 245, 246
Frangipani, Romano, 98, 100
Frédélon, 36
Frederik I Barbarossa, 152
Frederik II, 98

Gadal, Antonin, 162
Galla Placidia, 22
Garlande, Mathilde de, 236
Gimer, 180
Giraud, 41, 59
Gondebaud, 171
Gontrand, 218
Gregorius de Grote, 26
Gregorius III, 26
Gregorius VII, 63, 114
Gregorius IX, 100, 104, 140, 193
Gui, Bernard, 112
Guzmán, Domingo: zie Dominicus

Heisterbach, Caesarius von, 74, 156
Hendrik III van Engeland, 106
Henri IV: zie Henri III van Foix-Béarn
Honorius III, paus, 66, 96, 97, 147
Honorius, keizer, 22, 25
Hugon, 109

Innocentius III (Lotario Conti), 63-66, 68, 71, 83-86, 89-91, 172, 193, 202, 232, 263, 296, 308
Innocentius IV, 106, 111, 232
Isarn, Pierre, 50, 174

Jan zonder Land, 37, 88, 90
Joan van Engeland, 37, 92
Johannes, 44, 46, 47, 49, 50
Johannes Paulus II, 20
Johannes XXII, 140, 227, 243
Joyeuse, Jean de, 145
Justinianus, 23, 25

Karel de Grote, 27, 31-34, 122, 143, 155, 167, 171, 214, 269, 307
Karel de Kale, 34, 218, 291
Karel Martel, 26, 29, 31, 120, 171, 218
Karel IV, 128
Karel V van Spanje, 131
Karel VII, 128
Karel VIII, 131
Karloman, 27, 31

Lantar, Marquésia de, 257
Laurac, Guiraude de, 81, 226-228
Lausanne, Henri de, 57
Lavelanet, Bérenger de, 252, 314
Leo I de Grote, 26
Leo III, 32, 33, 140
Leo IX, 56
Lévis, François de, 212
Lévis, Gaston de, 212
Lévis, Guy I de, 76, 77, 91, 99, 100, 167, 212, 242, 243, 303
Lévis, Guy II de, 108
Lévis, Guy III de, 212, 243
Lévis, Jean I de, 243
Lévis, Jean V de, 212
Lévis, Philippe de, 167
Lille, Alain de, 41
Lodewijk de Duitser, 34
Lodewijk de Vrome, 32, 34, 297
Lodewijk VI, 36, 164
Lodewijk VII, 59, 235
Lodewijk VIII, 90, 91, 95-100, 135, 152, 165, 174, 179, 202, 204, 221, 237, 280, 308, 309, 313
Lodewijk IX, 99, 106, 108, 110, 111, 174, 175, 181, 183, 185, 189, 190, 193, 203,

206, 221, 230, 237, 257, 266, 270, 271, 296, 297, 304, 309, 313
Lodewijk X, 128
Lodewijk XIII, 238, 294, 304
Lombardije, Marcus van, 50
Lordat, Bernard de, 250
Lordat, Guillaume de, 212
Lotharius, 34
Lucas, 46
Lucius III, 61, 104
Lugio, Giovanni di, 41, 111

Mani, 42, 43
Marcion, 46
Mania, Estéban de, 66
Mareuil, Arnaud de, 165
Marly, Bouchard de, 76, 220, 236, 300
Marsiac, Henri de, 59, 60
Marty, Bertrand, 108, 109, 257
Mas-Saintes-Puelles, Jourdain du, 149
Mathieu, 109
Mattheus, 48
Maurand, Pierre, 60, 144
Maury, Pierre, 144
Mauvoisin, Robert, 78
Maxentius, 24
Melun, Isabel de, 280
Mercier, Guiraud, 50, 172
Mérimée, Prosper, 175
Michaël, 32
Miglos, Arnaud de, 232
Miglos, Gaston de, 233
Milon, 69-70, 296
Minerve, Guillaume de, 78, 92, 235, 236
Minerve, Raynald de, 235
Minerve, Rixovenda de, 235

Miraval, Ramón de, 223, 235
Mirepoix, Philippa de, 257
Mirepoix, Pierre-Roger le Vieux, 242
Mirepoix, Pierre-Roger de, 105, 107, 108, 149, 242, 257, 259
Mohammed al-Nasír, 37
Molesme, Robert de, 206
Montfort, Amaury de, 94-98, 174, 181, 237, 270, 304, 308
Montfort, Amicie de, 80
Montfort, Guy de, 76, 89, 92-97, 99, 152, 184, 293
Montfort, Simon de, 19, 40, 72, 73, 76, 77, 79-86, 88-95, 97, 99, 130, 134, 144, 147, 149, 152, 156, 160, 167, 168, 173, 174, 181, 184, 187, 189, 190, 193, 202, 209, 212, 219, 220, 226-228, 232, 236, 237, 240, 242, 244, 249, 251, 263, 266, 270, 273, 275, 280, 290, 293, 300, 302-304, 308
Montmorency, Alix de, 77, 93, 94, 220, 273
Montmorency, Henri de, 152, 294
Montpellier, Agnès de, 77
Montpellier, Marie de, 37
Montpeyroux, Renaud de, 73, 156
Montréal, Aimery de, 77, 81, 223, 227

Narbonne, Aimery van, 74, 78, 89, 90, 206, 236, 263
Narbonne, Bérenger van, 64, 65, 74, 140, 263, 284
Narbonne, Guifred, 140
Nazaire, 49
Nicétas, 50, 51, 134
Niort, Raymond de, 290

Odoacer, 22
Ormes, Guillaume des, 105, 174
Otto IV, 90

Pascalis II, 316
Paulus, 42, 43, 46, 52
Pavie, Pierre de, 59
Pellisson, Guillaume, 135
Pennautier, Etiennette (Louve), 223
Pépieux, Guiraud de, 77
Pepijn III de Korte, 23, 26, 27, 31, 171, 218, 262
Péreille, Alpaïs de, 257
Péreille, Corba de, 257, 293
Péreille, Esclarmonde de, 257
Péreille, Jourdain de, 257
Péreille, Raymond de, 107, 108, 242, 256, 257, 259, 280, 293
Petrus, 25
Peyre, Guillaume, 134
Peyrepertuse, Bérenger de, 284
Peyrepertuse, Guillaume de, 105, 144, 197, 269, 270, 275
Peyrepertuse, Pierre de, 316
Peytavi, 109
Philips I, 34
Philips II Augustus, 65, 67, 68, 70, 76, 77, 79, 83, 85, 90, 92, 95-97, 174, 308
Philips II van Spanje, 118
Philips III de Stoute, 110, 131, 175, 178, 203, 231, 276, 280, 293
Philips IV de Schone, 128, 175, 231
Philips V, 128
Philips VI van Valois, 128
Planisolles, Béatrice de, 246, 247
Planisolles, Philippe de, 246

Poissy, Amaury de, 240
Poissy, Guillaume de, 240
Poitiers, Alfons van, 37, 109, 183, 296, 309
Provence, Cécile de, 164
Provence, Douce de, 37, 152, 155
Puylaurens, Guillaume de, 40, 60

Raccarède, 218
Raymond, Bernard, 50, 60, 165, 226
Razès, Argila de, 313
Razès, Béra II de, 139, 313
Razès, Pierre-Raymond de, 140
Razès, Romella de, 139
Richard I Leeuwenhart, 37
Richelieu, 152, 165, 204, 294, 304
Robert II de Vrome, 56
Roderik, 22
Romulus Augustulus, 22
Roquefort, Bérenger de, 246
Roquefort, Bernard-Raymond de, 73, 79, 303
Roquefort, Guillaume de, 78, 249
Roquefort, Jourdain de, 249
Roquefort, Marquésia de, 78
Roquessels, Guillaume de, 156
Roucy, Alain de, 76, 79, 87, 95, 130, 190, 266, 304
Roudeille, Pons-Adhémar de, 67
Roussel, Raymond, 246

Sabatier, Pierre, 109
Sacconi, Rainiero, 40
Saint-Ferréol, Bernard de, 140
Saint-Gilles, Raymond I van, 36
Saint-Gilles, Raymond VI: zie Raymond IV van Toulouse
Saint-Thibéry, Etienne de, 105, 149, 257

Saissac, Bertrand de, 73, 140, 165, 172, 223, 300
Saissac, Hugues de, 198
Saissac, Jourdain de, 209, 300
Saissac, Jourdane de, 168
Saissac, Pierre IV de, 197
Sapor I, 43
Schönau, Eckbert von, 41
Séguier, Arnaud, 195
Seilan, Pierre, 105
Sermon d'Albedun, Bernard, 79, 159
Servian, Bernard de, 74
Sigismund, 23
Son, Bernard de (d'Usson), 233, 289, 313, 314
Stefanus II, 25
Stefanus IV, 34
Stilicho, 23
Sylvester I, 27

Tarik, 29
Termes, Benoît de, 50, 97, 302
Termes, Bernard de, 304
Termes, Guillaume de, 143
Termes, Olivier de, 105, 110, 130, 206, 304
Termes, Pierre-Oliver de, 316
Termes, Raymond I de, 302
Termes, Raymond III de, 77, 79, 97, 130, 190, 266, 302-304
Thédise, 70, 71, 78, 86
Theodora, 44
Theodorik de Grote, 22, 23
Theodorik IV, 29
Theodosius I de Grote, 21, 25
Thrasamund, 23
Thury, Lambert de, 79, 92, 152, 280, 300

Toulouse, Alphonse-Jourdain van, 58, 152, 202
Toulouse, Constance van, 59
Toulouse, Garsinde van, 164
Toulouse, Guillaume III Taillefer van, 151, 164, 295
Toulouse, Guillaume IV van, 151, 295
Toulouse, Jeanne van, 37, 100, 109, 183, 293, 296, 309
Toulouse, Raymond IV van (Raymond VI van Saint-Gilles), 34, 151, 152, 295
Toulouse, Raymond V van, 36, 59, 164, 171
Toulouse, Raymond VI van, 20, 37, 64, 65, 67-72, 75, 80-83, 85-95, 149, 152, 172, 174, 184, 206, 237, 249, 295, 296, 308
Toulouse, Raymond VII van, 19, 37, 40, 84, 86, 88, 89, 91, 92, 94-101, 103-107, 109, 135, 149, 150, 152, 174, 183-185, 189, 193, 203, 221, 227, 237, 251, 263, 279, 296, 308, 309, 316
Trencavel, Adélaïde, 60
Trencavel, Bernard-Aton IV, 143, 147, 164, 171, 179, 190, 218, 265
Trencavel, Raymond I, 156, 171, 202
Trencavel, Raymond II, 77, 95-98, 105, 110, 130, 174, 198, 203, 221, 237, 240, 300, 304, 309
Trencavel, Raymond-Bernard, 171
Trencavel, Raymond-Roger, 64, 65, 70, 72-78, 84, 88, 105, 140, 156, 165, 168, 172-174, 218, 235, 236, 300
Trencavel, Roger I, 59, 143, 187
Trencavel, Roger II, 60, 110, 140, 156, 165, 171, 172, 226, 235
Tudèle, Guillaume de, 40, 156

Urbanus II, 34, 140, 180, 201

Valdès, Pierre, 57
Valens, 21
Vaux-de-Cernay, Pierre des, 40, 74, 156, 174
Vidal, Peyre, 223
Vilar, Pierre de, 187
Villerouge, Sicard de, 316
Villerouge, Raymond de, 316
Viollet-le-Duc, Eugène, 175, 204, 264
Voisins, Françoise de, 145
Voisins, Gilles I de, 145
Voisins, Gilles II de, 145
Voisins, Jean IV de, 145
Voisins, Pierre de, 76, 99, 145, 159, 187

Zacharias, 26, 31
Zeno, 22
Zoroaster, 42

LOCATIEREGISTER

Adrianopolis, 21
Agen, 109
Aguilar, 130-133, 175, 265, 270, 276, 285, 304
Albi, 41, 59, 76, 99, 107, 134-137
Alet-les-Bains, 122, 138-141
Arques, 119, 142-146, 280
Auriac, 147
Auvezines, 81, 249, 250
Avignon, 40, 70, 92, 98, 144, 202, 207
Avignonet, 105, 107, 111, 148-150, 257
Ax-les-Thermes, 112, 246

Baziège, 95
Beaucaire, 92, 93, 99, 151-153, 237
Bergamo, 41
Béziers, 18, 70, 73, 74, 76, 78, 95, 106, 107, 110, 120, 134, 155-158, 168, 173, 192, 217, 220, 226, 227, 236, 256, 257, 300
Bézu, Le, 79, 159, 160
Bordeaux, 57
Bouan, 161-163
Boulbonne, 87, 95, 105
Bourges, 98
Bouvines, 90
Bram, 77, 219
Burlats, 164-166

Cabaret: zie Lastours

Camon, 167
Capendu, 168
Carcassonne, 35, 49, 65, 70, 73-79, 81, 82, 86, 95, 96, 98, 99, 105, 110-112, 119, 120, 128, 130, 131, 134, 140, 145, 156, 168-182, 192, 198, 204, 214, 218, 220, 222, 226, 232, 245, 250, 264, 276, 285-286, 300, 303, 304, 308
Casseneuil, 72, 89
Cassès, Les, 81
Castelnaudary, 82, 112, 187, 220
Castelnau-de-Lévis, 183
Castres, 76, 77, 165
Caunes-Minervois, 174
Charroux, 56
Châteauverdun, 109, 162
Cîteaux, 65, 206
Clairvaux, 57, 59
Concorezzo, 41, 49, 111
Constantinopel, 19, 25, 26, 50, 63
Corbeil, 110, 111, 131
Cordes-sur-Ciel, 184, 185
Cosenza, 22
Couiza, 139, 145
Coustaussa, 79, 145, 186, 187, 280
Cubières, 112, 316

Davejean, 131
Desenzano, 111

Douzens, 168
Durban-Corbières, 128, 188, 189
Durfort, 190, 191

Fanjeaux, 66, 76, 77, 96, 149, 192-195, 202, 242
Fenouillet, 119, 196-199
Florence, 41
Foix, 82, 93, 200-205
Fontfroide, 119, 121, 131, 206-208

Hautpoul, 209, 210

Jerez de la Frontera, 22

Labécède, 149
Lagarde, 119, 211-213
Lagrasse, 119, 121, 139, 143, 167, 190, 214, 215, 265, 266
Lastours (Cabaret), 76-80, 216-225
Laure, 220
Lausanne, 57
Lavaur, 60, 64, 81, 85, 86, 202, 226-228, 249
Limoux, 76, 139, 143
Lombers, 41, 59
Lombrives, 163
Lordat, 229-231
Lorris, 106
Lyon, 57, 58, 72, 90

Mans, Le, 57
Marmande, 95
Mas-Cabardès, 225
Mas-Saintes-Puelles, 246
Mazamet, 210
Meaux, 100

Melun, 96
Miglos, 119, 232, 233, 252, 289, 314
Minerve, 7, 234-239, 302
Miramont, 77, 209, 240, 241
Mirepoix, 35, 76, 100, 128, 167, 202, 212, 242, 243, 256
Montaillou, 112, 119, 144, 244-248, 289, 316
Mont-Aimé, 50, 56
Montauban, 82
Montfernier, 220
Montfort-l'Amaury, 95, 181
Montgey, 81, 202, 226, 249, 250
Montgrenier, 93, 230
Montmaur, 251
Montpellier, 58, 65, 73, 75, 77, 80, 90, 97, 98, 172, 194
Montpensier, 99
Montréal, 66, 76, 77, 174, 194, 195
Montréal-de-Sos, 231, 252, 253
Montségur, 17, 47, 91, 103, 105-109, 111, 149, 150, 159, 162, 167, 192, 212, 230, 232, 242, 244, 252-264, 266, 275, 285, 289, 314
Muret, 37, 86-88, 95, 214

Narbonne, 74, 80, 89, 91, 106, 140, 155, 170, 175, 235, 262-264
Navas de Tolosa, Las, 37, 83
Nicea, 24
Nouvelles, 133, 265

Ornolac, 163
Orléans, 56
Osma, 66

Padern, 266, 267
Pamiers, 76, 112, 212
Parijs, 70, 91, 99, 100, 103, 106, 109
Perpignan, 244, 314
Peyrepertuse, 119, 122, 125, 131, 175, 266, 268-272, 276, 285, 304
Pieusse, 50
Poitiers, 31, 57, 121
Pomarède, La, 273
Prouille, 66, 194, 195, 297
Puilaurens, 115, 119, 128, 131, 175, 269, 270, 274-277, 285, 304
Puisserguier, 77
Puivert, 79, 219, 243, 278-282
Puylaurens, 202, 277

Quéribus, 110, 119, 122, 128, 131, 175, 197, 198, 240, 266, 269, 270, 276, 283-288, 302, 304
Quérigut, 233, 244, 289, 313, 314
Quillan, 290, 291

Ravenna, 26
Reims, 56, 57, 96
Rennes-le-Château (Rhedae), 43, 145, 209
Rome, 22, 70, 84-86, 90, 91, 97, 155, 180, 209
Roquefixade, 119, 128, 129, 292-294

Saint-Denis, 27
Saint-Félix-Lauragais (Saint-Félix-de-Camaran), 50, 134, 149, 172
Saint-Gilles-du-Gard, 36, 57, 68-71, 80, 85, 100, 295, 296
Saint-Hilaire, 119, 297, 298
Saissac, 76, 119, 299-301

Sirmione, 112
Soissons, 31, 58
Sorèze, 149

Taillebourg, 106
Tarascon-sur-Ariège, 162
Termes, 78, 79, 119, 128, 131, 159, 175, 187, 276, 280, 285, 302-305
Toulouse, 19, 22, 40, 56-58, 60, 64, 66, 70, 81, 82, 84-96, 99, 100, 104, 110, 112, 120, 174, 181, 194, 237, 240, 306-310
Tourette-Cabardès, La, 225
Troyes, 26
Tunis, 111

Ussat-les-Bains, 162
Usson, 119, 244, 252, 289, 312-315

Verfeil, 58
Verona, 22, 58, 61, 112
Vienne, 90
Vigneveille, 131
Villerouge-Termenès, 112, 119, 316-318
Vouillé, 22, 241, 307

Zara, 63